新编高等院校财经类"十三五"创新系列精品规划教材

经济学基础

JINGJIXUE

JICHU

主　编　刘　涛　汪茂元
副主编　褚先文　洪　丽　袁　婷

中国商业出版社

图书在版编目（CIP）数据

经济学基础／刘涛，汪茂元主编—北京：中国商业出版社，（2019．10重印）

ISBN 978－7－5044－9458－0

Ⅰ．①经⋯ Ⅱ．①刘⋯ ②汪⋯ Ⅲ．①经济学－高等学校－教材 Ⅳ．①F0

中国版本图书馆 CIP 数据核字（2016）第 125362 号

责任编辑：蔡凯

中国商业出版社出版发行

010－63180647　www．c－cbook．com

（100053 北京广安门内报国寺 1 号）

新华书店经销

涿州市荣升新创印刷有限公司印刷

* * * *

787 毫米×1092 毫米　1/16　15 印张　300 千字

2016 年 9 月第 1 版　2019 年 10 月第 2 次印刷

定价：36.00 元

* * * *

（如有印装质量问题可更换）

前 言

　　一个社会从贫穷走向富裕，人的观念是至关重要的。而在改进人的思想观念的知识中，经济学是最有力的一种。学习了经济学，你就会明白你生活于其间的世界是如何运转的：为什么市场经济通常比计划经济更有效率？为什么我国要进行经济体制改革？为什么农业丰收了，农民整体的收入却降低了？学习了经济学，你就可以做出更好的个人决策：它可以指导你如何安排工作和休闲的时间，如何分配储蓄和消费的比例，如何进行各种投资理财。学习了经济学，你就能够理解政府政策的优劣，你会明白我们为什么需要政府，什么是政府应该做的，什么是政府不应该做的，政府应该如何做。总之，如果我们大家都能够掌握一定的经济学知识，社会进步就会加快，经济效率就会提高，这样我们每个人都会得到好处。

　　既然经济学如此有用，可能很多人都很想学点经济学，但是，大部分西方经济学的书籍都充满着晦涩的语言、繁琐的公式和复杂的图表，令初学者望而却步。怎样用一种简洁、易读而又容易理解的方式把经济学的基本道理清晰地表达出来，是我们编写这本《经济学基础》的目的。

　　本书以锻造学生思维、培养学生能力为目的，以必需、够用、能用为原则。在内容选取上我们没有面面俱到，而是选取一部分我们认为高职高专学生应当了解的基本理论，力求使学生从经济的纯理论学习中解脱出来。与国内现有高职高专同类教材相比，本教材具有如下特点：

　　1. 理论与实践相结合，注重学生实际能力的培养。根据高职高专学生的具体特点，按照学生识记知识的特点和规律，融"教、学、做"为一体，运用大量的课堂阅读材料与案例，将经济学基本理论与现实经济生活紧密结合，帮助学生认识现实经济社会现象中蕴藏的经济规律，培养学生的应用能力和实践能力。

　　2. 突出教学重点，体现高职高专特色。在保持经济学基本原理完整、全面的基础上，剔除了"经济增长与经济周期"等部分相对深奥、抽象的内容。同时，深入浅出地阐述了经济学基本的内容体系，立足于提高学生整体素质和学生综合职业能力,努力使编写内容既体现高职高专的教育特色,又符合"教师好用、学生易懂"的现实要求。

3. 形式创新,采用项目—任务式布局。采用项目式和任务化的编写方式,将经济学各部分理论知识融于每一个具体的任务中,使学生在完成任务的基础上,真正领悟经济学知识的精髓。

本教材由徽商职业学院刘涛、汪茂元、褚先文、洪丽、袁婷等五位老师共同编写完成。具体分工如下:项目一、项目二由刘涛编写,项目三、项目六由褚先文编写,项目四、项目九由洪丽编写,项目五、项目七由袁婷编写,项目八、项目十由汪茂元编写。全书由刘涛最终审校定稿。

在本教材编写过程中,编者借鉴了国内外经济学相关的资料,引用了有关的内容和研究结果,在此一并致谢。

由于时间仓促及水平有限,本教材难免会有错误和遗漏,敬请专家、同仁和读者批评指正。

编 者
2019 年 10 月

目 录

项目一 导论 .... (1)
    任务一 经济学的产生和发展 .... (2)
    任务二 经济学的研究对象 .... (7)
    任务三 经济学的研究方法 .... (16)

项目二 需求和供给 .... (20)
    任务一 需求 .... (21)
    任务二 供给 .... (28)
    任务三 均衡价格 .... (33)
    任务四 弹性 .... (41)

项目三 消费者行为 .... (53)
    任务一 基数效用 .... (54)
    任务二 序数效用 .... (63)
    任务三 消费者行为理论应用 .... (68)

项目四 生产者行为 .... (74)
    任务一 生产 .... (75)
    任务二 成本 .... (93)
    任务三 收益 .... (104)

项目五 市场类型与厂商均衡 .... (109)
    任务一 市场类型 .... (110)
    任务二 完全竞争市场 .... (114)

任务三　完全垄断市场 …………………………………………………………… (120)
　　任务四　垄断竞争市场 …………………………………………………………… (126)
　　任务五　寡头垄断市场 …………………………………………………………… (129)

项目六　生产要素分配 …………………………………………………………… (135)
　　任务一　要素市场概述 …………………………………………………………… (136)
　　任务二　工资 ……………………………………………………………………… (138)
　　任务三　利息 ……………………………………………………………………… (144)
　　任务四　地租 ……………………………………………………………………… (149)
　　任务五　平等与效率 ……………………………………………………………… (152)

项目七　市场失灵 ………………………………………………………………… (163)
　　任务一　垄断 ……………………………………………………………………… (164)
　　任务二　外部性 …………………………………………………………………… (166)
　　任务三　公共物品 ………………………………………………………………… (171)

项目八　国民收入核算 …………………………………………………………… (176)
　　任务一　国民收入核算主要指标 ………………………………………………… (177)
　　任务二　国内生产总值核算方法 ………………………………………………… (181)
　　任务三　国民经济运行总流程 …………………………………………………… (186)

项目九　失业与通货膨胀 ………………………………………………………… (192)
　　任务一　失业 ……………………………………………………………………… (193)
　　任务二　通货膨胀 ………………………………………………………………… (200)

项目十　宏观经济政策 …………………………………………………………… (218)
　　任务一　宏观经济政策概述 ……………………………………………………… (219)
　　任务二　财政政策 ………………………………………………………………… (221)
　　任务三　货币政策 ………………………………………………………………… (225)

参考文献 …………………………………………………………………………… (234)

项目一

导 论

【知识目标】
1. 了解经济学的发展简史。
2. 理解稀缺性与机会成本的含义。
3. 掌握经济学研究的对象。
4. 熟悉微观经济学与宏观经济学的内容体系。

【技能目标】
学会关注身边发生的经济现象和社会问题。

【项目导读】
你开着一辆车,在一个有暴风雨的晚上,你经过一个车站,有三个人正在焦急地等公共汽车。一个是临死的老人,他需要马上去医院。一个是医生,他曾救过你的命,你做梦都想报答他。还有一个女人/男人,她/他是你做梦都想嫁/娶的人,也许错过就没有了。但你的车只能再坐下一个人,你会如何选择?

自古以来,人们每时每刻都要面对各种各样的选择。学生大学毕业要权衡一下,是找工作还是继续上学深造?劳动者领到了工资要筹划一下,多少用于日常开销,多少用于储蓄?企业经常要决定是否应该生产一个新产品,开辟一个新市场?这些其实都是选择的问题。因为稀缺迫使人类做出选择,因此,经济学又被称为"选择的科学"。如何合理地配置和利用有限的资源,是人类社会永恒的问题。本项目从资源的稀缺性入手,介绍西方经济学的研究对象、主要内容。

任务一　经济学的产生和发展

【案例导入】

三百年前，当18世纪来临的时候，中国的康熙皇帝正在用他的文治武功，开辟着一个新王朝的辉煌，在英国却正孕育着人类历史上一种崭新的生产方式，后世称之为"工业革命"。如果说牛顿为工业革命创造了一把科学的钥匙，瓦特拿着这把钥匙开启了工业革命的大门，那么，亚当·斯密则是挥动一只看不见的手，为工业革命的推进缔造了一个新的经济秩序。在他撰写的《国富论》出版12年后的一天，伦敦刚刚下过一场阵雨，雾都的空气霎时变得新鲜而清爽。这天晚上，职务仅仅是海关官员的亚当·斯密，应邀去一位公爵家里做客，客厅里的王公贵族和商业巨贾，几乎掌握了英国经济的全部命脉，英国当时的政府首相皮特先生也在其中。当斯密下了马车，步入客厅时，原本散坐四处、谈笑风生的绅士们，立即停止了话题，把眼光都投向了斯密，并纷纷站起来向他致意，斯密不好意思地说："先生们，请坐。"这时候，已经站在斯密身边的首相皮特认真地说道："博士，您不坐，我们是不会坐下的，哪里有学生不为老师让座的呢？"斯密对经济学界的贡献是什么？

一、经济学的萌芽

"经济"这一概念的出现，大约在3000多年前，古希腊的哲学家、历史学家色诺芬写了《经济论》一书，在书中最早使用了"经济"一词，它的原意是"家庭管理"。色诺芬强调，家庭管理应该成为一门学问，这门学问研究的是主人如何管理好自己的财产，使财富不断增加。柏拉图和亚里士多德等均在其著作中或多或少的涉及到了经济学的一些理论和概念。他们的经济学思想经古代罗马人、早期基督教和欧洲中世纪的经院学派的继承与发展，到了资本主义早期发展阶段时，产生了一个有较大影响的思想流派，即重商主义。

重商主义产生于15世纪，终止于17世纪中期。重商主义体系的基本内容是国家干预主义、贸易顺差和外汇管制。他们认为金银形态的货币是财富的唯一形态，一国增加财富的唯一手段就是发展对外贸易，因此，重商主义非常重视对外贸易。他们主张国家采取各种措施和政策鼓励出口、限制或禁止进口，通过贸易顺差来使一国积累大量财富，同时对外汇进行管制，不让货币外流。

重商主义的这些主张反映了原始积累时期资本主义经济发展的要求，从现在观点来看，他们很多的观点是错误的，同时还没有形成一个完整的经济学理论体系，并且他们的研究领域主要集中于流通领域，因而，还不能称之为真正的经济学，而只能说是经济学的萌芽阶段。

二、现代经济学的产生

(一)古典经济学

1776年,英国经济学家亚当·斯密发表其代表作《国民财富的性质和原因的研究》(简称《国富论》),标志着现代经济学的诞生,也宣布了古典经济学派的诞生。

《国富论》的主要观点是:生产领域的劳动创造价值,商品是财富的代表;广泛的社会分工和贸易是增进国民财富的根本;自由竞争的市场经济是充分有效率的,因此政府没有必要干预经济。

古典经济学揭示了市场经济的重要特征,尤其是斯密"看不见的手"的理论,迄今仍是现代微观经济学理论的重要基石。斯密在《国富论》中表述了使他欣喜若狂的伟大发现(著名经济学家萨缪尔森把这一发现与牛顿的伟大发现相提并论):动机良好的法令和干预手段,不能帮助经济制度运转,不要计划,利己的润滑油会使经济齿轮奇迹般地增产运转,市场这只"看不见的手"会解决一切。他说:"每个人都在力图应用它的资本,来使其生产品能得到最大的价值。一般地说,他并不企图增进公共福利,也不知道他所增进的公共福利为多少。他所追求的仅仅是他个人的安乐,仅仅是他个人的利益。在这样做时,有一只看不见的手引导他去促进一种目标,而这种目标绝不是他所追求的东西。由于追逐他自己的利益,他经常促进了社会利益,其效果要比他真正想促进社会利益时所得到的效果大得多。""看不见的手"指的是个人利益,是市场价格机制。

后来的经济学家发现,这是人们对市场经济描绘中最经典、最清楚的一段文字。亚当·斯密的思想非常精彩而深刻。由他开始人类有了经济学,所以,人们称他为经济学的鼻祖,他的那本《国富论》成为经济学的奠基之作。在他的思想指引下,英国的经济首先得到发展,然后是西欧,之后是美国。斯密的思想统治了资本主义世界150年。在这么长的时间里,人们用他的经济思想来管理一个国家,政府不干预经济,让经济自由发展,政府只做个守夜人。

【阅读材料】斯密的故事

亚当·斯密(Adam Smith,1723-1790)是公认的经济学祖师,但他在管理学中的地位却十分微妙。作为古典经济学理论体系的创立者,亚当·斯密在经济学界的地位是独一无二的,他的《国富论》在经济学领域的影响极为深远。同时,他在伦理学方面的建树也十分出名,他的《道德情操论》至今依然是经典之作。然而,很少有人注意到斯密对管理学的贡献。在管理学领域,人们总是把斯密看做经济学家,在推崇他的经济学理论的同时又把他置于管理学之外。

亚当·斯密于1723年6月5日出生在苏格兰法夫郡的柯卡尔迪。他的父亲是一名律师,同时也是苏格兰的军法监察官和柯卡尔迪地区的海关关员,在斯密出生前几个月父亲就去世了。他母亲是大地主的女儿,一直活到90岁,仅比斯密早死6年。他和母亲相依为命，终生未娶。

斯密14岁就进了格拉斯哥大学，17岁获得硕士学位。1746年毕业于牛津大学巴特奥尔学院。他先在爱丁堡大学任讲师，1751年，斯密回到母校格拉斯哥任教授，主讲逻辑学和道德哲学。在格拉斯哥大学任职期间，斯密公开发表经济自由主义的主张，形成了自己的经济学观点。1759年，斯密的第一部著作《道德情操论》出版，这部著作为他赢得了巨大的声誉，使他跻身于英国一流学者之列。

1763年，他辞去教授职务，担任布克莱西公爵的私人教师。年薪300英镑加旅费，另外再加此后一年300英镑的津贴，开出的条件太优厚了！

1764年，斯密受布克莱公爵之邀，离开格拉斯哥大学，到欧洲大陆旅行。旅行的经历以及在旅行过程中同许多著名大陆学者的交往，促使斯密经济理论走向成熟，尤其是重农主义的经济学家魁奈对他影响很大。三年后，斯密回到伦敦，被选为英国皇家学会会员。为了完成自己的研究工作，斯密回到故乡柯卡尔迪，开始潜心撰写经济学著作。1776年，这部写作历时六年，修改三年的经济学巨著《国民财富的性质和原因的研究》（即《国富论》）终于完成。它的发表，标志着古典自由主义经济学的正式诞生。

在写作《国富论》的过程中，斯密积劳成疾。自1784年开始，他健康状况持续恶化。但斯密依然笔耕不辍，继续写作两部关于哲学和经济学的著作。1787年，斯密应邀去伦敦为英国内阁成员讲授经济学，同年11月，又被推荐担任母校格拉斯哥大学的校长。1790年7月，这位伟大学者与世长辞。

(二)新古典经济学

19世纪70年代后，资本主义经济开始从自由竞争向垄断过渡，大企业不断涌现，他们更注意改进生产技术和扩大市场份额，这时的经济学研究的重点转向了对市场供求关系的研究，与此同时定量分析方法被引入了经济学。

此时期经济学理论的集大成者是英国经济学家**阿尔弗雷德·马歇尔**(1842-1924)，其代表作为《经济学原理》(1890年)。以马歇尔为代表的经济理论体系的核心理论是均衡价格理论，这一学派的理论是古典经济学的继续和发展，所以被称为"新古典经济学"，是现代微观经济学的基础。

三、宏观经济学的产生

到了1929年，一场空前的世界性经济危机爆发了。危机首先从美国开始，股市崩盘、企业破产、银行倒闭、工人失业，然后波及整个资本主义世界，各国都陷入经济大萧条中。这时人们不禁要问：斯密那只"看不见的手"哪儿去了？他不是说国家不用管，经济就可以自动发展吗？怎么现在经济不能发展了？怎么失业问题解决不了？怎么银行都倒闭了？怎么股市都崩盘了？经济怎么才能恢复过来呢？

这时英国又出了一位伟大的经济学家，他叫**约翰·梅纳德·凯恩斯**。凯恩斯在

1936年出版了《就业利息和货币通论》。这本书是经济学史上一个里程碑,它标志着以宏观经济总量为研究对象的宏观经济学的诞生。凯恩斯说,那只"看不见的手"解决不了经济危机问题,要用"看得见的手"解决经济危机问题。

所谓"看得见的手",就是国家干预经济生活。国家通过财政政策和货币政策等手段来调控经济。凯恩斯认为,资本主义社会之所以发生经济危机,是因为整个社会有效需求不足。有效需求包括消费需求和投资需求,这两者又受到边际消费倾向递减、资本边际效率递减和流动偏好三个"基本心理规律"的制约。凯恩斯认为边际消费倾向递减引起消费需求不足,资本边际效率递减和流动偏好引起利率偏高导致投资不足。由于有效需求不足,社会就业量不能达到充分就业的水平,于是生产过剩经济危机的出现成为不可避免。在解决资本主义社会的经济问题时,光靠"看不见的手"是不能解决失业问题的;供给不会自动创造需求;经济不可能自动达到均衡。必须靠"看得见的手",即借助于国家干预,通过政府扩张的财政政策和货币政策等宏观调控的手段刺激社会总需求,解决资本主义有效需求不足的矛盾,才能使经济摆脱衰退。

正是从凯恩斯开始,西方国家的经济在他的理论指导下开始复苏,美国从富兰克林·罗斯福总统开始,采用了他的国家宏观调控理论,建了很多基础设施,修了很多铁路,铺了很多公路,于是美国经济走出了大萧条的泥潭,步入了快车道。

这时,人们看问题已经从微观转向了宏观,从个量转向了总量,国家大规模干预经济生活的历史从此开始,他的思想带来了资本主义经济的又一次繁荣。美国、英国和整个西方世界从经济衰退中走了出来,出现了从40年代到70年代经济的蓬勃发展。

第二次世界大战后,主要资本主义国家的政府都奉行凯恩斯理论,以此制定经济政策,对经济进行宏观调控。但随着经济的发展,到上世纪70年代,资本主义国家出现了高失业与高通货膨胀并存的现象,即所谓"滞胀"。在这种情况下,各种反凯恩斯主义的经济学说纷纷出台:如货币主义、供应学派、合理预期学派等。凯恩斯的追随者也认为凯恩斯理论有重大缺陷,试图补充和发展凯恩斯主义。如美国的新古典综合派,他们把新古典经济学的微观经济理论和凯恩斯宏观经济理论综合在一起,形成一套既有宏观理论,又有微观理论,既强调政府对经济的调节作用,又保留市场机制的自发调节作用的折中主义的理论体系。

【阅读材料】凯恩斯的故事

凯恩斯小的时候是个数学神童,获得了英国剑桥大学的奖学金,1902年进入剑桥大学国王学院数学系读书。可是当第一个学期上下来后,他没能考上第一名。他想,既然自己不能名列第一,就决定不做一个数学家。那做什么好呢?就去当文官吧!可以去周游世界。于是,他决定选择当文官之路。

英国的文官考试非常严格,当他做出这个抉择时,他要去旁听很多课,通过考试才能取得文官资格。他有幸旁听了英国另一个伟大的经济学家阿尔弗雷德·马歇尔的《经济学原理》课程。马歇尔是微观经济学的集大成者、著名的教授。凯恩斯坐在后面旁听，同学们没有注意到他，教授也没有注意到他。当一学期下来以后，所有的人都给老师写考卷的时候，他也写了，马歇尔拿来一看就惊讶了，我的班里还有这么好的学生，能答出这样的卷子来。结果他在卷子上写了这样一段批语："这是一份非常有说服力的答卷，深信你今后的发展前途决不仅止一个经济学家而已！如果你能成为那样一个大的经济学家，我将深感欣慰。"当时凯恩斯只是一个十八岁的年轻人，而马歇尔已经是一个伟大的经济学家了。凯恩斯未来的发展证实了马歇尔当年的预言，他果然成为了一个著名的改变西方资本主义世界经济命运的大经济学家。

但具有讽刺意味的是，当他去参加文官考试的时候，各科的考试成绩都是优秀，只有经济学不及格，他还是名列第二，他非常生气地说："典考官的经济学水平怎么能看出我经济学思想的光辉呢！"由于经济学成绩不及格，文官考试他还是名列第二，结果没有去成英国财政部，而是把他派到印度事务部去工作。没想到正是这第二名造就了他，使他亲眼看到，当第一次世界大战爆发的时候英国政府没有钱，拿什么去打仗呢？他看到了政府债券是怎么产生的，债券是怎么发出的，战争是怎么打完的，钱是怎么回来的，他目睹了整个发债的过程。

战争结束以后，马歇尔还记着这位有经济学天赋的年轻人，把他请回到剑桥大学做了经济学的讲师，后来又做了经济学的教授。他从事经济学的教学和研究工作，目睹了1929年席卷整个资本主义世界的经济危机。这时，所有的经济学家都没有办法了，他说：我有办法，这就是"看得见的手"，就是国家宏观调控。

当经济不景气的时候，国家可以加大财政赤字、发行国债，把经济刺激起来，即政府运用宏观调控的手段解决经济问题。凯恩斯认为供给不会自动创造需求，政府要去刺激需求、拉动经济，靠"看得见的手"、靠国家干预来解决社会的经济问题。正是在他的这个思想引导之下，美国罗斯福总统，先使了他这一招儿，修了公路，搞了田纳西河流域治理，修了好多基础设施工程。美国真的先从危机中走了出来，继而西方国家都从经济危机中逐渐走出来，就用的是凯恩斯这只看得见的手。

四、新古典综合派

第二次世界大战结束后，以美国经济学家萨缪尔森等人为代表，将凯恩斯的宏观经济学与新古典经济学的市场均衡价格理论结合在一起，形成了"新古典综合派"，由微观经济学和宏观经济学这两部分构成的新古典综合派的经济学理论体系是经济学的主流经济体系。

新古典综合派认为，要解决经济面临的一系列问题，在对需求进行分析的同时，还需要对供给进行分析。在上世纪三十年代经济大危机的特定环境下，凯恩斯注重有效需求而忽视解决供给方面的重要性。但长期以来，由于国家政府忽视了对供给问题的解决,因而造成了环境污染,公害横行,结构性失业等一系列问题,使社会引起了多种并发症。面对这一形势,新古典综合派认为还必须对供给进行分析。其代表性的经济学家是萨缪尔森。

萨缪尔森(1915—2009)被称为美国经济学泰斗,曾将数学分析引入经济学,并于1970年获得诺贝尔奖;他曾帮助肯尼迪政府制定税收政策;他撰写的教科书《经济学》为数百万大学生所拜读。

任务二 经济学的研究对象

【案例导入】

有一位老渔夫抓到了一条会说话的金鱼,金鱼要求老渔夫放了它,并承诺给老渔夫报酬,老渔夫没要它的报酬就把它放了。这事让老渔夫的妻子知道了,痛骂了老渔夫,叫他赶快向金鱼要一只新木盆。老渔夫只能到海边去求金鱼,金鱼爽快地答应了他的要求。老渔夫回到家,看到家里放着一只崭新的木盆。他的妻子又要求老渔夫去向金鱼要一座小木屋,结果一发不可收拾——老渔夫的妻子有了小木屋又要求做贵妇人,做了贵妇人又要求做女皇,做了女皇又要求做海上女霸王,还要金鱼侍候她。金鱼发怒了,把一切都收了回去,老渔夫的妻子又回到了从前,一无所有。《渔夫和金鱼的故事》形象地描绘了人类贪心不足蛇吞象的欲望。

一、什么是经济学

(一)经济学产生的前提与基础——人类欲望的无限性和经济资源的稀缺性的矛盾

1. 欲望的无限性

所谓欲望,经济学家定义为人对生活资料和服务的不间断的需求。欲望是人类一切经济活动的原动力。欲望的主要特点是无限性与多层次性。美国心理学家马斯洛在1943年将人的需要分为五个层次:生理需要,安全需要,感情需要,尊重需要,自我实现需要。不同层次的需要,由低到高,依次产生,当某个层次的需要得到满足以后,又会产生较高层次的需要,永无止境。

2. 资源的稀缺性

资源指生产要素即投入要素,用来生产满足人类需要的物质产品的物品和劳务。可分为经济物品和自由物品。

经济物品是指人类必须付出代价方可得到的物品,即必须借助生产资源通过人类加工出来的物品,其数量有限。

自由物品是指不需要付出任何代价就能够得到的有用物品,如阳光、空气等。

自由物品和经济物品在经济学中是相对的,即随着时间、地点和条件的变化,二者可以互相转化。例如,石头对于居住在大山中的居民可能是自由物品,但对居住在平原上的居民却可能是经济物品;海水对居住在海边的居民可能是自由物品,但对远离大海的海产品养殖者则是经济物品。随着污染的加剧,本来水、空气是自由取用物品,现在也变成经济物品。

稀缺性:相对于人的无穷无尽的欲望而言,经济物品或生产这些物品的资源总是不足的。在现实生活中,我们经常能感受到资源的相对稀缺性。每个人都面临资源稀缺问题,每个社会也都面临稀缺问题。

理解资源稀缺性这一概念时,要注意三点:

(1)资源稀缺性强调的不是资源绝对数量的多少,而是相对于人类社会需要的无限性而言的资源的有限性。从这一点来理解,资源的稀缺性是一个相对的概念,它产生于人类对欲望的求足和资源的不足之间的矛盾中。某种资源的绝对数量可能很多,但人们所需要的更多;某些资源的数量是相对固定的,如土地,而人类的需要是无限增长的,随着人类社会的发展,土地资源的稀缺性会表现得越来越突出。

(2)对于人类社会来说,资源稀缺性的存在是一个永恒的问题。除自由取用资源外,其它资源都是稀缺资源,任何人、任何社会都无法摆脱资源的稀缺性。资源稀缺性的存在是人类社会必须面对的基本事实。随着社会发展以及生产和生活条件不断进步,人类的需要会不断增长。需要的无限性是人类社会前进的动力,人类永远都要为满足自己不断产生的需要而奋斗。

(3)经济学研究的问题是由于资源稀缺性的存在而产生的,没有资源稀缺性就没有经济学研究的必要性。如在农业生产中,需要解决的主要经济问题是如何通过合理配置和利用土地、种子、机械设备、劳动等稀缺性资源,使之与自然界中的空气、阳光等自由取用资源相结合,生产出更多的产品,满足人类社会不断增长的物质和文化生活的需要。

稀缺是经济研究的本源,如果资源要多少有多少,就不需要经济学。经济学是为解决人类经济活动中经常面临的欲望的无限性与资源的稀缺性之间的矛盾而产生的。

3.机会成本

稀缺迫使人们做出选择,任何选择都是有代价的。"天下没有免费的午餐",有选择就有放弃,有所得就一定有所失,鱼和熊掌不能兼得。

机会成本是指把既定资源投入某一特定用途所放弃的该资源在其他可能用途中获得的最大收益。

(1)资源具有多种用途,才会有机会成本

(2)机会成本不是实际的支出,而是潜在损失

某人有10万元资金,开商店可获利2万元,炒股票可获利3.5万元,买债券可获利1.8万元,如果他选择了开商店,则机会成本就是3.5万元。

(二)生产可能性曲线

生产可能性曲线是指一个社会在资源和技术条件既定的情况下所能生产的各种商品最大数量的组合,反映了资源稀缺性与选择性的经济学特征。

假设一个社会把其全部资源用于生产大豆和小麦,可以生产出的产量有下面A、B、C、D、E五种组合,如表1-1所示。

表1-1　　　　　　　　　　生产可能性

可能性	A	B	C	D	E
产品小麦(亿斤)	0	38	52	60	65
产品大豆(亿斤)	40	30	20	10	0

表1-1显示,若该社会只种植大豆,收成将为40亿斤,但是它减少大豆的生产至30亿斤,那他同时还能获得38亿斤的小麦。因此,获得38亿斤小麦的机会成本即减少的10亿斤大豆供给。换言之,增加10亿斤大豆的机会成本即38亿斤小麦。

如果将小麦和大豆A、B、C、D、E各种组合的点连接起来,形成一条曲线,即AE曲线,如图1-1所示。这条曲线上的任何一点表明在现有资源条件和技术条件下,社会能够达到的两种产品最大的产出组合,所以,这样的曲线被称为生产可能性曲线。

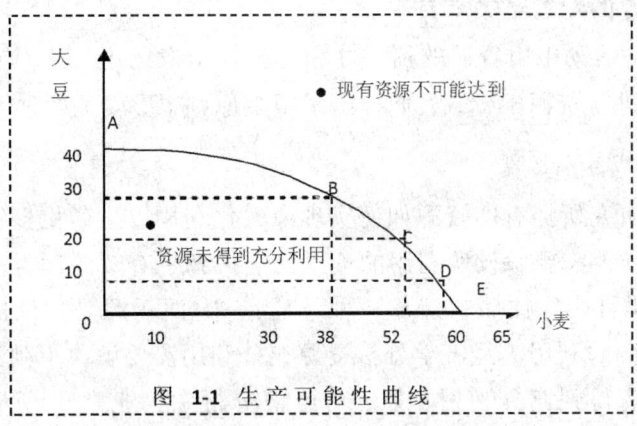

图1-1　生产可能性曲线

经济学就是研究各种稀缺资源在可供选择的用途中进行配置以便更好地满足人们欲望的科学。

二、经济学解决的基本问题

根据研究对象的不同把经济学分为微观经济学和宏观经济学,微观经济学侧重研究稀缺资源配置问题,宏观经济学则侧重研究稀缺资源利用问题。

(一)资源配置的基本问题

资源配置是指对稀缺资源或经济资源在各种不同用途上加以比较做出的分配。在分析资源如何才能实现最优配置的问题时，需要假设这些资源得到了有效的利用。企业为了获得最大化的利润，如何配置有限的资源，起码要回答以下三个基本问题：

1. 生产什么？生产多少？一个企业根据市场需求和自身的资源优势决定生产什么产品、产品的规格和种类、产品的市场定位；一个地区根据人们收入水平的提高、消费结构的变化决定产业结构的调整；一个国家要从全社会可持续发展的目标出发，兼顾人们长远利益与当前利益、局部利益与全局利益的关系，提出适当的产业政策。这些都是在回答生产什么、生产多少的问题。

2. 如何生产？主要指选择何种生产方式的问题，包括用怎样的生产资源，采用何种技术、工艺、手段来生产。一般说来，同一种产品，在不同的国家，或在同一国家的不同经济发展时期，可以选择不同的生产方式（劳动密集型方法、资本密集型方法和技术密集型方法）进行生产。当我国经济发展和人们收入水平相对低下，劳动力还相对便宜时，发展劳动密集型产业，或产品的生产技术手段采用劳动密集型，将是企业和地区经济主体的必然选择。

3. 为谁生产？为谁生产，简单地说是产品如何分配问题。社会按怎样的原则进行分配，分配的结果会出现怎样的收入差距，国家如何调节收入差距，这些问题从再生产的角度看，对生产资源的配置至关重要。

总之，人们经济活动中由资源的稀缺性和选择性引发的这三大基本问题，被称为资源配置问题。如何进行资源配置，人们提出了很多原则，形成了各种经济学说。

(二)资源利用的基本问题

资源利用是在研究所拥有的资源如何实现最大化利用以生产更多物品的问题。在研究这一问题时，同样也需要假设所利用的资源已经得到了有效的配置。

在现实中，人类社会往往面临这样一种矛盾：一方面资源是稀缺的，另一方面稀缺的资源还得不到充分的利用。经济学分析资源充分利用需要解决下列三个基本问题：

1. 为何资源没有得到充分利用。如宏观经济分析中失业意味着人力资源没有得到充分利用，那么为何会产生失业？如何解决失业问题？

2. 资源既定的情况下，为何出现产出水平的波动。如何实现产出水平的持续增长？如宏观经济周期波动现象的分析和研究、经济增长问题的解决等。

3. 资源利用机制的因素如何影响产出。如货币机制，当出现通货膨胀或通货紧缩时，产出水平会受到什么样的影响？如何解决这一问题？

如果把资源利用问题微缩为个人时间资源利用，每一个人都应该反思一下为何时间常常被浪费掉了，如何更有效地利用自己的时间资源，为何天天在学习和工作，但有时效果好、有时效果却不尽如人意，等等。由以上可以看出，稀缺性不仅引起了资源配置问题，而且还引起了资源利用问题。前者由微观经济学解决，后者则是宏观经济学的课题。正因为如此，许多经济学家把经济学定义为"研究稀缺资源配置和利用的科学"。

三、经济学的分类

经济学研究的基本问题包括资源配置与资源利用问题,由此经济学被分为微观经济学和宏观经济学。

(一)微观经济学

1. 微观经济学的概念

微观经济学(Microeconomics)是以单个经济单位作为研究对象,利用个量分析方法研究有关经济变量的决定及其变化,分析和说明价格机制如何实现资源的有效配置。

在理解微观经济学的概念时,需注意以下几个要点:

(1)微观经济学研究的对象是单个经济单位

单个经济单位是指单个生产者、单个消费者、单个市场的经济活动等。研究单个消费者在收入一定时如何取得最大化满意程度的消费;研究单个厂商在成本一定的条件下如何生产尽可能多的产品,或产量一定时,如何实现最小的成本;研究由消费者及厂商组成的单个的市场如何运行、市场如何实现均衡。

(2)解决的问题是资源配置

资源配置包括各个层次的资源配置,如个人、企业、市场、国家的资源配置等。微观经济学从研究单个经济单位产出最大化行为入手,来解决社会资源的最优配置问题。认为当单个经济单位都实现了产出最大化时,整个社会也会实现最大化产出,也即整个社会实现了资源配置的最优化。

(3)中心理论是价格理论

现代经济学之父亚当·斯密曾经说过:"市场上有只无形的手,它能使需求和供给趋于均衡",这只无形的手便是价格机制。价格机制是市场机制的主体,因此,也常常把价格机制说成市场机制。整个微观经济学都是围绕着价格机制,来探究消费者如何获得最大化满足,生产者如何获得最大利润,以及市场如何在价格机制的作用下发展,等等。

(4)研究方法是个量分析

个量分析是研究经济变量的单项数值如何决定,如某种商品的价格、产量都是经济变量的单项数值。微观经济学研究这类个量的决定、变动及其相互之间的关系。

2. 微观经济学的基本内容

微观经济学是分析和解决单个经济单位如何根据市场供求关系变化,通过价格机制作用来实现资源的配置问题。其基本内容主要包括如下几个方面:

(1)均衡价格理论

这一理论是整个微观经济学的核心理论,通过研究供给与需求,分析价格如何决定和调节供求实现均衡。

(2)消费者行为理论

研究消费者如何把有限的收入在各种商品上进行消费才能实现效用最大化的问题,

解释说明需求的基本规律。

（3）生产者行为理论

研究生产者如何使有限的投入资源实现最大化的产出，并结合成本分析和收益分析，研究生产者如何实现利润最大化，解释和说明供给的基本规律。

（4）厂商均衡理论

研究生产者在不同的市场结构中的行为及其实现均衡的条件，其实质是研究在不同市场结构中均衡价格如何决定的问题。

（5）要素分配理论

这一问题的研究是均衡价格理论在要素市场上的具体运用，如劳动、土地、资本等生产要素在价格机制的作用下如何实现合理的配置？工资、地租和利息如何决定？

（6）市场失灵和微观经济政策

市场失灵问题的研究是对传统微观经济理论的批判和补充，分析和说明外部性、公共物品等导致市场机制调节丧失效率的原因及影响，并探讨如何通过微观经济政策来对这些市场失灵问题加以纠正。

3. 微观经济学的基本假设

微观经济学所研究的经济个体都是由处于不同角色的人构成的。现实生活中，人的经济行为和决策模式多种多样，因此，要进行经济研究，就必须对人的行为和产生行为的相关条件进行统一化的假设。微观经济学经济理论有几个基本假设：

（1）理性人假设

理性人假设又称经济人假设，这一假设是古典经济学家从人的行为的基本共性出发，假设人就是以完全追求物质利益为目的而进行经济活动的主体。这一假设认为人都是自私自利的，在经济活动中进行决策时，考虑的是自身利益的最大化，人从事工作的目的也是为了获得报酬。

（2）完全信息假设

在现实的经济决策中，只有拥有了充足的信息，才能够开展有效决策。微观经济学在研究供求双方时，认为双方拥有的信息是对称的、完全的，足以让双方做出理性的决策。

（3）市场出清假设

所谓市场出清，是指市场上商品价格具有充分的灵活性，能使需求和供给迅速达到均衡。市场出清假设假定微观经济理论中分析的供求双方能够达到均衡状态。

（二）宏观经济学

1. 宏观经济学的概念

宏观经济学（Macroeconomics）是以整个国民经济活动为研究对象，利用总量分析法研究国民经济中各有关变量的决定及其变化，分析说明资源如何才能得到充分的利用。

在理解宏观经济学的概念时，需要注意以下几点：

（1）宏观经济学研究的对象是整个国民经济

如宏观经济学通过研究一国的国内生产总值、国民收入、总体储蓄、总投资以及进出口额来说明和衡量宏观经济运行,研究宏观经济政策如何实施才能够使全国的资源得到充分利用,也可以去研究一个地区的经济总体运行状况。

(2)宏观经济学解决的问题是资源利用问题

如一国失业率提高意味着更多的人力资源没有得到充分利用,这时就需要运用宏观经济学的相关理论来研究解决如何降低失业率的问题。在宏观经济学研究资源利用问题时,假定利用起来的资源得到了有效的配置。

(3)宏观经济学的中心理论是国民收入决定理论

国民收入的决定贯穿于整个宏观经济理论,也只有通过这一基本经济总量的研究,才能够有效探讨如失业、经济增长等宏观经济问题。

(4)宏观经济学的研究方法是总量分析法

宏观经济学中涉及的总量包括总需求、总供给、总投资、总消费等,通过对这些总量的决定、变动及其相互关系的分析,说明经济的运行状况,为宏观经济调节政策提供依据。

2. 宏观经济学的基本内容

宏观经济学包括以下基本内容:

(1)国民收入决定理论

国民收入用国内生产总值表现,这一指标已经作为当前世界各国衡量国民经济运行状况的基本指标。整个宏观经济学都在围绕这一理论展开分析和论述,并演化出了许多其他的宏观经济分支理论。

(2)失业与通货膨胀理论

失业和通货膨胀是影响国民经济运行的主要问题,也是社会、经济发展过程中的重要问题。宏观经济学以国民收入决定理论作为基础,分析失业与通货膨胀,并据此分析其发生的原因以及治理的对策。

(3)经济周期与经济增长理论

如何实现国民收入稳定和长期的增长是当今世界各国宏观经济学家们研究的重点,经济学家通过构建相应的模型来解释经济周期与经济增长的现象及原因,并提出相应的对策。

(4)宏观经济政策

政府作为调控整体经济的主体,以宏观经济理论为依据,通过宏观经济政策来对经济进行调节,从而达到相应的调控目标。

3. 宏观经济学的基本假设

宏观经济学由于其学派观点众多,不同的经济学派在宏观经济学的基本假设方面存在一定分歧,一般主流观点认为宏观经济学基于以下两个基本假设:

(1)市场机制是不完善的

市场机制本身导致市场活动主体在进行决策时就是盲目的,因此也必然导致市场出现波动,这种波动如果过大,就会严重影响整体经济的运行。如西方世界在20世纪30年代出现的经济大萧条就促使经济学家对原来的自由市场的经济观点进行反思,认识到只依靠市场机制会对经济总体资源利用产生不良后果,并由此出发开创了宏观经济学。

(2)政府有能力对经济进行调节,纠正市场运行偏差

既然市场这只"看不见的手"不是万能的,那么就需要政府这只"看得见的手"来加以补充。如果政府通过研究宏观经济运行规律,并采取适当手段调节经济,就能够纠正市场机制的偏差,促进整体经济实现持续增长。

(三)微观经济学和宏观经济学的关系

微观经济学与宏观经济学既表现出各自的特点,有许多不同之处,又从整个经济学理论中体现出了其相互联系、互为补充的一面。

1.微观经济学与宏观经济学之间的区别

微观经济学和宏观经济学在研究对象、解决的问题、研究方法、中心理论等方面存在区别,如表1-2所示。

表1-2　　　　　　微观经济学和宏观经济学比较

比较项目	微观经济学	宏观经济学
研究对象	单个经济单位	整个国民经济
解决问题	资源配置	资源利用
中心理论	价格理论	国民收入决定理论
研究方法	个量分析	总量分析

2.微观经济学与宏观经济学之间的联系

(1)微观经济学与宏观经济学互相补充。微观经济学解决的问题是资源配置问题,暗含资源已经得到充分利用的前提,而宏观经济学解决的问题是资源利用问题,暗含着利用的资源得到了有效的配置。有时,两者同时应用才能够解决现实的经济问题。

(2)微观经济学是宏观经济学的基础。整个经济体系是由单个经济单位组成的,因此,总体经济的分析也都是建立在个体经济分析的基础之上的。正因为如此,宏观经济学的许多理论都是基于微观经济理论演变而来的。例如,对全国消费总量的分析是建立在分析单个消费者消费行为的理论基础之上的。对全国投资总量的分析是建立在分析单个生产者投资行为理论基础之上的。

四、资源配置与经济制度

人类是一个群体的社会,这种群体社会之所以强大是因为人类能够通过一定的资源利用机制实现人与人之间的合作共赢。经济体制反映了一个国家或一个社会中占统治地位的人与人之间的生产关系。在人类发展的历史长河中,随着生产力的不断进步,作为上层建筑的经济体制也必然会随之演化。

从经济学角度来看,当前世界存在着三种基本的资源配置和利用的机制,也即三种基本的经济体制:计划经济体制、市场经济体制、混合经济体制。这三种经济体制利用不同的方式来处理一个国家或社会的资源配置和资源利用问题。

(一) 计划经济体制

计划经济体制，又称指令型经济，是指在一个国家或地区的经济体系下，由国家或政府事先对生产、资源分配以及产品消费方面进行计划，并按照计划来落实的经济体制。由于几乎所有计划经济体制都依赖政府的指令性计划，因此计划经济也被称为"指令性经济"。

相对于市场经济体制，计划经济体制能够避免市场经济发展的盲目性、不确定性等问题，从而避免市场经济中企业重复建设、恶性竞争等资源浪费现象，又能够较好地实现经济发展的长期规划。但与此同时，计划如果涉及范围过广，会影响到计划本身效率问题，也会出现计划中生产与需求相互脱节的现象以及对微观经济体激励效应难以展开的问题等。

前苏联和我国改革开放之前实施了计划经济体制，其他一些国家也曾经实施过计划经济体制。计划经济体制在我国和其他国家的建设过程中曾经发挥了重要的作用。

(二) 市场经济体制

市场经济体制是以市场机制作为配置稀缺资源的基本手段来调节人与人之间经济关系的一种经济体制。市场的核心是交换和交易，因此，产生交换和交易的前提是私有化的产生。私有化的范围决定了市场交易和交换的范围。

当前世界的绝大多数国家都采用了市场经济为主体的经济体制。在高度发达的市场中，生产者生产什么取决于消费者的需求或市场需求，生产多少取决于消费者的支付能力即需求水平。市场经济体制中，经济体的经济决策是分散的，市场交易双方在法律上的地位是平等的。区别于计划经济中信息的垂直渠道传递，市场经济买卖双方之间的信息实现了横向渠道的传递。

市场经济体制由市场主体、市场客体以及市场机制构成。市场主体是指市场上从事各种交易活动的当事人；市场客体是指市场主体在市场活动中的交易对象；市场机制是指市场价格与竞争机制。

价格机制是最基本、最重要的市场机制，有如下四大功能：

(1) 传递信息的功能。
(2) 合理配置资源的功能。
(3) 提供生产动力和促使企业竞争的功能。
(4) 影响或决定收入分配和收入水平的功能。

与计划经济体制一样，市场经济体制也不是完美无缺的资源配置和资源利用方式，也有其优缺点。其优点包括能够实现资源配置决策自动化，从而实现市场运行自动化，能够满足消费者的个性化需求等；缺点包括生产决策的滞后性和盲目性，从而引发了市场价格的大起大落，以及当产权不清晰时市场出现失灵现象等。

(三) 混合经济体制

由于计划经济体制和市场经济体制各存利弊，因此单纯的任何一种经济体制都不足以支撑当今高度发达的经济状态。实践也证明，无论是哪种纯粹的单一经济体制，都不利于实现资源的最有效配置和生产效率的提高。因此，为了适应生产力和经济发展的需要，绝大多数国家都采用了计划和市场两种经济体制相互配合的混合经济体制。西方社会以市场经济体制为主的国家在经历了单纯市场经济体制所带来的经济危机后，引入了计划的成分，开始了国家干预经济的道路；我国在计划经济体制的基础上逐步引入市场经济体制，到目前为止已经形成了以市场为主体的社会主义市场经济体制。

任务三　经济学的研究方法

【案例导入】

诺贝尔奖是由发明炸药的瑞典人诺贝尔（Alfred Nobel）先生捐赠，于1895年设立，1901年首次颁奖。受奖对象为在物理、化学、医药、文学以及对世界和平有杰出贡献的人。因在19世纪末叶，社会科学尚在萌芽阶段，因此没有被包括在内。

到了1968年，当世界最古老的中央银行——瑞典银行——成立三百周年时，该行总裁感叹地问："为什么诺贝尔奖只为自然科学而设立？"他认为人类生活环境的改善，社会科学有它重要的贡献，他全力争取设立诺贝尔经济学奖，最后终于得到瑞典政府同意，并经国会批准，由瑞典中央银行拨款设立另一个基金，颁赠给"以科学研究发展静态和动态的经济理论，以及对提高经济分析有积极贡献的人士。"

一、经济学的研究方法

人们在研究经济学时，会有两种态度和方法，一种是只考察经济现象是什么，即经济现状如何，为何会如此，其发展趋势如何，至于这种经济现象好不好，该不该如此，则不作评价。这种研究方法称为实证分析方法，也称实证经济学。另一种是对经济现状及变化作出好与不好的评价，或是该与不该的判断，这种研究方法被称为规范分析方法，也称是规范经济学。

（一）实证经济学（Positive Economics）

实证经济学：是指企图超脱或排斥一切价值判断，只研究经济本身的内在规律，并根据这些规律分析和预测人们经济行为的效果。它要回答"**是什么**"的问题，而不对事物的好坏作出评价。

"我们必须尽力树立一种客观和超然的态度，不管个人的好坏，要就事物的真相来考察事物。"——萨缪尔森

（二）规范经济学（Normative Economics）

规范经济学：是以一定的价值判断作为出发点，提出行为的标准，并研究如何才能符合这些标准。它说明的是"**应该是什么**"的问题，即价值判断问题。

例1：轿车能否进入家庭？涉及到汽车价格、消费者收入等因素之间的关系。这种关系是客观的。通过分析可以得出在收入达到什么水平以及价格为多少时，汽车可以进入家庭。——这是实证分析。

轿车是否应该进入家庭？涉及到人们的价值判断，即轿车进入家庭是一件好事还是坏事。不同的人看法不同，得出的结论也完全不同。经济学家以某种价值判断为基础分析这一问题——这是规范分析。

例2：一部分人先富起来是否意味着人与人的不平等，这是一个规范经济学问题；而一部分人先富起来能否促进国民经济的发展，则是一个实证经济学问题

(二) 实证经济学与规范经济学的区别和联系

区别：1. **分析的依据不同**。实证经济学为了使经济学具有客观科学性，就要避开价值判断问题；规范经济学要判断某一具体经济事物的好坏，则从一定的价值判断出发来研究问题。

2. **要解决的问题不同**。实证经济学要解决"是什么"的问题；即要确认事实本身，研究经济本身的客观规律与内在逻辑，分析经济变量之间的关系，并用于进行分析与与预测；规范经济学要解决"应该是什么"的问题，即要说明事物本身是好还是坏，是否符合某种价值判断，或者对于社会有什么积极意义。

3. **所得出的结论客观程度不同**。实证经济学的内容具有客观性，所得出的结论可以根据事实来检验，也不会以人们的意志为转移；规范经济学本身没有客观性，它所得出的结论要受到不同价值观念的影响。

联系：规范经济学研究要以实证经济学为基础，而实证经济学研究也离不开规范经济学的指导。

二、学习经济学的意义

经济学是经济学家提供给社会大众的一种改进生活、认识世界的武器。或许你并不想做一名经济学家，但即使如此，你仍然应该学点经济学。

1. **学习经济学有助于你做出更好的个人决策**。在你的一生中，你需要做出各种各样的经济决策。比如说，在即将完成高中学业的时候，你需要决定是否去上大学或上什么样的大学？在大学毕业的时候，你需要决定是继续在国内读研究生，还是出国留学，或者是去工作？在工作之后，你需要决定如何花费你的收入。或许有一天你成了一个企业的老板或经理，此时，你需要决定你的企业应该生产什么产品？卖什么样的价格？在什么媒体上做广告？招收什么样的人员？如此等等。为什么决策是重要的？因为你的资源是有限的——你的时间有限，收入也有限，等等。为了避免决策的失误，你需要一些理论的指导。经济学是有关个人选择的科学，学习经济学有助于你做出更好的决策。明白了这一点，你就明白了为什么经济学是西方大学里听众最多的选修课。

2. **学习经济学有助于你理解你生活于其间的世界是如何运转的**。你的生活状况不仅取决于你自己的决策，而且依赖于其他人的决策，以及周围环境的变化。理解你周围的世界如何运行，自然有助于改进你的决策。经济学是有关人们之间的决策如何相互作用的科学。学了经济学，你就可以明白市场这只"看不见的手"如何使自利的个人为大

家服务。你也可以明白,为什么垄断行业的服务那么差,而收费却那么高;为什么一个流行歌手演出一晚上可以赚好几万,而一个生产工人一个月也只能赚三四千元;为什么利率一上升股票价格就下跌;为什么国有企业设备那么好,却竞争不过民营企业。

3. 学习经济学有助于你理解政府政策的优与劣。每个社会都离不开政府。学了经济学,你会明白我们为什么需要政府,什么是政府应该干的,什么是政府不应该干的。我们需要政府,是因为在存在诸如外部性、公共产品这样的场合,依靠市场不能达到资源的有效配置。比如说,如果没有政府的干预,自私自利的企业家也许会使你喝太多的污水;如果没有政府,私人部门也许不会提供你诸如路灯这样的公共产品。特别地,我们需要政府来提供市场交易所需要的规则和秩序这样一类公共产品,需要政府保护我们的个人财产和人身安全。但政府对市场的过多干预常常导致供给不足、价格扭曲、资源浪费、垄断横行。政府的政策选择不仅影响整个社会的资源配置效率,而且影响包括你在内的每个公民的福利。

4. 学习经济学可以改进你的思考方式。经济学是一门科学。科学是什么?科学是一种思考问题的方式。如同天文学通过观测天体现象来归纳天体运行规律一样,经济学家通过观测现实经济现象归纳经济规律。经济学家有自己的语言和思维方式,诸如需求、供给、弹性、消费者剩余、机会成本、外部性,等等,这些是经济学的基本语言。掌握了这些经济学语言,你就可以更好地思考你周围的世界是如何运行的。外行人常常批评经济学家看问题过于简单,而他们忘了,科学的力量就在于把复杂的现象简单化。经济学就像一张指路图,它舍弃了现实中的许多细节,却使你更清楚自己要去的地方。你没有必要成为一位经济学家,但知道经济学家是如何思考问题是有益的,至少,你不大容易被蹩脚的经济学家和夸夸其谈的政治家所蒙蔽。无论你今后干什么,你不会后悔自己学过经济学。

【思考与练习】

一、单项选择题

1. 关于稀缺性,下列表述正确的是( )。

A. 稀缺性仅仅存在于技术比较落后的时期

B. 随着技术的不断进步,资源的稀缺性会得到彻底解决

C. 稀缺性相对于人的无限欲望而言是始终存在的

D. 我们的物质生活越来越丰富,说明不存在稀缺性

2. 经济学是一门研究( )的学问。

A. 在无限欲望与有限资源的矛盾下如何做出选择

B. 如何开发稀缺资源

C. 如何勤俭节约

D. 如何消除购买欲望

3. 经济学研究的稀缺资源如何做出比较、选择和分配的问题属于( )。

A. 资源配置的问题　　　　　　　　B. 资源利用的问题

C. 资源开发的问题　　　　　　　　D. 资源节约的问题

4. 关于资源利用,下列表述正确的是( )。
A. 经济社会存在资源得不到充分利用的问题,因此需要通过经济手段促进其达到充分利用
B. 经济资源得不到充分利用是因为浪费现象严重,因此只要解决浪费就能解决资源利用问题
C. 完全依靠市场能够解决充分利用资源问题
D. 失业率提高不能够说明资源利用情况降低了

5. 关于价格机制的功能,不包括( )。
A. 传递信息的功能　　　　　　　　B. 合理配置资源的功能
C. 提供生产动力和促使企业竞争的功能　D. 解决市场决策盲目性的功能

6. 微观经济学的研究对象和中心理论分别是( )。
A. 单个经济个体与价格理论　　　　B. 国民经济总体与价格理论
C. 国民经济总体与国民收入决定理论　D. 单个经济个体与国民收入决定理论

7. 关于宏观经济学研究的基本内容,下列描述正确的是( )。
A. 失业与通货膨胀理论　　　　　　B. 生产者行为理论
C. 均衡价格理论　　　　　　　　　D. 不同市场中的厂商均衡理论

8. 微观经济学的基本假设不包括( )。
A. 理性人假设　　　　　　　　　　B. 完全信息假设
C. 市场出清假设　　　　　　　　　D. 完全竞争假设

9. 经济学发展历史中,( )被誉为经济学的鼻祖。
A. 亚当·斯密　　　　　　　　　　B. 马歇尔
C. 凯恩斯　　　　　　　　　　　　D. 萨缪尔森

10. 作为经济学的两个组成部分,微观经济学与宏观经济学是( )。
A. 相互对立的　　　　　　　　　　B. 没有任何联系的
C. 相互补充的　　　　　　　　　　D. 以上都不对

二、判断题

1. 经济学能够帮助人类社会实现资源的无限开发。( )
2. 面对稀缺的资源,经济学能够帮助人们做出理性的选择。( )
3. 微观经济学解决的基本问题是资源利用的问题。( )
4. 宏观经济学的中心理论是国民收入决定理论。( )
5. 混合经济体制既包含了计划的成分也包含了市场的成分,因此当今社会不同国家的混合经济体制都是一样的。( )
6. 计划经济体制毫无优点可言,因此实行计划经济体制的国家都抛弃了这种资源配置方式。( )
7. 市场经济体制虽然有缺陷,但仍然是绝大多数国家有效实现资源配置的主体经济体制。( )

三、问题与应用

1. 你的大学生活的时间资源是否属于稀缺资源?如果是,应如何配置这些资源?
2. 请比较分析微观经济学与宏观经济学的联系与区别。
3. 试列举身边的经济现象和经济问题哪些属于宏观经济学范畴,哪些属于微观经济学范畴。

项目二

需求和供给

【知识目标】
1. 理解需求、供给、需求规律和供给规律的定义;
2. 了解导致需求变动和供给变动的因素;
3. 区分需求量变动和需求变动、供给量变动和供给变动;
4. 解释供求相互作用如何决定均衡价格和均衡数量;
5. 掌握需求弹性和供给弹性的类型及影响因素。

【技能目标】
熟悉均衡价格以及弹性理论在经济决策中的应用

【项目导读】
如果一个社会所有人都精通会计,那么会计在这个社会就难名一文。原因在于,可以作为会计进行劳动力供给的人太多了,而社会需要的会计数量毕竟只是社会劳动力需求的很小一部分,供给远大于需求的东西价格偏低是尽人皆知的再正常不过的事。而需求大于供给,价格则会偏高,就像鲁迅先生讲的一样,南方的卷心菜到了北京便"物以稀为贵",而且还要用一根红绳子套上,美其名曰"龙舌兰"。越是稀少越是宝,鲁迅在仙台就受到格外的待遇。

萨默尔逊在他的《经济学》中引用了无名氏的一句话:你可以使一只鹦鹉成为经济学家,但前提必须是让它明白"供给"和"需求"。供给与需求是经济学理论中最基本、最重要的概念,在一定意义上说,学会供给与需求原理就等于找到了进入经济学殿堂的钥匙。本项目主要讨论供求如何决定价格,以及价格如何配置稀缺资源。

任务一 需求

【案例导入】

一个公司招聘员工,来了很多人应聘。总经理出了一个实践性的题目:把梳子卖给和尚,十天之内,谁卖出的最多,谁就胜出。把梳子卖给和尚?开玩笑!众多应聘者认为这是公司对自己的羞辱,就走了。最后剩下甲、乙、丙三个人。主持人交代:10日之后,向我报告销售情况。

十天已到,主试者问甲:"卖出多少把?"答:"1把。""怎么卖的?"甲讲述了历尽的辛苦,游说和尚应当买把梳子,无甚效果,还惨遭和尚的责骂,在下山途中遇到一个小和尚一边晒太阳,一边使劲挠着头皮。甲灵机一动,递上木梳,小和尚用后满心欢喜,于是买下一把。主试者问乙:"卖出多少把?"答:"10把。""怎么卖的?"乙说他去了一座名山古寺,由于山高风大,进香者的头发都被吹乱了,他找到寺院的住持说:"蓬头垢面是对佛的不敬。应在每座庙的香案前放把木梳,供善男信女梳理鬓发。"住持采纳了他的建议。那山有十座庙,于是买下了10把木梳。主试者问丙:"卖出多少把?"答:"1000把。"主试者惊问:"怎么卖的?"丙说他到一个颇具盛名、香火极旺的深山宝刹,朝圣者络绎不绝。丙对住持说:"凡来进香参观者,多有一颗虔诚之心,宝刹应有所回赠,以做纪念,保佑其平安吉祥,鼓励其多做善事。我有一批木梳,您的书法超群,可刻上'积善梳'三个字,作为赠品。"住持采纳了他的建议,买下1000把木梳。得到"积善梳"的施主与香客也很是高兴,一传十、十传百,寺院的香火更旺了。从这个故事中可以看出,需求也是可以创造的!

一、需求

(一)需求与需求量

1. 需求

需求是指消费者在某一特定的时期内,在每一个价格水平下,有能力购买并且愿意购买的某一商品的数量。需求表达的不是一个具体的需求数量,而是某种需求的程度或水平。

作为需求要具备两个条件:一是购买欲望;二是购买能力,二者缺一不可。

2. 需求量

需求量是指消费者在某一特定的时期内,在某种价格下,有能力购买并且愿意购买的某一商品的数量。需求量是一个量的概念,表明了在特定价格和条件下需求的多少,可以用准确的数字来进行表达。如李女士在从超市选购水果时,看到红富士苹果的价格是4.8元/斤,她选购了5斤。这里的"5斤"是李女士在红富士苹果价格为4.8元/斤时的需求量。

3. 个别需求和市场需求

需求可以分为个别需求和市场需求。在一定时间内,某一消费者对某种商品的需求称为个别需求;所有消费者对这种商品的需求称为市场需求。对微观经济学来说,研究市场需求更重要。所以在本项目中我们主要介绍市场需求。

(二)影响需求的因素

1. **商品本身的价格**。一般来说,一种商品价格越高,需求量越小;价格越低,需求量越大。

2. **相关商品的价格**。消费者为满足需求而进行的购买除了要考虑商品自身价格以外,也会对这种商品的相关商品价格加以评价和比较。假设消费者购买的目标商品的价格保持不变,但与其相关的其他商品的价格发生变化时,该商品本身的需求也会发生变化。

相关商品大致可以分为两种类型,一是替代品,二是互补品。

(1) **互补品**:指两种商品互相补充共同满足人们的同一种欲望,完成同一消费功能。如:比如羽毛球和球拍、汽车和汽油、计算机的硬件和软件等。

由于消费者单独使用互补品中的任何一种商品对其都毫无意义,因此,互补性商品的需求会受到其他商品价格的牵制和影响。例如当汽车的销售价格下降时,人们对汽车的需求量就会增加,与此同时也会相应地增加对汽油的需求,反之,则会相对减少对汽油的需求。

【原理的应用:为什么商家钟情于捆绑式销售?】

解析:捆绑式销售模式被越来越多的商家所推崇,成为经常被利用的销售技巧。楼房与车位捆绑销售,机票与饭店房间捆绑销售,手机与电话卡捆绑销售,洗衣机与洗衣粉捆绑销售。能够进行捆绑销售的产品大都具有互补性,通过捆绑式销售既可以降低厂商的销售成本、达到品牌形象的相互提升,也能使消费者带来超值体验。如荣事达集团与宝洁公司的利用产品的互补性进行捆绑式销售。荣事达在销售洗衣机的时候赠送保洁公司的碧浪洗衣粉,并在宣传单上推荐碧浪,而碧浪洗衣粉的包装上打出荣事达洗衣机的字样,同时,保洁公司为荣事达做洗衣机与洗衣粉的影视演示广告。洗衣机需要洗衣粉来配合,洗衣粉也离不开洗衣机的洗涤,二者构成了互补。消费者在购买洗衣机时,除了获得产品本身外,还另外获得高质量的必须的洗衣粉,为消费者节省了购买洗衣粉的额外开支;消费者在购买碧浪时,经过保洁公司潜移默化的推荐,也会对荣事达洗衣机更加信赖,从而产生购买欲。

(2) **替代品**:是指可以相互替代满足消费者同样需要的商品,比如米饭和馒头、猪肉和鸡肉、苹果和梨,等等。

消费者在购买两种具有替代关系的相关商品时,如果其中一种商品的价格上涨,另一种商品的需求就会增加;反之,一种商品价格下降,另一种商品需求就会减少。例如,当人们在米饭和馒头这两种主食之间进行选择时,由于这两者满足的是消费者相同的需要,消费者在购买某一种时,除了要考虑这种商品的价格以外,还要评价和对比另一种商品才能做出购买决策。当米饭的价格上升时,消费者会相应地减少对米饭的需求量,而为了满足同样的需要，就会相应增加对馒头的需求，反之，则会减少对馒头的需求。

3. 消费者的偏好

消费者偏好是指消费者对某种商品的喜好程度。当消费者偏好发生改变时，哪怕商品价格以及其他因素不变，需求也会受到影响。例如一个公司食堂的主食假设只有两种，米饭和馒头。当这一公司就餐员工大多数为北方人时，消费者总体偏好为馒头，馒头的需求相对就高，而当公司换了一大批南方员工时，消费者总体偏好就会转变为米饭，在这两种主食价格没有任何变动的情况下，馒头的需求就会减少，而米饭的需求则会相对增加。

【阅读材料】莫言小说获奖效应

2012年10月11日，莫言获得2012年诺贝尔文学奖，成为首位获得诺贝尔文学奖的中国籍作家。此事件一出，无论是莫言本人还是莫言的作品都成为热门话题。当天莫言获奖的话题在腾讯微博和新浪微博上均名列首位，且关注度远超排名第二的话题，由此带来的经济效应不可小觑。10月8日－10月14日统计的图书榜单销售数据显示，虽然只有短短三天，莫言作品仍强势挺进十强，两部上榜。与火爆需求相反的现实是从网上到实体书店"缺货"声一片。10月16日，上海文艺出版社出版的16册莫言小说正式上架，但数量仅8000套，其余仍在抢印中。据悉，应对断货，电商方面已用预售方式来弥补。另外，莫言获奖具有很大的新闻标题效应，可能会带动人们对中国当代文学的关注，促进文学图书的销量，另一方面也会鼓舞更多人从事文学创作。

4. 消费者的收入水平

消费者的收入水平是影响消费者购买能力的最重要组成部分。对于一般商品而言，在消费购买欲望一定的条件下，收入水平提高会使得需求相应增加，反之，需求相应减少。而低档生活用品在此时的规律正好相反。在考虑收入水平对某种商品需求的影响时，既要考虑单个消费者的收入水平的影响，又需要考虑总体消费者的收入水平。

5. 消费者对未来的预期

若消费者预期某种商品的价格会上升时，什么涨买什么，就会增加对该商品的现期需求量；反之，便会持币待购，会减少对该商品的现期需求量。例如假设你正在计划买房子。有一天，你听说房子的价格将会在几个月内下降。结果，你决定等几个月以后再买房子。或者，如果你听说价格预期会在几个月内上涨，那么你就有可能现在就买房子。彩电价格越降越卖不动，盖源于此。

6. 人口的数量与结构

不管是哪种类型的市场，其最终服务的对象都是单个的消费者，而每一个消费者的偏好、购买意愿和购买能力等方面都存在一定的差异，因此，人口数量与结构的变动会影响某个商品市场需求的规模和种类。例如在我国人口老龄化程度越来越高的过程中，我们会发现与老年人息息相关的保健品、医疗服务等需求明显增加。

7. 政府的经济政策

能够直接作用于某种商品需求水平的政策大多是政府在这种商品方面的微观经济政策。政府为了鼓励或抑制某种商品的需求，会通过政策的作用降低或提高消费者购买或使用这种商品的成本。例如，政府为了抑制香烟的不良消费，提高了香烟的消费税，而消费税的提高也会最终体现在香烟销售价格上，最终会起到影响香烟需求的作用。同时，其他的政策也会间接地影响需求，如个人所得税的降低会相应增加消费者的收入，从而影响到消费者的需求。

（三）需求的表示方式

1. 需求函数

如果把影响需求的各种因素作为自变量，把需求量作为因变量，则可以用函数关系表示影响需求的因素与需求量之间的关系，这种函数成为需求函数。用公式表示如下：

$$Q_d = f(a, b, c, d, \cdots, n)$$

其中，Q_d 代表某种商品的需求量，$a, b, c, d, \cdots, n$ 代表影响需求的因素。

在影响商品需求量的众多因素中，商品的价格是最重要的因素。假定其他影响因素不变，只考虑商品本身的价格变化对该商品需求量的影响，这样，需求函数可表示为：

$$Q_d = f(P)$$

若需求曲线是一条直线，则需求函数可写为：

$$Q_d = a - bP \ (a, b \text{ 为常数})$$

2. 需求表

商品的需求表是表示某种商品的不同价格与相对应的需求量之间对应关系的数字序列表格。例如，某一时期某一市场一个月内苹果的市场需求可以用表 2-1 所示的市场需求来表示。

表 2-1　　　　　　　　　　某种苹果的需求表

价格数量组合	价格（元/斤）	需求量（斤）
A	2	80
B	3	70
C	4	60
D	5	50
E	6	40
F	7	60
G	8	20

从表 2-1 中可以清楚地看出商品价格与需求量之间的关系。当商品价格为 2 元时，商品的需求量为 80 斤；当价格上升为 3 元时，需求量下降为 70 斤；当价格进一步上升为 4 元时，需求量下降为更少的 60 斤，以此类推。

3. 需求曲线

商品的需求曲线是根据需求表绘出的用来表示需求量与商品价格之间对应关系的曲线。或者说，需求曲线是以几何图形来表示商品的价格和需求量之间的函数关系的曲线。如图2-1所示，横轴OQ表示商品的数量，纵轴OP表示商品的价格，曲线D为根据表2-1绘制的一条需求曲线。由于价格下降，需求量增加，所以需求曲线向右下方倾斜，即它的斜率为负值。

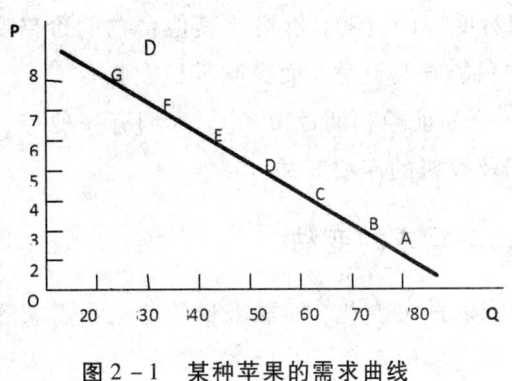

图2-1 某种苹果的需求曲线

(四) 需求定理

1. 需求定理

在影响需求的其他因素不变的情况下，商品的需求量与其价格之间成反方向变动，即需求量随商品本身价格的上升而减少，随商品本身价格的下降而增加。这就是所谓的需求定理。

为了准确理解需求定理，在学习过程之中应把握以下两点：

(1) 需求定理的前提是"**在其他条件不变的情况下**"，其他条件不变是指影响需求的其他因素不变，离开了这一前提，需求定理就无法成立。例如，商品市场上水果价格提高了，但人们的收入水平提高的幅度更大，人们也会更多地买水果。此时，商品本身价格与需求量就不一定呈反方向变动了。

(2) 需求定理反映的是**一般商品(或正常商品)价格与需求量之间关系**的规律，这一定理也有例外。

2. 需求定理的例外情况

需求定理说明了需求的一般规律，虽然如此，人们在日常生活中也发现了一些商品的需求现象不能用需求定理进行解释，也就是说，在坐标平面上，有些商品的需求曲线有可能不是从左上方向右下方倾斜的。

(1) 炫耀性商品。炫耀性商品是用来显示人的社会身份与地位的商品，这类商品的需求量预期价格之间成同方向变动。只有商品的价格比较高时，购买者才能满足炫耀自己社会身份和地位的心理需求,而不在于该商品的实际价值如何。例如,珠宝首饰、豪华型轿车等,价格上升,需求会增加;价格下降,需求反而减少。

(2)吉芬商品。这类商品是低档生活必需品,这类商品的价格上升,其需求量反而增加。1845年,英国经济学家吉芬发现在爱尔兰发生大灾荒时,马铃薯的价格上升,需求量反而增加。这种价格上升、需求量增加的现象被称为"吉芬之谜"。主要是因为在经济萧条时期,普通居民生活水平普遍下降,马铃薯价格虽然上升,价格水平比正常年景要高出许多,但它是相对低等的食物,价格比其他食物的价格要低得多。因此,当时大多数穷人在生活消费中只能吃马铃薯,而少吃其他食物。

(3)在投机性市场(例如证券和期货市场),人们有一种"买涨不买落"的心理,这与人们对未来价格的预期及投机的需要有关。

二、需求量的变动与需求的变动

经济学严格区分需求的两种变化,即需求量的变动和需求的变动。两者都是商品需求数量的变动,但引起变动的因素是不相同的,而且这两种变动在几何图形中的表示也是不相同的。

(一)需求量的变动

需求量的变动是指在其他条件不变的情况下,由于某种商品本身的价格变动引起的该商品的需求数量的变动。在几何图形中,需求量的变动可以看做是相应的点在同一条需求曲线上位置的变动。如图2-2所示,某市场需求曲线为D,此时表明影响需求的其他因素是一定的。当市场价格为P_1时,所对应的需求量为Q_1,而当市场价格从P_1下降到P_2时,需求量会相应的变动到Q_2。

需求量的变动表现为从同一条需求曲线上的一点移动到另一点。

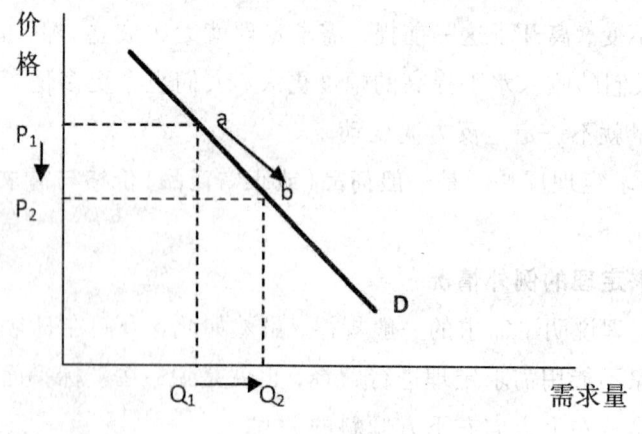

图2-2 需求量的变动

(二) 需求的变动

需求的变动是指在某种商品本身的价格不变的条件下，由于其他因素变动引起的该商品的需求数量的变动。这里的其他因素变动是指消费者收入水平、相关商品的价格、消费者的偏好和消费者对商品的价格预期等因素的变动。在几何图形中，需求的变动表现为需求曲线的位置发生移动。需求减少，需求曲线向左移，需求增加，需求曲线向右移。如图 2-3 所示，D 为某手机市场的需求曲线，当该手机价格为 P_0 时，需求量为 Q。春节期间，由于消费者收入提高，在同一个价格 P_0 的情况下，需求量会由 Q 增加到 Q_1。

需求的变动表现为整个需求曲线的移动。

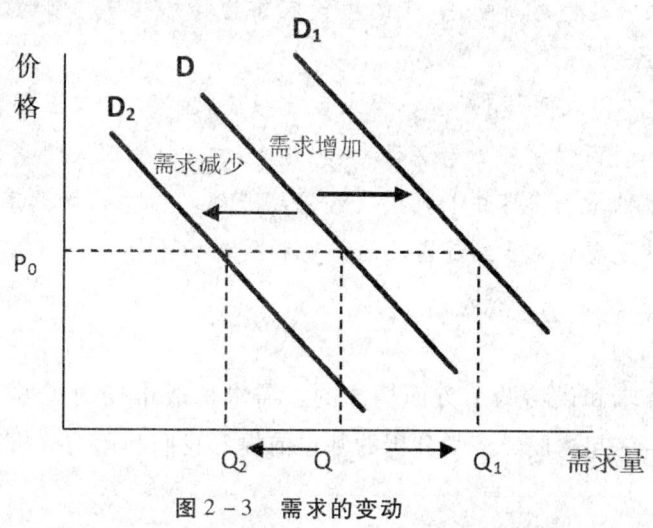

图 2-3 需求的变动

【案例研究：吸烟有害健康，如何减少人们吸烟的数量呢？】

每年的 5 月 31 日是世界无烟日，全世界现有 11 亿人在吸烟，目前我国吸烟现状更是不容乐观：烟民人数不断增加，已经超过 4.5 亿人，烟民平均年龄在降低，女烟民及青少年吸烟的数量在不断增加。那么，如何减少烟民的数量或烟草的需求呢？

减少吸烟需求量的一种方法是提高香烟的价格。按照需求定理，价格提高会引起吸烟者减少对香烟的消费，需求量在同一条香烟或其他烟草产品的需求曲线上从某一点移动到价格更高而数量较少的一点。

另外的方法是价格不变，利用公益广告、香烟盒上有害健康的警示以及禁止在电视上做香烟广告，充分利用任何一种既定价格水平时可以降低香烟需求量的政策，这就使香烟的需求曲线向左移动，减少烟草的需求量。

事实上，政府大都在采取双管齐下的办法减少烟草的需求量，那为什么我国的烟民或烟草的需求量还在增加呢？分析其原因。目前，大学生吸烟的状况也令人担忧，调查一下周围吸烟的同学，哪些因素会影响他们对香烟的需求？

任务二: 供给

【案例导入】供给侧改革

如何通俗地理解"供给侧改革"?通过这么一个小故事就很容易让人理解。有一亩地,以前发展经济时主要是在地里种红薯,为了让红薯长得更大,我们需要不断地施肥,红薯丰收了,家里人吃,吃不完还卖给别人吃。当经济发展到一定程度会发觉红薯难卖了,因为大家都不喜欢吃,于是我们开始考虑种植其他农作物,或者投入更多的技术力量,结果种出来的是特别高端、美味的现代农作物。种红薯的阶段就是需求侧,而现在种其他高端农业就属于"供给侧改革"。

"供给侧"与"需求侧"相对应。需求侧有投资、消费、出口三驾马车,三驾马车决定短期经济增长率。而供给侧则有劳动力、土地、资本、创新四大要素,四大要素在充分配置条件下所实现的增长率即中长期潜在经济增长率。而结构性改革旨在调整经济结构,使要素实现最优配置,提升经济增长的质量和数量。

一、供给

市场是由需求和供给两个方面构成的。需求构成市场的买方,供给构成市场的卖方,需求与供给一起构成经济学分析的基本前提。我们利用与分析需求相似的方法分析供给理论。

(一)供给和供给量

1. 供给(supply)

供给是指生产者(厂商)在一定时期内,在不同的价格水平愿意并且能够提供的商品的数量。供给的定义说明了两个涵义:第一,供给是供给能力与供给欲望的统一。

2. 供给量

供给量是指生产者(厂商)在一定时期内,在某一价格水平愿意并且能够提供的商品的数量。

3. 个人供给和市场供给

供给分为**个人供给**和**市场供给**。个人供给是指单个厂商对某种商品的供给。市场供给是指该商品市场所有个人供给的总和,即与每一可能的售价相对应的每个厂商供给量的总和。

(二)影响供给的主要因素

1. 商品本身的价格

由于厂商的目标是追求利润极大化,在其他条件既定的条件下,如果某种商品价格上升，厂商就会投入更多的生产资源用于该商品的生产，从而使其供给量增加；反之，则厂商就会将生产资源转移于其他相对价格较高的商品的生产，从而该商品的供给量减少。

2．生产技术和管理水平

生产技术和管理水平的提高，可以降低原有的生产成本，使在同一价格水平下，可以提供更多的产品，供给量增加。

【案例："为世界装上轮子"的人】

20世纪初，一辆汽车在美国的售价大约是4700**美元**。这相当于一个普通人好几年的收入。在这种价格下，汽车仅仅是少数有钱人的奢侈品。1908年福特汽车公司生产出世界上第一辆属于普通百姓的汽车——T型车，世界汽车工业革命就此开始。亨利·福特认为，要想把汽车市场变成一个能够创造巨大利润的市场，就必须把汽车变成普通人也买得起的消费品，而要想做到这一点，**大幅降低价格是关键**。1913年，福特汽车公司又开发出了世界上第一条流水线，这一创举使T型车一共达到了**1,500万辆**，缔造了一个至今仍未被打破的世界记录。随着流水线的不断改进，十几年后，这一速度提高到了惊人的每**10秒钟**就可以生产出一辆汽车。与此同时，福特汽车的市场价格不断下降，**最终降到了260美元**。正因为这些，福特被尊为"为世界装上轮子"的人。

3．生产要素的价格

生产要素价格的变化直接影响到商品的生产成本。在其他条件不变的情况下，要素价格上升，厂商利润减少，供给也会减少。反之，则供给增加。

例如，葡萄酒的生产，若葡萄酒的价格不变，如果葡萄的价格上涨或工人工资上涨，意味着厂商生产葡萄酒的成本增加，产品供给将会减少。

4．相关商品的价格

一种商品的价格不变，其它相关商品的价格发生变化时，也会引起该商品供给量发生变化。当某商品的替代品涨价时，该商品生产的厂商会转向替代品生产，使该商品的供给量减少；当某商品的互补品涨价时，该商品随之涨价，厂商会增加这种商品的供给量。

替代品之间：一种商品的价格上升，消费者对另一种商品的需求就会增加，从而引起这种商品的价格上升，利润增加，进而供给增加；一种商品的价格下降，消费者对另一种商品的需求就会减少，从而引起这种商品的价格下降，利润减少，进而供给减少。即一种商品的价格与其替代品的供给呈同方向变动。

例如，当经济作物价格上升时，粮食生产者可能会减少粮食的作物的生产而转向生产这些高价格的经济作物。

互补品之间，一种商品的价格上升，消费者对另一种商品的需求就会减少，引起这种商品的价格下降，利润下降，因而供给减少；反之亦然。即一种商品的价格与其互补品的供给呈反方向变动。

例如，计算机价格的下降，对软件的需求增加，引起软件商品生产的增加；汽车价格的下降，引起汽油需求量的增加，汽油供给增加，加油站供给增加；汽油价格上升，则引起对汽车需求下降，从而供给减少。

5. 政府的相关经济政策

政府有时为了达到其宏观经济调控的目的，有时会推出一些新的经济政策或对原有的政策进行改革，这时会对市场上的商品的价格产生冲击。假设政府补贴玉米的生产，对于农民所生产的玉米，每亩补助10元。由于补贴之故，在每一价格上的玉米供给量会增加。再如，如果政府采取了利率上调政策，生产者的投资成本将会增加，因而供给将会减少。如果政府采取降低税率的政策，生产者的利润会增加，因而供给会增加。

6. 生产者对未来的预期

如果卖者预期某种商品的价格将上涨，就会囤积居奇，待价而沽，从而当期该商品的供给会减少。反之，如果预期价格将下跌，则会大量抛售，使当期该商品供给增加。

例如，如果石油生产商预期明年的石油价格将会升高，那么部分石油商将会减少今年的石油供应，并试图留到明年再卖。类似地，如果他们预期明年的石油价格将会下降，那么今年他们就会比原来计划抽取更多的石油。

7. 自然条件

气候、自然开采等因素都可能影响供给。如水果、疏菜等季节性强的产品，在生产旺季，供给自然多于其他时段。

(三) 供给的表示方法

1. 供给函数

如果将供给量作为因变量，将影响供给量的各种因素作为自变量，则可以用函数关系来表示供给量与其影响因素之间的依存关系。这种函数称为供给函数，用公式表示为：

$$Qs = f(a, b, c, d, \cdots, n)$$

式中 Qs 代表供给量，a, b, c, d, …, n 代表影响供给的因素。

由于价格对供给的影响是最重要的，假定其他因素不变，只考虑价格对供给的影响，则供给函数可简化为供给价格函数：

$$Qs = f(P) \text{（式中 P 表示价格）}$$

若供给曲线为一条直线，则供给函数可写为：

$$Qs = -a + bP \text{（a.b 为常数）}。$$

2. 供给表

供给表是指表示某种商品不同的价格与相应的供给数量之间对应关系的数字序列表格。如表 2 - 2 所示。

表2-2　　　　　　　　　　　某种水果的供给表

价格数量组合	价格(元/斤)	供给量(斤)
A	1	10
B	2	20
C	3	30
D	4	40
E	5	50
F	6	60
G	7	70

表2-2清楚地表示了商品的价格和供给量之间的关系。例如，当价格较高为7元时，商品的供给量为70斤；当价格下降为4元时，商品的供给量减少为40斤；当价格进一步下降为1元时，商品的供给量减少为10斤。

3.供给曲线

供给曲线是描述一种商品供给量与价格之间相互依存关系的图形。如图2-4，图中的横轴OQ表示商品数量，纵轴OP表示商品价格。曲线S为根据表2-4绘出的一条供给曲线。它表示在不同的价格水平下生产者愿意而且能够提供出售的商品数量。供给曲线向右上方倾斜，是因为在其他条件相同的情况下，价格越高意味着供给量越多。

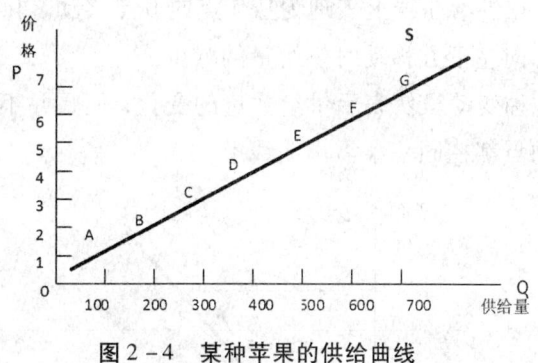

图2-4　某种苹果的供给曲线

(四)供给定理

供给定理是说明商品本身价格与供给量之间相互关系的理论。其基本内容是：**在其他条件不变的情况下，某商品的供给量与该商品的价格之间成同方向变动**。即供给量随商品本身价格的上升而增加，随商品本身价格的下降而减少。和需求定理一样，供给定理也是以假设其他条件不变为前提的，离开这一前提，供给定理也就不能成立。

供给定理是一般的正常商品的规律，这一规律也有例外情况。

(1)有些商品的供给量是固定的，如名画、古玩、即使出售价格再高也无法增加其供给数量，因而其供给曲线是一条与横轴垂直的线。

(2)某些厂商在大规模生产时平均成本锐减,这时商品价格虽有所下降,但厂商仍愿意提供更多的商品。此类商品往往是那些可适于机械化大批量生产的高技术产品,如小汽车和电视机的生产等,这类商品的供给曲线是向右下方倾斜的。

(3)劳动的供给有其特殊性,当工资开始提高时,劳动的供给会增加,当工资水平上升到一定程度后,劳动者感到对货币的需要并不迫切了,这时工资再提高,劳动者也不会再供给更多的劳动量,而对休闲、娱乐和旅游更感兴趣,因而劳动供给曲线是一条向后弯曲的曲线。

二、供给量的变动与供给的变动

供给量的变动和供给的变动都是供给数量的变动,它们的区别在于引起这两种变动的因素是不相同的,而且,这两种变动在几何图形中的表示也是不相同的。

(一)供给量的变动

供给量的变动是指在其它条件不变时,由某商品本身的价格变动所引起的该商品供给数量的变动。在几何图形中,供给量的变动表现为同一供给曲线上点的移动。

供给量的变动=从同一条供给曲线上的一点移动到另一点

如图2-5中,当某种商品的价格为P_1时,供给量为Q_1,当价格由P_1上升到P_2时,供给量由Q_1增加到Q_2,在供给曲线上表现为从a点向b点移动。供给曲线上的点向右上方移动是供给量的增加,向左下方移动时供给量的减少。

需要指出的是,这种变动虽然表示供给数量的变化,但是并不表示整个供给情况的变化。因为,这些变动的点都在同一条需求曲线上。

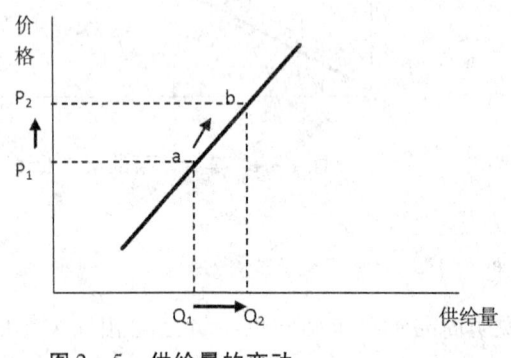

图2-5 供给量的变动

(二)供给的变动

供给的变动是指在某商品价格不变的条件下,由于其它因素变动所引起的该商品的供给数量的变动。这里的其它因素变动可以指生产成本的变动、生产技术水平的变动、相关商品价格的变动和生产者对未来的预期的变化等等。在几何图形中,供给的变动表现为供给曲线的位置发生平行移动,如图2-6所示。供给曲线向左移动时供给的减少,供给曲线向右移动时供给的增加。

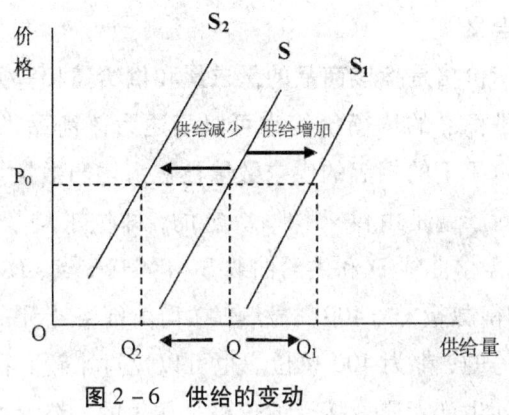

图2-6 供给的变动

任务三　均衡价格

【案例导入】"逆潮流的白圭"

战国时代，有位商人名叫白圭。白圭的经营方法与众不同，总是逆潮流而行。有一次，别的商人都在一窝蜂地抛售棉花，拼命地大减价。白圭却拼命地买进棉花，甚至花钱租地方存放棉花。卖完棉花，别的商人都抢着购进皮毛，白圭却打开仓库，把库存的皮毛一下子卖得精光。没有几天，有消息说今年棉花严重歉收，商人们心急火燎地到处寻找棉花。白圭高价卖出全部库存棉花，发了一笔大财。又过了一段时间，由于某种原因，满街的皮毛突然卖不出去了，价格降得越来越低，其他商人后悔不迭、血本无归。司马迁在《史记》中记载了白圭的事迹，赞扬了白圭"人弃我取，人取我予"的经营手段。

分析：其他商人拼命抛售棉花，使棉花供给大增，价格下跌。白圭趁机低价大量收购棉花。后棉花歉收，意味着供给大幅度减少，棉花价格自然大幅度上扬，白圭因此而发了一笔财。当其他商人拼命收购皮毛时，皮毛需求大增，皮毛价格必然上升。白圭抛出皮毛当然是有利可图的。后来皮毛突然卖不出去了，表明需求大大下降，与此同时其他商人手中的皮毛却大大增加，即供给大大上升。因此，皮毛价格大跌，其他商人从而血本无归。

在分别考察了供给与需求之后，现在我们把它们结合起来说明，它们将如何决定市场上一种物品的销售量和均衡价格，以及均衡价格如何随供求关系而变动。

一、均衡价格

需求表和需求曲线只说明消费者对某种商品在每一价格下的需求量是多少，同样，供给表和供给曲线也只说明生产者对某种商品在每一价格下的供给量是多少，它们都没说明这种商品本身的价格究竟是多少。微观经济学中的商品价格是指商品的均衡价格。

(一)什么是均衡价格?

1. 均衡价格的含义

一种商品的均衡价格是指该商品的需求量和供给量相等并且需求价格和供给价格相等时的市场价格。一种商品的均衡价格也可以表述为该商品供给曲线和需求曲线相交时的价格。在均衡价格水平下的相等的供求数量被称为均衡数量。

均衡价格和均衡产量是由供求均衡决定的,即供求均衡点决定了均衡价格和均衡产量。如图2-7中,需求曲线D和供给曲线S相交于E点,E点为均衡点。在均衡点E,均衡价格$\bar{P}=4$元,均衡数量Q=400。显然,在均衡价格4元的水平,消费者的购买量和生产者的销售量是相等的,都为400单位。也可以反过来说,在均衡数量400的水平,消费者愿意支付的价格和生产者愿意接受的价格是相等的,都为4元。因此这样一种状态便是一种使买卖双方都感到满意,并愿意持续下去的均衡状态。均衡点以上需求曲线与供给曲线所夹区域为供给过剩区,均衡点以下需求曲线与供给曲线所夹区域为供给短缺区,如图2-7所示。

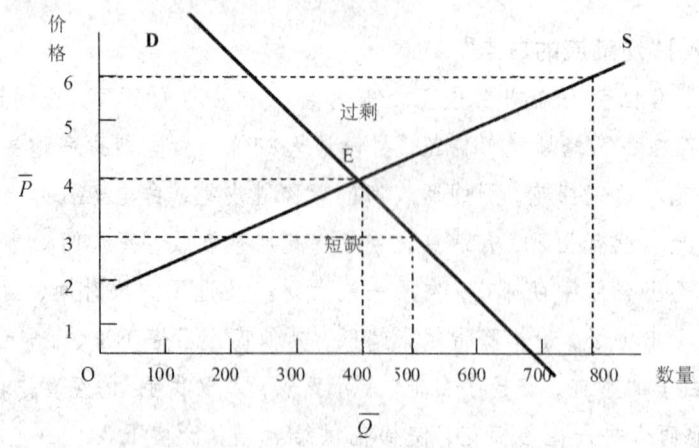

图2-7 均衡价格的决定

【思考】均衡价格是供给等于需求时的价格是否正确?说明理由

答:不正确。因为供给是条线,需求也是条线,供给等于需求,就是供给曲线与需求曲线重合,而这是不可能的,因为供求定律决定了需求曲线向右下方倾斜,供给曲线向右上方倾斜,这两条线永远不会重合,供给不会等于需求,均衡价格因此不是供给等于需求时的价格。均衡价格也不是"供给价格等于需求价格时的价格",因为支持价格和限制价格时的供给价格都等于需求价格,但是它们肯定不在均衡点上。均衡价格更不是"供给量等于需求量时的价格",因为买卖双方提供和需要的数量很可能相等,但是他们的价格往往谈不拢。所以均衡价格只能是供给曲线和需求曲线相交时的价格。它必须同时满足供给量等于需求量,供给价格等于需求价格这两个条件。

2. 均衡价格的形成

英国经济学家阿尔弗雷德·马歇尔(Alfred Marshall,1842-1924)把供给和需求比作是一把尖刀的两个刀片。我们很难说究竟哪一个刀片在裁剪时作用更大。同样道理,我们也很难说需求和供给究竟哪一方决定了市场价格。实际上,价格是由市场的供给和需求所共同决定的,是在商品的市场需求和市场供给两种相反力量的相互作用下自发形成的。

仍用图2-7来说明均衡价格的形成。当市场价格高于均衡价格为6元时,商品的需求量为200单位,供给量为800单位。这种供给量大于需求量的商品过剩的市场状况,一方面会使需求者压低价格来得到他要购买的商品量;另一方面,又会使供给者减少商品的供给量。这样,该商品的价格必然下降,一直下降到均衡价格4元的水平。与此同时,随着价格由6元下降为4元,商品的需求量逐步地由200单位增加为400单位,商品的供给量逐步地由800单位减少为400单位,从而实现供求量相等的均衡数量400单位。

相反地,当市场价格低于均衡价格为3元时,商品的需求量为500单位,供给量为200单位。这种需求量大于供给量的商品短缺的市场状况,一方面,迫使需求者提高价格来得到他所要购买的商品量,另一方面,又使供给者增加商品的供给量。这样,该商品的价格必然上升,一直上升到均衡价格4元的水平。在价格由3元上升为4元的同时,商品的需求量逐步地由500单位减少为400单位,商品的供给量逐步地由200增加为400单位,最后达到供求量相等的均衡数量400单位。

可见商品的均衡价格表现为商品市场上需求和供给这两种相反的力量共同作用的结果,它是在市场的供求力量的自发调节下形成的。而均衡价格形成后,一旦市场价格背离均衡价格,由于供求的相互作用,则有自动恢复到均衡的趋势。

(二)均衡价格的变动

一种商品的均衡价格是由该商品市场的需求曲线和供给曲线的交点所决定的。因此,需求曲线或供给曲线的位置的移动都会使均衡价格水平发生变动。如果均衡价格不变,非价格因素变化,就会引起需求和供给的变化(曲线移动),那么,需求和供给的变动必然会引起均衡点的移动,从而导致均衡价格和均衡产量的移动。

1. 供给不变,需求变动对均衡价格的影响

在供给不变的情况下,需求增加会使需求曲线向右平移,从而使得均衡价格和均衡数量都增加;需求减少会使需求曲线向左平移,从而使得均衡价格和均衡数量都减少。如图2-8所示。

在图2-8中,既定的供给曲线和最初的需求曲线D_1相交于E_1点。在均衡点E_1,均衡价格为P_1,均衡数量为Q_1。需求增加使需求曲线向右平移至D_2曲线的位置,D_2曲线与S曲线相交于E_2点。在均衡点E_2,均衡价格上升为P_2,均衡数量增加为Q_2。相反,需求减少使需求曲线向左平移至D_3曲线的位置,D_3曲线与S曲线相交于E_3点。在均衡点E_3,

均衡价格下降为 P_3，均衡数量减少为 Q_3。

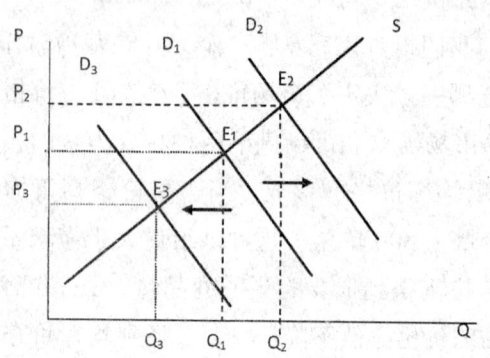

图 2-8 需求的变动和均衡价格的变动

显然，收入增加，人们会增加对冰激凌的需求，会引起需求曲线向右移动，在供给不变的条件下，会使均衡价格上升，均衡数量增加。

2. 需求不变，供给发生变动对均衡价格的影响

在需求不变的情况下，供给增加会使供给曲线向右平移，从而使得均衡价格下降，均衡数量增加；供给减少会使供给曲线向左平移，从而使得均衡价格上升，均衡数量减少。如图 2-9 所示。

在图 2-9 中，既定的需求曲线 D 和最初的供给曲线 S_1 相交于 E_1 点。在均衡点 E_1 的均衡价格和均衡数量分别为 P_1 和 Q_1。供给增加使供给曲线向右平移至 S_2 曲线的位置，并与 D 曲线相交于 E_2 点。在均衡点 E_2，均衡价格下降为 P_2，均衡数量增加为 Q_2。相反，供给减少使供给曲线向左平移至 S_3 曲线的位置，且与 D 曲线相交于 E_3 点。在均衡点 E_3，均衡价格上升为 P_3，均衡数量减少为 Q_3。

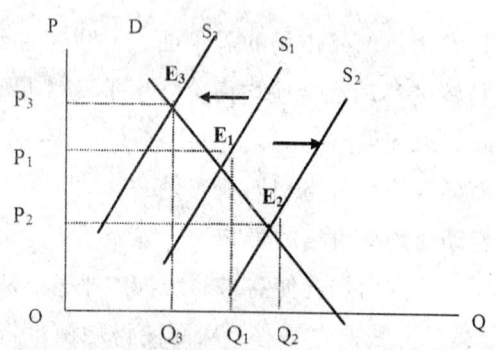

图 2-9 供给的变动和均衡价格的变动

显然，地震雹灾使冰激凌厂商减少了产量，使供给减少，引起供给曲线向左移动，在需求不变的条件下，均衡价格上升，均衡数量减少。

3. 需求和供给同时发生变动

（1）需求和供给同时增加或减少时对均衡价格的影响。如图 2-10，其中，需求上升的幅度大于供给上升，均衡价格和均衡数量同时上升。需求上升的幅度小于供给上升，均衡价格下降,均衡数量上升。需求上升的幅度等于供给上升,均衡价格不变,均衡数量上升。

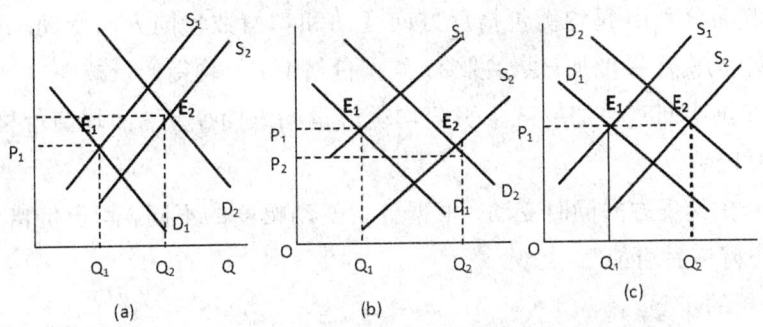

图 2-10 需求和供给同方向同时变动对价格的影响

(2)需求和供给反方向同时变动对价格的影响。如图 2-11,其中,需求上升,供给下降,两者变化量相等,均衡价格上升,均衡数量不变。需求下降,供给上升,两者变化量相等,均衡价格下降,均衡数量不变。需求上升的幅度大于供给下降,均衡价格和均衡数量同时上升。需求上升的幅度小于供给下降,均衡价格上升,均衡数量下降。

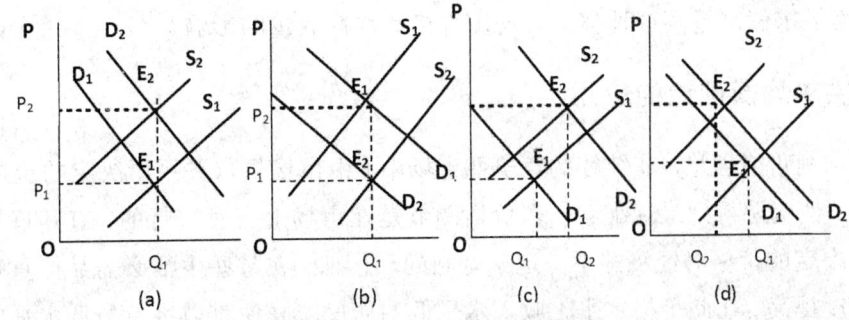

图 2-11 需求和供给反方向同时变动对价格的影响

显然,收入增加和冰雹灾害同时发生对冰激凌市场的需求和供给均发生影响,会使需求增加,需求曲线向右移动,同时,会使供给减少,引起供给曲线向左移动,两条曲线移动的结果会形成新的均衡点,得到一个新的均衡价格和均衡产量,但是这种移动会引起三种可能的结果,这主要取决于供给曲线和需求曲线移动的相对大小。在这两种情况下,均衡价格上升,但均衡数量不能确定。若增加的幅度和减少的幅度一样大,均衡数量不变,如图 2-11(a)。若需求大幅度增加,而供给减少很少,均衡数量增加了,如图 2-11(c)。若供给大幅度减少,而需求增加很少,均衡数量减少了,如图 2-11(d)。

(三)供求定理和供求分析的步骤

1. 供求定理

通过以上分析,我们可以总结和分析出关于需求与供给变动时对均衡影响的规律,这一规律可以称之为供求定理。其基本内容可以归纳为:

(1)需求变动分别引起均衡价格和均衡数量同方向变动。即:需求增加,均衡价格提高，均衡产量增加；需求减少，均衡价格下降，均衡产量减少。

（2）供给变动分别引起均衡价格反方向变动和均衡数量同方向变动。即：供给增加，均衡价格下降，均衡产量增加；供给减少，均衡价格上升，均衡产量减少。

（3）需求和供给同时增加或减少引起均衡产量同方向变动，而均衡价格则有上升、不变或下降三种可能。

（4）需求和供给反方向同时变动，根据各自变动幅度的不同，均衡价格和均衡产量有上升、不变或下降三种可能。

2. 供求分析的步骤

供求分析在现实中应用非常广泛，一般来说，一个完整的供求分析要遵循以下三个基本步骤：

（1）确定对供求均衡产生影响的事件是使供给曲线移动，还是使需求曲线移动，或者是使两条曲线都移动。

（2）确定曲线是向右移动，还是向左移动。

（3）用供求图来考察这种移动对均衡价格和均衡数量的影响。

三、供求均衡理论的应用

根据均衡价格理论，在纯粹的竞争性市场中，由市场供求关系所决定的价格调节着生产与消费，使资源得到最优配置。但价格调节是在市场上自发进行的，有其盲目性，有时由供求所决定的价格对经济并不一定是有利的。例如，在某些生活必需品严重短缺时，价格会大幅度提高，在此价格水平上收入水平低的居民家庭便难以维持最低水平的生活，从而不利于社会稳定。另外，像农产品这样的生活必需品的价格波动会冲击整个国民经济的持续、稳定发展。因此，政府有必要根据均衡价格理论的基本原理，通过制定价格政策来克服这些市场机制的负作用，政府常用的价格政策主要有限制价格政策和支持价格政策，以及进行税收调节。

1. 支持价格

支持价格又称最低限价，是政府为了扶植某一行业的发展而规定的该行业产品的最低价格。支持价格通常高于市场均衡价格，如政府为了支持农业发展，会采取相应措施使农产品价格高于市场均衡价格。

如图 2-12 所示，小麦由供求关系所决定的市场均衡价格为 P_0，均衡数量为 Q_0，政府为了扶植该行业的发展而制定的支持价格为 P_1，$P_1 > P_0$，此时市场供给量为 Q_s，需求量为 Q_d，由于 $Q_s > Q_d$，供给量大于需求量，供给出现过剩，其过剩量为 $Q_s - Q_d$，即 FG。为维持支持价格，这些过剩商品不能在市场上卖掉。此时，政府可采取的措施有两种：

一是政府收购过剩产品，或用于储备，或用于出口。在出口受阻的情况下，收购过剩商品必然会增加政府财政支出。

二是政府对该商品的生产实行产量控制,规定将生产的数量控制在 Q_1,使供求平衡。并对减少产量的生产者进行补贴。

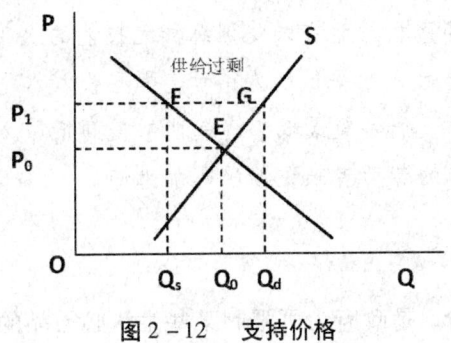

图 2-12　支持价格

【阅读材料】最低工资制

最低工资制最早起源于 19 世纪的新西兰和澳大利亚,这项制度本来意图是想帮助穷人摆脱贫困,提高低收入阶层的收入水平,这似乎无可厚非,然而最低工资制度的实施,产生的结果却超出了人们的意料。

首先,最低工资制规定的只是货币工资,而货币工资仅仅是全部报酬的一部分,此外还有劳动保障、医疗保险、带薪假期、职业培训等等,这才是全部报酬。如果用法律来硬性规定其中的货币工资,那么雇主就会在长期内调整其他报酬,使全部报酬回落到本来的水平。尽管最低工资的确增加了许多工人的收入,但这并不意味着工人变得富裕了,雇主通常会通过消减健康保险、免费午餐、培训机会等方式来减少工人的福利。

更加严重的后果可能是,最低工资制的实施使更多人失去了工作,因为最有可能的情况是,最低工资制把低技术人才赶出了市场。

在前面我们说过,如果说劳动也是商品,那么工资无疑就是这种商品的价格反映。假设我是最后一个被雇用的工人,雇主付给我的工资与我创造出来的利润相等,也就是说,我是那名处于边际上的工人。政府规定了最低工资,如果最低工资高于我现在的工资,为了继续雇佣我,雇主不得不给我提高工资,那么随着最低工资制度的实施,很有可能出现两种情形:

情形一:继续雇用我,支付我更高的工资;

情形二:解雇我,寻找一个能与最低工资匹配的员工;

几乎理性的雇主都会选择第二种答案,那么我就会面临失业的危险。这就是说,如果不实行最低工资法,那些低工资收入者还有一份工作可做,从而还有一定的收入。然而在实行最低工资法以后,由于劳动需求的下降,那些工资水平已达到最低工资法要求的人,会继续留在原工作岗位,不会失业;而那些没有达到最低工资水平的工作者,厂商就会解雇他们。

换一个角度,在均衡的市场环境下,社会的财富并没有增加,而企业主付给员工的工资总额没有增加,那么最低工资制实施的结果就是改变了全体劳动者的工资分配,也就是把一部分工人的钱给了另一部分工人,因此从某种程度上说,最低工资法规的强制实施,它减少了一部分个人的就业机会,而这部分人的边际生产价值低于法定的最低工资。

因而最低工资法规对那些相对而言未受训练和无技能的人带来了失业的危险,真正从最低工资法受益的不是那些收入水平低的人,而是那些收入水平本来就高的人。这样的结果似乎与我们的初衷相反,人们希望最低工资制能够提高低收入者的待遇,结果却加剧了他们的失业,对于那些老弱的劳动者来说似乎更加恐怖。

2. 限制价格

限制价格又称最高限价,是政府为了限制某些生活必需品的物价上涨而规定的这些商品的最高价格。限制价格低于市场均衡价格,其目的是为了稳定经济生活和社会秩序。一般对生活必需品实行限制政策,以保护消费者利益,安定民心。

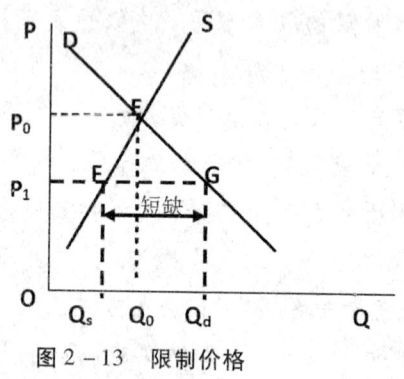

图 2-13 限制价格

以民用天然气市场为例,如图 2-13 所示,民用天然气市场供求均衡价格为 P_0,均衡数量为 Q_0。在民用天然气市场处于这一市场均衡价格水平时,部分生活贫困的人将购买不起天然气,而用其他能源替代会引起更加严重的空气污染,因而政府对这一商品实行限制价格政策,限制价格为 P_1,$P_1 < P_0$,此时商品实际供给量为 Q_s,需求量为 Q_d,$Q_d > Q_s$,供给量小于需求量,产品出现短缺,其短缺量为 $Q_d - Q_s$,即 FG。为维持限制价格,解决商品短缺,政府一般采取配给制,发放购物券。

但配给制只能适应于短时期内的特殊情况,在长期中将引起严重的不利后果。这主要表现在:第一,价格水平低不利于刺激生产,从而会使产品长期存在短缺现象;第二,价格水平低不利于抑制消费,从而会在资源缺乏的同时又造成严重的浪费;第三,配给制会产生黑市交易、寻租活动,从而引起社会风尚败坏。

正因为上述原因,一般经济学家都反对长期采用限制价格政策,一般只在特殊时期迫不得已而用之。

任务四 弹性

【案例导入】"谷贱伤农"

《五代史·冯道传》中记载这样一件事,有一年风调雨顺,年景很好,明宗问:"天下虽丰,百姓得济否?",道曰:"谷贵饿农,谷贱伤农。"

一、弹性的一般概念

提到弹性,大家可能很容易想到弹簧、皮筋等有弹力的东西。而经济学中的弹性就是借用了物理学中的这一概念,意指因变量对自变量变化做出的反应程度。经济学中的弹性是指当经济变量存在函数关系时,自变量的变动对因变量的变动造成的影响程度。这种影响的程度,可以用弹性系数公式计算出来。

在供求理论中,依据因变量的不同,弹性可以分为需求弹性和供给弹性;依据自变量的不同可以分为价格弹性、收入弹性等。在所有具有弹性性质的关系中,以需求的价格弹性最为常用,企业可以通过考察市场需求的价格弹性来科学、合理地制定价格策略。

二、需求弹性

(一)需求的价格弹性(price elasticity of demand)

1. 需求的价格弹性含义及计算方法

需求价格弹性又称需求弹性,是指一种商品需求量的变动对其价格变动的反应程度。如果一种物品的需求量对价格变动的反应大,可以说这种物品的需求是富有弹性的。如果一种物品的需求量对价格变动的反应小,可以说这种物品的需求是缺乏弹性的。

需求的价格弹性大小取决于其弹性系数的大小。需求的价格弹性等于需求量变动的百分比除以价格变动的百分比,可以用公式表示为:

$$需求价格弹性系数(Ed) = \frac{需求量变动的百分比}{价格变动的百分比}$$

$$= \frac{\frac{变动后的需求量 - 变动前的需求量}{变动前的需求量}}{\frac{变动后的价格 - 变动前的价格}{变动前的价格}} = \frac{\Delta Q_d / Q_d}{\Delta P / P}$$

例如,假定冰激凌蛋卷的价格从 2 元上升到 2.2 元使你购买的冰激凌从每月 10 个减少为 8 个。我们计算出需求的价格弹性是:

$$需求价格弹性 = -\frac{10\%}{20\%} = -2$$

在这个例子中,弹性系数是 -2,反映了需求量变动的比例是价格变动比例的两倍。

由于一种物品的需求量与其价格负相关,所以,数量变动的百分比与价格变动百分比总是相反的符号。在这个例子中,价格变动的百分比是正的10%(反映了上升),而需求量变动的百分比是负的20%(反映了减少)。由于这个原因,需求价格弹性一般为负数。在本书中我们遵循一般做法取绝对值,需求价格弹性越大,意味着需求量对价格越敏感。

2. 需求弹性的五种类型

不同商品的需求价格弹性是不同的,同一商品在不同价格范围,弹性也不一样。根据商品需求价格弹性的大小,将需求价格弹性分为五种类型。

(1)$E_d > 1$,需求富有弹性。它表示需求量变动的比率大于价格变动的比率。比如说,价格上升10%使得需求量下降20%($E_d = 2$)。日常生活的奢侈品(汽车、旅游等)与享受性劳务多数属于这一类。需求富有弹性的商品,其需求曲线比较平坦。如图2-14(a)所示。

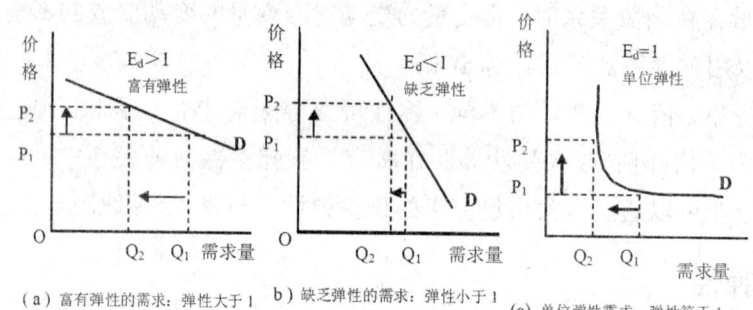

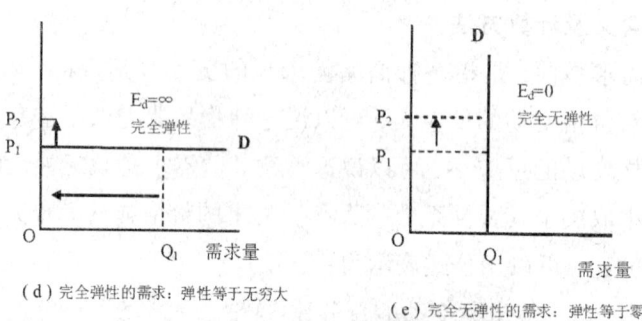

图2-14 需求的价格弹性的五种类型

(2)$E_d < 1$,需求缺乏弹性。它表示需求量变动的比率小于价格变动的比率。比如说,价格上升10%使得需求量下降4%($E_d = 0.4$)。日常生活的必需品:粮、油、盐等,石油、电等多数属于此类。需求缺乏弹性的商品,其需求曲线比较陡峭。如图2-14(b)所示。

(3)$E_d = 1$,需求单位弹性。它表示需求量变动的比率等于价格变动的比率。比如说,价格上升10%使得需求量下降10%($E_d = 1$)需求单位弹性的商品,其需求曲线为直角型双曲线。如图2-14(c)所示。

(4)$E_d = \infty$,需求完全弹性。其需求曲线与横轴平行。它表示在既定价格水平下,需求量是无限的。如货币商品(黄金、白银等)。比如说,在价格为5美元时,购买者愿意购买销售者的全部产品,但是当价格为5.10美元时则一件也不愿意买。价格变动很小的百分比导致需求量产生非常大的百分比变动(从全部购买变成一点也不买)。需求变动的百分比非常大,经济学家通常称之为"无穷大"。如图2－14(d)所示。

(5)$E_d=0$,需求完全无弹性。其需求曲线是与纵轴平行的垂线。它表示无论价格怎样变化,需求量都不会变动。例如胰岛素、救心丸等。如图2－14(e)所示。

3. 需求价格弹性的影响因素

如果面对一个弹性已知的商品需求,企业在进行定价决策中就可以直接应用弹性理论的分析进行决策了,但往往一种商品在不同的需求条件下,其弹性值会受到一定的影响,特别是面对一个未知弹性的商品时,要进行科学决策,那就必须首先确定这种商品的需求弹性了。通过长期的经验总结和理论分析,人们总结出了影响需求弹性大小的几大因素。

(1)消费者对商品的依赖程度

消费者对某种商品的依赖程度越高,当商品的价格发生变动时,价格变动对商品需求变动的影响也就越小,也即弹性越小,反之亦然。可以对比消费者对盐的需求和对味精的需求。盐作为重要的调味品,在中国人每天的饮食中是不可或缺的,因此,如果市场盐的价格暴涨,消费者仍然需要购买;但是如果味精的价格暴涨,就可能在销售量方面暴跌了,因为,比起食盐而言,味精不是必需的调味品。

(2)商品的可替代程度

一般来说,满足消费者某种特定需求的可替代商品种类越多。则弹性越大,反之就越小。如果替代性商品越多,这就意味着当一种商品的价格提高后,消费者会有更多机会去选择其他商品来进行替代,因此表现在该种商品的需求量上,也就会更多地减少;而如果这种商品在满足消费者某种特定需求方面的可替代商品越少,当这种商品价格提高后,消费者选择替代品的机会也就越少。如著名品牌瓶装水和普通瓶装水比较,前者的弹性要大于后者。

(3)商品的消费支出在消费者总支出中所占的比重

在某一时期,当某种商品的消费在消费者总支出中所占的比重越高,则弹性趋向于越大,反之亦然。需要注意的是,这里的比重指的不是简单的商品的价格在消费者总支出中所占的比重,而是消费者在一段时间中消费该种商品的支出占这一时期总支出的比重。假设有两位报纸消费者的总支出水平相同,其中一位消费者只是偶尔买份报纸看看,而另一位消费者却有天天看报纸的习惯,当报纸的价格上涨时,前一位偶尔买报纸看的消费者,由于其在报纸上的支出比重较小,因此对报纸涨价的事件并不会做出太敏感的反应,但后面那位天天看报纸的消费者,由于其在报纸消费方面的支出比重较大,其对报纸价格就比较敏感了。

(4)商品用途的广泛性

某种商品的用途越广泛,其需求的价格弹性系数就越大。相反,这种商品的用途越是狭窄,其弹性系数就越小。因为,一种商品的用途越是广泛,这种商品在消费者群体中不同重要性的分布方面就越均匀,因此,当其涨价时,消费者会在那些较为不重要的用途方面做出较大调整,导致需求量变动的较大波动,其弹性就越大。反之,消费者在面对这种商品涨价时,应对涨价调整购买的机会就小,需求的价格弹性也就越小。如电力相对于汽油,在电能和汽油的可替代性相似的情况下,电力在家庭中的用途比汽油更加广泛,因此当两者都涨价时,消费者可以通过大量减少那些不重要用途的用电,却没有办法在汽油的用途方面做出多大的调整。

(5)所考察消费者调整需求的时间

所考察的时间越长,则需求的价格弹性就越大,反之亦然。因为所考察的时间越长,当面对某种商品涨价时,消费者就有更多机会寻找到其他的替代品;反之,时间越短,消费者寻找替代品的机会也就越少。如汽油,当考察短期的需求价格弹性时,消费者用车需求没有办法及时进行调整,因此其弹性也就表现为较小,但在长期,消费者面对汽油涨价就可以通过置换低能耗汽车或选择其他能源汽车来较大幅度地减少汽油消费了。

4. 需求价格弹性与总收益的关系

企业考察所经营商品的需求弹性并不是为考察弹性而考察,而是为了能够在确认弹性大小的情况下,能够做出正确的决策。如不同弹性类型的商品在进行相同幅度的价格调整时,对收益影响就各有差异。因此,为了能够获得更多的收益,也就需要进行不同的决策。

总收益指厂商出售一定量商品所得到的全部收入,也就是商品销售量与其价格的乘积。其公式为:$TR = P \cdot Q$(TR 代表总收益,Q 代表与需求量相一致的销售量。)

假设需求量也就是销售量,不同的商品,其需求弹性不同,价格变动引起的销售量(需求量)的变动不同,从而总收益的变动也就不同。下面主要分析需求富有弹性的商品和需求缺乏弹性的商品价格变动与总收益变动的关系。

(1)需求富有弹性的商品价格变动与总收益变动的关系

假定,电视机的需求富有弹性。如 $Ed = 2$,每台电视机的价格为 500 元,销售量为 100 台,初始的总收益为:500 元 × 100 台 = 50000 元。

如果,每台电视机的价格从 500 元下降到 450 元,下降幅度为 10%。由于 $Ed = 2$,销售量便会增加到 120 台〔根据弹性公式求出需求量的变动率为 20%;$Q_2 = Q_1 \cdot (1 + 20\%)$ = 120 台〕。总收益为:450 元 × 120 台 = 54000 元

两相比较,后者每台电视机的价格虽然下降了;但总收益却增加了 4000 元。

反过来看,如果电视机的价格提高 10%,那么,销售量会减少 20%。总收益为:550 元 × 80 台 = 44000 元

两相比较,虽然后者每台电视机的价格提高了,但由于需求富有弹性,导致需求量减少,以至于需求量减少的比例大于价格上升的比例,使总收益减少了 6000 元。

通过上述分析,可得出这样一个结论:**需求富有弹性的商品,它的价格与总收益成反方向变动**。价格上升,导致商品需求量减少,价格上升的比率小于需求量减少的比率,总收益减少;价格下降,导致商品需求量增加,商品需求量增加的比率大于价格下降的比率,总收益增加。

对于需求富有弹性的商品可以实行"薄利多销"。"薄利多销"中的"薄利"就是降价,降价能"多销","多销"则会增加总收益。只有需求富有弹性的商品才能"薄利多销"。因为对于需求富有弹性的商品来说,当该商品的价格下降时,需求量(销售量)增加的幅度大于价格下降的幅度,所以总收益会增加。

(2)需求缺乏弹性的商品价格变动与总收益的关系

应该指出的是,并不是任何降价都会增加销售,从而增加总收益。

假设某小区张三开的粮油店中出售面粉,每斤2元,一周可以卖出100公斤,根据规律我们认为面粉的弹性 $E_d = 0.5$,缺乏弹性。让我们试着计算一下涨价和降价后对总收入的影响。

初始的总收益为:2.00元×100 = 200元。

如果面粉的价格下降10%,由于 $E_d = 0.5$,销售量则上升5%。(根据弹性公式计算出需求量的变动率为5%;$Q_2 = Q_1 \cdot (1+5\%) = 105$ 公斤)。总收益为:1.80元×105 = 189元。

两相比较,虽然后者每公斤面粉的价格下降了,但总收益并未增加,反而减少了11.00元。

反过来看,若每公斤面的价格上升10%,情况则是:销售量下降5%。总收益为:2.20元×95 = 209元。

两相比较,虽然后者每公斤面粉的价格上升了,但总收益并未减少,反而增加了9.00元。

通过上述分析,可得出这样一个结论:**需求缺乏弹性的商品,它的价格与总收益成同方向变动**。价格下降,导致需求量增加,但需求量增加的比率小于价格下降的比率,总收益减少;价格上升,导致需求量减少,需求量减少的比率小于价格上升的比率大,销售者的总收益增加。所以,对需求缺乏弹性的商品,厂商最好采取"限产涨价"的策略。

中国有句古语叫"谷贱伤农"。意思是说,粮食丰收了由于粮价下跌,农民的收入也减少了。其原因在于粮食是人们的生活必需品,需求缺乏弹性。由于粮食丰收使粮食供给量增加,造成粮价下跌,价格下降导致需求增加并不会使农民的收入同比例增加,农民的总收益减少,反而受损失。

【原理应用】需求价格弹性用于价格和销售量的分析和估计。

例1.某国为了鼓励本国石油工业的发展,于1973年采取措施限制石油进口,估计这些措施将使可得到的石油数量减少20%,如果石油的需求价格弹性在0.8—1.4之间,问从1973年起该国石油价格预期会上涨多少?

解:∵需求的价格弹性 = 需求量变动百分率/价格变动百分率

∴价格变动% = 需求量变动%/需求的价格弹性

当价格弹性为 0.8 时，价格变动% = 20%/0.8 = 25%

当价格弹性为 1.4 时，价格变动% = 20%/1.4 = 14.3%

所以，预其 1973 年该国石油价格上涨幅度在 14.3—25% 之间。

例2. 某企业某产品的价格弹性在 1.5—2.0 之间，如果明年把价格降低 10%，问销售量预期会增加多少？

解：需求量变动% = 价格变动% × 价格弹性

如价格弹性为 1.5，需求量变动% = 10% × 1.5 = 1

如价格弹性为 2.0，需求量变动% = 10% × 2.0 = 20%

所以，明年该企业销售量预期增加 15—20%。

(二) 需求的收入弹性

1. 需求收入弹性的概念

需求收入弹性用来衡量需求量对消费者收入变动的反应程度。需求收入弹性是需求量变动的百分比和收入变动的百分比之间的比值。则需求收入弹性系数的一般表达式为：

$$需求收入弹性系数(E_m) = \frac{需求量变动百分比}{收入变动百分比}$$

$$= \frac{\frac{变动后的需求量 - 变动前的需求量}{变动前的需求量}}{\frac{变动后的收入 - 变动前的收入}{变动前的收入}} = \frac{\Delta Q/Q}{\Delta I/I}$$

式中 E_m 表示需求收入弹性系数，Q 代表需求量，ΔQ 代表需求量的变动量，I 代表收入，ΔI 代表收入的变动量。

2. 商品需求收入弹性的区别

一般来讲，消费者的收入与需求量是同方向变动的，但也有的商品随消费者收入的增加需求量反而减少，使需求的收入弹性系数出现正和负的差别，根据需求收入弹性数值的大小，可将商品分为正常品和劣等品两大类。

(1) 正常品。如果某种商品的需求收入弹性为正值，即 $E_m > 0$，表示随收入的增加，消费者对此种商品的需求量随之增加，即需求量与收入成同方向变动时，该商品成为正常品。

其中正常品又分为两种，若需求量变动的比率大于收入变动的百分率，则 $E_m > 1$，这类商品成为奢侈品 (富有弹性)。若收入变动时，需求量变动幅度较小，则 $0 < E_m < 1$，这类商品称为必需品 (缺乏弹性)。

(2) 劣等品。如果某种商品的需求收入弹性是负值，即 $E_m < 0$，表示随着收入水平的提高，消费者对此种商品的需求量反而下降。该商品即称为劣等品。

需要进一步指出的是：不同商品在一定的收入范围内具有不同的收入弹性，同一商品在不同的收入范围内也具有不同的收入弹性。收入弹性并不取决于商品本身的属性，而取决于消费者购买时的收入水平。

3. 恩格尔系数

19世纪中叶,德国经济学家N.恩格尔对比利时不同收入的家庭消费情况进行了调查,研究了收入增加对消费支出构成的影响,提出了一个定理:随着收入的提高,食物支出在全部支出中所占的比率越来越小,即恩格尔系数是递减的。恩格尔系数是由食物支出额在总支出金额中所占的比重来决定,其计算公式为:

恩格尔系数＝食物支出金额÷总支出金额

恩格尔系数可以反映一个家庭或一个国家的富裕程度与生活水平。一般来说,恩格尔系数越高,作为家庭来说,则表明收入越低,购买食物的支出在家庭收入中所占的比重越大,富裕程度和生活水平越低。作为国家来说则表明国家较穷。反之亦然。

根据恩格尔系数,联合国划分贫穷与富裕的档次是:恩格尔系数在59%以上为绝对贫困;50%~59%为勉强度日;40%~50%为小康水平;30%~40%为富裕;30%为最富裕。

(三)需求的交叉弹性

需求的交叉弹性是需求的交叉价格弹性的简称,它是指一种商品的需求量对另一种商品的价格变动的反应程度,其弹性系数是一种商品需求量变动的百分比与另一种商品价格变动的百分比之间的比值。

$$E_{xy} = \frac{商品X的需求量变动百分比}{商品Y价格变动百分比}$$

$$= \frac{\dfrac{变动后的商品X的需求量 - 变动前的商品X需求量}{变动前的商品X需求量}}{\dfrac{变动后的商品Y的价格 - 变动前的商品Y价格}{变动前的商品Y价格}}$$

$$= \frac{\Delta Q_X / Q_X}{\Delta P_Y / P} = \frac{\Delta Q_X}{\Delta P} \cdot \frac{P_Y}{Q_X}$$

式中以E_{xy}表示需求的交叉弹性系数,Q_X和ΔQ_X分别表示X商品的需求量和需求量的改变量;P_Y和ΔP_Y分别表示商品的价格和价格的变动量。

其需求的交叉弹性可以是正值,也可以是负值,它取决于商品间关系的性质,即两种商品是互替商品还是互补商品,并由此可通过交叉弹性来度量商品之间关系的密切程度。

(1)替代品。如果商品X、Y的需求交叉弹性是正值,即$E_{xy} > 0$,表示随着Y商品价格的提高(降低),X商品的需求量也随之增加(减少),则X、Y商品之间存在替代关系,为互替商品。其弹性系数越大,替代性就越强。

(2)互补品。如果商品X、Y的需求交叉弹性是负值,即$E_{xy} < 0$,表示随着Y商品价格的提高(降低),X商品的需求量也随之减少(增加),则X、Y商品之间存在互补关系,为互补商品。其弹性系数越大,互补性就越强。

(3)独立品。如果商品Y的需求交叉弹性为零,即$E_{xy} = 0$,则说明X的需求量并不随Y的价格变动而发生变动,X、Y既非替代品亦非互补品,它们之间没有一定的相关性.是相对独立的两种商品。

【原理应用】交叉弹性理论帮助杜邦公司赢得了一场官司官司

交叉弹性的概念可以用于反垄断。根据反垄断法，垄断一种产品的生产和销售是非法的。那么如何判断一个厂商的产品是垄断性产品呢？这要看购买者在选择上是否被限制只能购买这个企业的产品而别无他法。一般来说，对于任何产品，都会有一种或几种替代品。可是，如果他们是蹩脚的替代品，那么他们和这个产品的需求交叉弹性就是低的。所以，通过需求交叉弹性的高低来判断是否是垄断产品，这是一个可行的办法。类型的应用是，一个被指控为违反反垄断法的厂商将会设法证明：它的产品和其他类似的产品之间的交叉弹性是高的，存在类似的替代品，购买者确实能有效地进行选择。

美国联邦法院1953年通过的对杜邦公司玻璃纸的裁决就是一个很高的例证。1947年，司法部对杜邦公司非法垄断玻璃纸的产销提出诉讼。法律程序十分冗长，最后，法院坚持认为，司法部的指控不能成立。法院裁决，在销售玻璃纸方面杜邦公司不是一个垄断者。理由是：玻璃纸是"柔性的包装材料"中的一种，其他还有蜡纸、铝箔、聚乙烯等许多别的包装材料。换句话说，法院接受了这样的论点：即玻璃纸和别的柔性包装材料的需求交叉弹性是高的，它们都是相近的替代品，所以杜邦公司没有垄断市场。司法部则争辩说在某些重要的用途上，玻璃纸与其替代品之间的需求交叉弹性是低的，它们是蹩脚的或不受欢迎的替代品，所以杜邦公司确实是垄断。但从判决的结果看，司法部的争辩是徒劳的。

三、供给弹性

（一）供给价格弹性的概念及计算公式

供给价格弹性是衡量供给量对价格变动的反应程度。如果供给量对价格变动的反应很大，可以说这种物品的供给是富有弹性的。如果供给量对价格变动的反应很小，可以说这种物品的供给是缺乏弹性的。

经济学家用供给量变动百分比除以价相变动百分比来计算供给价格弹性。这就是：

$$\text{供给价格弹性}(E_S) = \frac{\text{供给量变动百分比}}{\text{价格变动百分比}}$$

$$= \frac{\dfrac{\text{变动后的供给量} - \text{变动前的供给量}}{\text{变动前的供给量}}}{\dfrac{\text{变动后的价格} - \text{变动前的价格}}{\text{变动前的价格}}} = \frac{\Delta Q/Q}{\Delta P/P}$$

式中 ES 表示供给价格弹性系数，Q 和 ΔQ 分别代表供给量和供给量的变动量。P 和 ΔP 分别代表价格和价格的变动量。

例如，假设每公斤牛奶的价格从3元上升到3.3元，牧场主每月生产的牛奶量从1万公斤增加到1.15万公斤。在这种情况下，供给价格弹性是：

供给价格弹性 = $\dfrac{15\%}{10\%}$ = 1.5

在这个例子中,弹性为 1.5,大于 1,它反映了供给量变动的比例大于价格这一事实。

很容易看出,供给的价格弹性的定义与需求价格弹性的定义是相通的。唯一的差别在于:对于供给而言,数量对价格的反应是正的,而对于需求而言,反应是负的。

(二)供给弹性的分类

根据弹性系数的大小,供给弹性也分为五种类型。

(1) $E_S > 1$,表示供给富有弹性,是指一种商品供给量变动的百分比大于价格变动的百分比的状况。例如图书、汽车和电视机这类制成品的供给就富有弹性。供给曲线相对平缓。如图 2-15(a)所示。

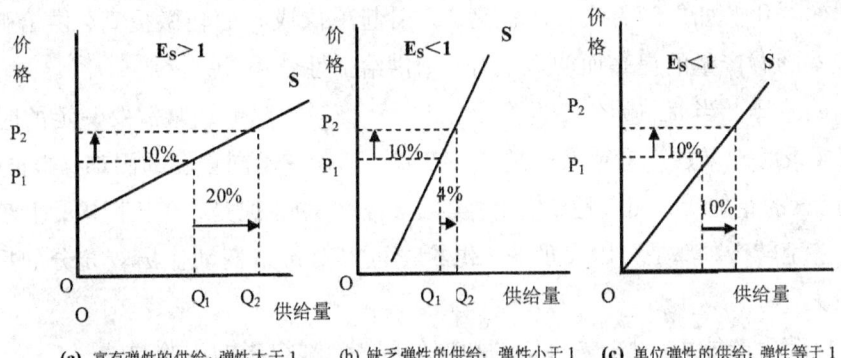

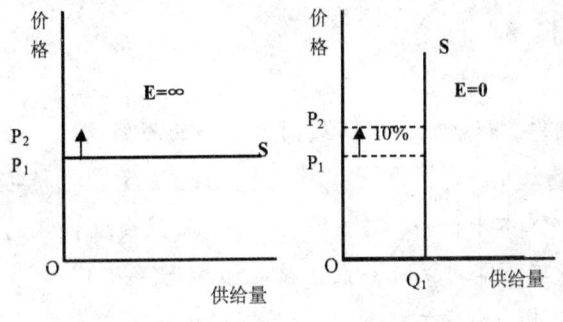

图 2-15 供给的价格弹性的五种类型

(2) $E_S < 1$,表示供给缺乏弹性,是指一种商品供给量变动的百分比小于价格变动的百分比。如资本技术密集型产品、土地等的供给就缺乏弹性。供给曲线相对陡峭。如图 2-15(b)所示。

(3) $E_S = 1$,表示供给单位弹性,是指一种商品供给量变动的百分比等于价格变动的百分比。如图 2-15(c)所示。

(4) $E_S = \infty$,表示供给完全弹性。价格上升很小,就引起供给量上升无穷。弹性等于无穷大,在这种情况下,供给曲线是水平的。如图2-15(d)所示。

(5)$E_s=0$,表示供给完全无弹性,是指一种商品的价格无论如何变化,供给量总是不变的,如一些无法复制的珍贵名画。供给曲线是一条垂线。如图2-15(e)所示。

(三)影响供给弹性的因素

供给弹性的大小主要受下列因素的影响:

1. 生产的难易程度。一般而言,在一定时期内,容易生产的产品,当价格变动时其产量变动的速度快,因而供给弹性大;较难生产的产品,则供给弹性小。

2. 生产规模和规模变化的难易程度。一般而言,生产规模大的资本密集型企业,其生产规模较难变动,调整的周期长,因而其产品的供给弹性小;而规模较小的劳动密集型企业,则应变能力强,其产品的供给弹性大。

3. 成本的变化。如果随着产量的提高,只引起单位成本的轻微提高,供给弹性大,而如果单位成本随着产量的提高而明显上升,则供给弹性就小。

4. 时间的差异。当商品的价格发生变化时,厂商对产量的调整需要一定的时间。在短期里,厂商要及时地增加产量或及时地减少产量,都存在不同程度的困难,如农业、石油的开采、规模巨大的企业等,相应地,供给弹性是比较小的。但是,在长期内,生产规模的扩大与缩小,甚至转产,都是可以实现的,供给量可以对价格变动作出较充分的反映,供给弹性也比较大。

另外,厂商生产能力、对未来价格的预期等因素,都会影响供给弹性。

【思考与练习】

一、选择题

1. 在某一时期内,彩电的需求曲线向左平移的原因是( )
   A. 彩电的价格上升　　　　　　　B. 消费者对彩电的预期价格下降
   C. 消费者的收入水平提高　　　　D. 黑白电视机的价格上升

2. 一个商品价格下降对互补品最直接的影响是( )
   A. 互补品的需求曲线向右平移　　B. 互补品的需求曲线向左平移
   C. 互补品的供给曲线向右平移　　D. 互补品的供给曲线向左平移

3. 商品的均衡价格会随着( )
   A. 商品需求与供给的增加而上升
   B. 商品需求的减少与供给的增加而上升
   C. 商品需求的增加与供给的减少而上升
   D. 商品需求的增加与供给的减少而下降

4. 政府运用限制价格政策,会导致( )
   A. 产品大量积压

B. 消费者随时都能买到自己需要的产品

C. 黑市交易

D. 市场秩序稳定

5. 适合于进行薄利多销的商品是(　　)的商品。

　　A. 需求缺乏弹性　　　　　　　　B. 需求富有弹性

　　C. 需求有无限弹性　　　　　　　D. 需求完全无弹性

6. 在下列因素中，(　　)的变动会引起商品供给量的变动

　　A. 生产技术　　　　　　　　　　B. 原料价格

　　C. 商品价格　　　　　　　　　　D. 居民收入

7. 下列组合中，一种商品需求量与另一种商品价格呈反方向变动的是(　　)

　　A. 香蕉和苹果　　　　　　　　　B. 照相机和胶卷

　　C. 汽车和收音机　　　　　　　　D. 面包和方便面

8. 需求量与消费者收入之间呈反方向变动的商品称为(　　)。

　　A. 正常商品　　　　　　　　　　B. 劣等商品

　　C. 生活必需品　　　　　　　　　D. 奢侈品

9. 在其他条件不变时，汽油价格升高会导致汽车的需求和价格发生(　　)。

　　A. 需求减少，价格降低　　　　　B. 需求减少，价格提高

　　C. 需求增加，价格降低　　　　　D. 需求增加，价格提高

10. 下列表述符合需求定理的是(　　)。

　　A. 苹果价格上涨后，需求量会相应地减少

　　B. 苹果价格上涨后，需求会减少

　　C. 苹果价格下降后，需求量会相应地减少

　　D. 苹果价格下降后，需求会减少

11. 假如黄豆和烟草都能在相同的土地上种植，在其它条件相同时，烟草价格的增加将会引起(　　)

　　A. 黄豆的价格沿着黄豆供给曲线向上移动

　　B. 黄豆的价格沿着黄豆供给曲线向下移动

　　C. 黄豆供给曲线向右移动

　　D. 黄豆供给曲线向左移动

12. 假设个人电脑的供给和需求都增加。在假设个人电脑供给的增加大于个人电脑需求的增加。在个人电脑市场上，我们可以预期(　　)

　　A. 均衡数量增加，而均衡价格上升

　　B. 均衡数量增加，而均衡价格下降

　　C. 均衡数量增加，而均衡价格保持不变

D. 均衡数量增加，而均衡价格的变动是无法确定的

二、判断题

1. 在坐标平面上，所有商品的需求曲线斜率都是负值。（ ）

2. 需求定理的成立是有条件的，当这些条件发生变动时，就不能运用需求定理进行简单的分析了。（ ）

3. 当替代品价格升高的时候，被替代的商品价格也有升高的趋势。（ ）

4. 消费者收入的提高会导致对某种商品的需求增加。（ ）

5. 供给量是指在一定时期内，在每一个价格水平下，市场上商品提供者愿意并且能够提供的商品数量。（ ）

6. 供给表、供给曲线和供给函数都能表达出供给的一般规律。（ ）

7. 生产要素价格的升高会降低市场的供给。（ ）

8. 从经济学角度进行分析，生产水平的提高会使得均衡价格和均衡数量都提高。（ ）

9. 支持价格又称最低限价，其价格低于市场均衡价格。（ ）

10. 需求属于富有弹性的商品，采用"限量提价"的价格策略会使得企业增加收入。（ ）

三、问题与应用

1. 运用需求弹性原理解释"薄利多销"和"谷贱伤农"这两句话的含义？

2. 请说明需求量的变动与需求的变动的区别、供给量的变动与供给变动的区别。

3. 已知某一时期内某商品的需求函数为 $Q_d = 50 - 5P$，供给函数为 $Q_s = -10 + 5P$。求均衡价格 Pe 和均衡数量 Qe，并作出几何图形。

4. 已知某商品的需求弹性系数为 0.5，当价格为每公斤 3.2 元时，销售量为 1000 公斤，若其价格下降 10%，销售量是多少？该商品涨价后总收益是增加了还是减少了？增加或减少了多少？

项目三

消费者行为

【知识目标】
1. 了解效用、总效用和边际效用的经济学含义及其相互关系；
2. 理解基数效用论观点与边际效用递减规律；
3. 理解边际效用分析方法与消费者均衡的条件；
4. 序数效用论观点与无差异曲线、预算线的概念和特征；
5. 掌握无差异曲线分析方法与消费者均衡的条件。

【技能目标】
1. 能运用边际效用递减规律分析消费者和生产者的经济行为
2. 学会分析无差异曲线

【项目导读】

小王同学每月父母给他生活费1000元，食堂就餐早餐为4元，中餐8元，晚餐8元但是饭菜质量味道一般，如在校外餐馆就餐质量味道不错，但花费大约需30元每次。另外小王最近刚结交了一名女朋友，两人看一次电影大约100元。小王在认识女朋友之前从不去电影院看电影，现在却每周去一次，而为了省钱，同学们现看到小王在食堂吃饭的次数变多了。

请问小王为什么有这样的变化？

任务一 基数效用

【案例导入】

美国总统罗斯福连任三届后,曾有记者问他有何感想,总统一言不发,只是拿出一块三明治面包让记者吃,这位记者不明白总统的用意,又不便问,只好吃了。接着总统拿出第二块,记者还是勉强吃了。紧接着总统拿出第三块,记者为了不撑破肚皮,赶紧婉言谢绝。这时罗斯福总统微微一笑:"现在你知道我连任三届总统的滋味了吧"。这个故事揭示了经济学中的一个重要的原理:边际效用递减规律。边际效用递减规律对消费者的消费行为有何影响呢?对企业经营决策又有何启示呢?让我们从消费者的消费动机开始分析。

一、效用、总效用和边际效用

美国著名经济学家萨缪尔森曾经提出了一个"幸福方程式",即幸福=效用/欲望。这一幸福公式试图说明人的幸福与效用成正比,而与欲望成反比。当我们假定一个人在某一定时期欲望为一定的前提条件下,其幸福指数的高低,就取决于其所获得的效用多少了。因此,分析消费者消费的幸福最大化的目的就可以转化为分析消费者如何才能获得效用最大化的问题了。

1. 效用的含义

效用是指消费者从消费某种商品或劳务中所获得的满足感的程度。满足程度高就意味着效用大,反之,满足程度低就是效用小。经济学家把消费者从商品中获得的有用性或满足感用效用(Utility)来进行衡量。

消费者购买商品不是想拥有商品本身,而是希望从商品的消费中获得某种有用性或满足感,如到快餐店买一份炒饼是为了充饥,买一瓶水是为了解渴,买一辆车是为了获得交通的便利,等等。如果消费者看到货架上的某种商品不能够为其带来其所需要的任何满足感,这件商品即使价格再便宜,他也不会购买。

2. 效用具有两个主要特征

(1)**主观性**。效用在本质上是人们从消费中得到的心理感受,因为是主观感受,效用的的大小正负总是要受到人、事、地、时的影响,并且只能做自我比较,难以相互比较。正如:"萝卜白菜,各有所爱","甲之砒霜,乙之佳肴"。

(2)**相对性**。效用满足感的产生因人、因时、因地而异。同一个人在不同的时间和地点,由于心情等因素的影响,对同一件商品消费的主观感受评价也会出现差异。正如:"渴时一杯胜甘露醉时添杯聊胜无"。

3. 效用的度量方法

效用是人们的满足程度，是心理感受，如何进行度量呢？

一些经济学家提出了**基数效用论**，就是用基数(1.2.3…)来衡量效用的大小，消费者可以说出从消费某种产品中得到的满足是多少效用单位。其基本观点是：首先，效用是可以计量并可以加总求和的。这一观点表明，效用的大小可以用基数(1，2，3)来表示。正如长度单位可以用米来表示一样，表示效用大小的计量单位被称为效用单位。其次，效用可以被加总求和。如消费者从消费的每一个产品中所获得的效用可以被加总为一个总效用，而消费者对于消费的不同商品的效用也可以加总到一起，作为总效用。比如说，某人中午吃了一个馒头、一条鱼、一盘花生米，喝了一瓶啤酒。一个馒头的效用是5个单位，一条鱼的效用是12个单位，一盘花生米的效用是10个单位，一瓶啤酒的效用是8个单位。那么该人中午从餐饮中获得的总效用就是35个效用单位。

还有一些经济学家认为效用是一种心理形象，不能用基数效用单位来衡量，消费者对不同的商品的偏好程度是不同，所以消费者可以对不同商品有自己的偏好顺序，故就能用第一、第二。这样的序数词来衡量。根据消费者对一系列商品的偏好不同，按次序分析效用的消费者行为就称为**序数效用理论**。

4. 总效用和边际效用

总效用(TU)：是指消费者在一定时间内，从一定数量商品的消费中所得到的效用量的总和。

总效用用 TU 表示，并且与消费商品的数量 Q 有着最直接的关系，因此，总效用 TU 可以表示为消费量 Q 的函数，其函数表达式为：

$$TU = f(Q) \tag{3.1}$$

边际效用：边际效用(Marginal Utility，MU)是指消费者增加一单位商品的消费量时所增加的总效用。边际效用一般用 MU 表示，依据边际量的基本含义和公式，边际效用的表达式为：

$$MU = \triangle TU / \triangle Q \tag{3.2}$$

结合数学中极限和导数的方法，当自变量的变化量 $\triangle Q$ 趋近于无穷小，即当 $\triangle Q \to 0$ 时，边际效用 MU 就有：

$$MU = \lim_{\triangle Q \to 0} \frac{\triangle TU}{\triangle Q} = \frac{d(TU)}{dQ} \tag{3.3}$$

以上的公式说明，总效用和边际效用之间有着很强的联系，它们之间可以通过数学方法进行相互换算。但是，就目前而言，我们对这两者的认识仍然过于抽象，下面让我们用一个例子来非常直观地理解两者之间的关系。

小张在外面工作了一天，急需补充能量。在得到一个馒头后，小张就狼吞虎咽地吃了下去。这个馒头对小张来说太重要了，用基数效用论的效用观点来衡量这个馒头的价值或效用,小张认为从这个馒头中获得了 30 个单位的效用,此时的总效用也是 30 个单位的效用。这时,小张看到面前还有许多的馒头,在吃完第一个馒头后,感觉还是有点饿,马上又把第二个馒头也吃了。这时小张感觉基本上不怎么饿了,但还是没有达到最满意的程度,此时的总效用为 50 个效用单位,而吃第二个馒头带来的边际效用为 20 个效用单位。随后,小张吃了第三个馒头,这时,小张感觉到不饿了,得到 60 单位的总效用,第三个馒头带来的边际效用为 10 个效用单位。当小张不自觉地吃下第四个馒头时,感觉这个馒头吃不吃都一样了,因此总效用仍然还是 60 个效用单位,但边际效用此时就为 0 了。在小张吃下第五个馒头后,感觉胃开始疼了,觉得还不如不吃这个馒头,此时的总效用减少到 50 了,而边际效用成了负数,为负 10 个单位。下面根据所提供的数字看看小张在吃第一、二、三、四、五个馒头时所获得的总效用及每一个馒头的边际效用,见表 3-1。

表 3-1　　　　　　　　小张吃馒头时总效用与边际效用的关系

馒头的消费量	总效用(TU)	边际效用(MU)
0	0	0
1	30	30
2	50	20
3	60	10
4	60	0
5	50	-10

对于以上的表中的数列,也可以通过曲线图形的方式更加直观地表示出来(见图 3-1)。

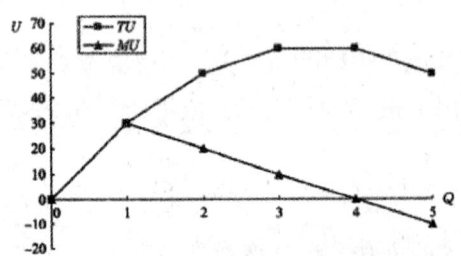

图 3-1　总效用与边际效用

从以上的总效用和边际效用曲线图形可以总结这两条曲线如下基本特征:

(1)总效用曲线 TU 是从原点开始的,这意味着,不消费即为零效用。

(2)随着消费量的不断增加,总效用曲线 TU 首先以递减的速度增加,然后达到最大值后,消费量的增加会导致总效用减少。

(3)边际效用 MU 曲线是一条向右下方倾斜的曲线,这反映了一个重要的规律,即边际效用递减规律。

(4)当边际效用 MU 在大于零时,总效用呈递增趋势;当边际效用 MU 与横轴相交时,MU = 0,此时总效用达到最大值;当边际效用小于零时,总效用递减。

二、边际效用递减规律

在一定时间内,在其他商品的消费数量保持不变的条件下,一个人消费一种产品的边际效用,随其消费量的增加而减少,这一倾向称作边际效用递减规律。

消费活动中产生边际效用递减的原因很多,但归纳起来有两个主要方面:

其一是生理或心理的原因。上面举的那个吃馒头的例子,就是因为生理的原因,在吃馒头的过程中,由急于想吃到撑得胃疼,多吃一个馒头对小张的总效用增加量在逐渐减小,直至边际效用为负值。心理的作用也可以产生同样的效果,例如你买了一件新衣服,款式、颜色都非常漂亮,你很满足。但是当你下次再买衣服的时候,绝不会再买同样款式、同样颜色的衣服了。因为同样的衣服在功能上能够满足你相同的需求,但心理上却不能得到足够的新鲜感了。

其二是物品本身用途的多样性。当一种物品的用途具有多样性的时候,人们都是首先用在最重要的用途方面。随着每一个物品在最重要的方面的应用,这个物品的重要性也在逐渐降低。例如水在日常生活中用途多种多样,你是如何选择生活用水的使用顺序的呢?首先是保证足量的饮用水,其次是满足基本的厨房用水,接着会用于清洁方面,然后会用水去浇浇花、洗洗车等不怎么重要的用途上。这说明水的使用量越多,单位水量带给你的边际效用就越小。

综上所述,我们可以看出,边际效用递减规律具有以下特点:

(1)边际效用的大小,与欲望的强弱成正比;

(2)边际效用的大小,与消费量的多少成反比;

(3)边际效用是特定时间内的效用,由于欲望具有再生性、反复性,边际效用也具有时间性;

(4)边际效用是决定产品价值的主观标准。边际效用价值论认为,产品的需求价格,不取决于总效用,而是取决于边际效用。消费量少,边际效用高,需求价值高,消费量多,边际效用低,需求价值低,反则反之。

【原理应用】谷物的边际效用递减

19世纪80年代,奥地利著名经济学家库巴维克在他的《资本实证论》中讲了一个关于边际效用递减规律的通俗例子。

一个农民在原始森林中修建了一座小木屋,准备独自在那里劳动和生活,一年,他的土地收获了5袋谷物。这5袋谷物准备要用到第二年的秋天,也不用留有剩余。这位农民是一位精打细算的人,因此就为这5袋谷物安排了一年的使用计划。

第一袋谷物是他为了维持生存所必需的,非常重要,视如生命;第二袋谷物能够帮助他在维持生存的基础上增强体力和精力,也很重要。此外,他还希望有些肉来吃,于是留第三袋谷物来饲养鸡、鸭等家禽。他还喜欢喝酒，于是他将第四袋谷物用来酿酒。而对于第五袋谷物，他觉得最好用它来养几只他喜欢的鹦鹉，这样他可以用来解闷。

很显然，对于这位精明的农民而言，这五袋谷物的不同用途就可以显示出其在他心目中的重要性，如果用数字来表示每一袋谷物的重要性的话，那么第一袋用来维持生命的谷物可以确定为12，其余依次可以定位10、8、6、4，此时可以发现，每增加一袋谷物的消费，由这袋谷物所带来的效用是在逐渐减少的。

三、消费者均衡——效用最大化原则

在经济学上，消费者均衡是指在预算、收入、商品价格、货币效用以及消费偏好既定的条件下，消费者把有限的收入合理而充分地用于各种商品的购买或消费选择上，以获得最大效用。简而言之，消费者均衡就是特定条件下的效用最大化。消费者在达到效用最大化的状态时，就不需要再调整消费方案了，因为任何的调整都会使其效用减少。在边际效用递减规律的作用下，消费者如何才能实现均衡呢？

首先，假设消费者不用考虑收入和商品价格的问题，并且只消费一种商品。在边际效用递减规律的作用下，消费者每增加一单位该商品的消费，所带来的效用增加量是逐渐递减的，甚至会递减为负数。因此，如果用边际效用的大小来判断其是否达到均衡，当 $MU=0$ 时，消费者达到均衡，效用达到了最大化因为在 $MU=0$ 之前，MU 一直大于0，也就意味着增加一单位的商品消费，能够使总效用获得一定程度的提高；而在 $MU=0$ 之后，MU 小于零，为负数，每增加一单位该商品的消费，会使总效用减少。因此，也只有在 $MU=0$。时，总效用才能够达到最大化，即达到消费者均衡状态。

其次，假设消费者此时需要考虑商品价格，但仍然不考虑收入，并且只消费一种商品。当消费者决定是否购买这一件商品进行消费时，就需要在从该件商品中所获得的边际效用 MU 和为购买这件商品而付出的价格 P 的货币效用 MU^P 之间进行衡量（货币的边际效用假定不变，在不同货币支付量下，相同的价格就意味着付出相同的货币效用），如果消费者认为 $MU > MU^P$ 时，增加该件商品的消费所带来的效用增加量大于为购买这件商品而付出的价格的效用，此时，总效用会增加，应该购买这件商品。如果继续增加购买，边际效用逐渐递减，而商品的价格不变，总会出现 $MU < MU^P$ 的情况，此时，消费者可以选择减少一单位该商品的购买，此时，MU 会相应地增加。以上两种情况，为获得总效用的增加，都会使 MU 向 $MU=MU^P$ 的方向靠拢。在这种条件下，当消费者的购买和消费达到 $MU=MU^P$ 时，总效用达到最大化。因此，消费者在这种假设下的均衡条件即为 $MU=MU^P$。

以上两种情况的消费者均衡都是在相应的假设前提下才能成立。现实中，消费者不可能不考虑收入和商品价格，也不可能只消费一种商品。因此，下面需要继续探讨在收入和商品价格一定的情况下，消费者消费两种以及多种商品时如何才能达到均衡。

为了更好地研究消费者这一更加符合现实的均衡问题,需要提出以下三个方面的假设条件:

(1)消费者的消费偏好既定,即假设消费者不会出现一会儿偏好这种商品,一会儿又偏好另外一种商品的情况。

(2)消费者的收入或支出预算既定。

(3)消费者购买商品的价格既定。

在这三个假设前提下,消费者是如何在现实中获得效用最大化的均衡状态的呢?让我们试着用小明买水果的例子来说明这一问题。

假如小明有10元钱,他打算都买成水果。现有两种水果供其挑选,苹果和梨,苹果1元钱一个,梨2元钱一个,但是小明更喜欢吃梨。问其该如何选择?

小明吃苹果的数量对应从每一个苹果中所获得的效用如表3-2左边两栏。小明吃梨的数量对应吃每一个梨中所获得的边际效用如表3-2右边两栏。

表3-2　　　　　　　　　小明消费苹果和梨的边际效用表

苹果的数量	吃苹果得到的边际效用	梨的数量	吃梨得到的边际效用
1	5	1	6
2	4	2	5
3	3	3	4
4	2	4	3
5	1	5	2
6	0		
7	-1		
8	-2		
9	-3		
10	-4		

接下来,试着让小明把用于买水果的10元钱预算以1元为单位依次投入在能为其获得最大边际效用的水果上,看最终的结果会怎样?

首先,小明要花第一元钱,他应该买苹果呢还是应该买梨?那就要在梨和苹果之间进行比较。第一元钱可以买一个苹果,可以获得5个单位的效用,如果用来买梨的话,只能买到半个梨,半个梨只能获得3个单位的效用。那么第一元钱应该买苹果,而不是买梨。

第二元钱:如果买苹果,因为吃第二个苹果,因此只能获得4个单位的效用。而如果买梨的话,一元钱半个梨,也只能获得3个单位的效用。因此第二元钱还得买苹果。

第三元钱:如果买苹果,由表中吃苹果的边际效用可知,小明只能从第三个苹果中获得 3 个单位的效用。如果买梨,小明却可以获得 3 个单位的效用。此时,这一元钱是买苹果还是买梨对小明没什么区别。因为小明爱吃梨,于是花 2 元钱买了一个梨,获得 6 个单位的效用,每一元钱消费所带来的效用为 3 个单位。

第五元钱:小明选择了买苹果,因为一元钱的苹果可以给他带来 3 个单位的效用,而如果用来买梨,只能获得吃第二个梨的一半的效用,即 2.5 个单位的效用。

第六元钱:小明如果继续买苹果吃,只能获得 2 个单位的效用,而用来买梨,却可以获得 2.5 个单位的效用。因此选择了用 2 元钱买了第二个梨。

第八元钱:小明如果买苹果,可以获得 2 个单位的效用,如果买梨的话也可以获得 2 个单位的效用,由于偏爱梨,于是他花两元钱买了一个梨。

第十元钱:小明如果买苹果,可以获得 2 个单位的效用,如果用来买梨,却只可以获得 1.5 个单位的效用。因此选择买苹果。

统计以上的购买过程,可以得出,小明一共买了 4 个苹果,3 个梨。

这时,小明的总效用达到最大了吗?

下面我们将用小明可能的选择组合和相应的总效用来验证这个选择(见表 3—3)。其中,用 X 代表苹果,用 Y 代表梨。

表 3-3　　　　　　　　小明购买水果可能的消费组合表

消费方案	组合方式	MU_x/P_x 与 MU_x/P_y	总效用
A	$Q_x=10, Q_y=0$	$-4/1 \neq 0/2$	5
B	$Q_x=8, Q_y=1$	$-2/1 \neq 6/2$	18
C	$Q_x=6, Q_y=2$	$0/1 \neq 5/2$	26
D	$Q_x=4, Q_y=3$	$2/1 \neq 4/2$	29
F	$Q_x=2, Q_y=4$	$4/1 \neq 3/2$	27
E	$Q_x=0, Q_y=5$	$0/1 \neq 2/2$	20

分析表 3-3 中总效用的数量可知,小明选择方案 D 是最优的选择。这与上面的消费过程分析结论是一致的。此案例中,小明的均衡选择就是四个苹果和三个梨。

当小明选择了四个苹果和三个梨时,我们由表中可以注意到,小明购买最后一个苹果所获得单位货币效用和购买最后一单位梨所获得的单位货币效用是相等的。由此我们可以得出消费者均衡条件的公式表达:

$$P_x Q_x + P_y Q_y = I \quad (1)$$

$$\frac{MU_x}{P_x} = \frac{MU_y}{P_y} = \lambda \quad (2)$$

消费者均衡公式的含义:

(1)式为限制条件,说明当收入既定时,购买全部商品的支出要等于全部收入。支出大于收入,购买不能实现;支出小于收大,不能实现最大效用。

（2）式为均衡条件，说明每 1 单位货币不论用于购买哪种商品，所得到的边际效用都相等。

上述消费者达到均衡的条件也可以这样来描述，消费者在收入和市场价格一定的条件下，消费者选择的各种商品中最后一单位商品的边际效用与价格的比值相等时，消费者实现效用最大化，达到消费者均衡。

【课堂练习】

已知消费者的收入为 100 元，物品 X、Y 的价格分别为 10 元、3 元。假定他购买 7 单位 X 和 10 单位 Y 时，物品 X、Y 的边际效用分别为 50 和 18。如果要获得最大效用，他应该如何选择？如果 X、Y 此时的边际效用分别为 60 和 15，他又应该如何选择？

你又可以得出什么结论？

如 $MU_x/P_x > MU_y/P_y$，那么就增加 X 的消费、减少商品 Y 的消费。

如 $MU_x/P_x < MU_y/P_y$，那么就减少性 X 的消费、增加商品 Y 的消费。

四、基数效用理论与需求定律的关系

需求定理描述了需求量与价格之间存在的基本关系，在坐标系上，可用一条向右下方倾斜的曲线来体现一般商品需求的规律。那么用以分析消费者购买行为的基数效用理论能否解释这一现象呢？让我们从以下两个角度分析。

首先，假设消费者在其他条件一定的情况下，只购买一种商品，消费者不考虑收入，只考虑从商品中获得的总效用与商品总价格之间的关系。在现实生活中，这种情况比较符合那些低价值商品的购买行为。此时，消费者在选择是否购买这件商品时，其实是在比较商品能够带来的效用与付出的货币效用之间的关系，或者说，消费者是在用货币的效用去衡量在这件商品中获得的效用值。如消费者在商场看到一件衣服标价 500 元，在其购买决策时，就需要在个人偏好的作用下评价这件衣服带来的边际效用与该衣服标价的货币效用。如果消费者认为衣服的边际效用大于或等于该衣服价格的货币效用时，就会决定购买。因为这一购买行为能够为其多获得（该件衣服效用减去付出价格的货币效用）总效用增加额。因此当 $MU > MU^P$ 时（其中 MU^P 表示消费者付出商品价格时所减少的货币效用），增加购买，$MU < MU^P$ 时，减少购买，这两方面的购买决策都会使消费者在该种商品消费上的总效用获得提高，直至实现 $MU = MU^P$ 时，在一种商品的消费中达到总效用最大化。

假设在某一商品上，消费者已经达到了效用最大化的均衡状态，即 $MU_0 = MU_0^P$，此时，如果商品价格提高到了 P_1。由于 $P_1 > P_0$，因此，$MU_1 > MU_0^P = MU_0$ 消费者需要通过减少这种商品的消费来获得 MU 的提高才能达到新的均衡。反之亦然，当商品价格降低到 P_2 时，消费者可以通过增加这种商品的购买来实现新的均衡。此时，商品价格的变动就与消费者均衡状态中所选择的商品数量呈现出了反向变动的关系。这也是需求定理所表达的规律(如图3-2所示)。

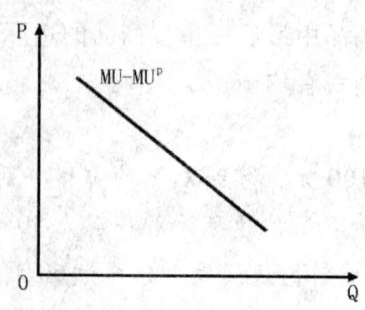

图3-2 边际效用曲线与需求曲线

现在,也可以从更加现实的角度来进一步对需求定理进行解释说明。基数效用论下,消费者在购买多种商品时实现消费者均衡的条件是:$MU_1/P_1 = MU_2/P_2 = MU_3/P_3 = \cdots = MU_n/P_n$

这一条件说明,在货币的边际效用不变的情况下,某种商品的边际效用越大,消费者为购买这种商品所愿意支付的价格就越高;反之,某种商品的边际效用越小,消费者为购买这种商品所愿意支付的价格也就越低。而由于边际效用递减规律的存在,消费者消费某种商品的数量越多,则边际效用也就越小;反之,消费的数量越少,则边际效用也就越大。这就形成了消费者的一般需求规律:某种商品价格高时,购买量小,而其价格降低后,购买量增加。

五、消费者剩余

消费剩余是指人们对于某种商品或劳务愿意支付的价格高于商品实际支付的价格差额。因为这个差额可以衡量消费者额外的满足,所以称为消费者剩余。

下表说明了如何计算消费者剩余。

商品需求量(Q)	消费者愿付价(MU)	消费者实付价(P)	消费者剩余(CS)
1	10	2	8
2	8	2	6
3	6	2	4
4	4	2	2
5	2	2	0
合计	30	10	20

消费者剩余也可以用市场的需求曲线和供给曲线来表示。

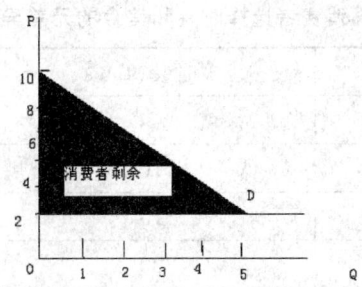

理解消费者剩余的概念要注意两个问题：

（1）消费者剩余并不是实际收入的增加，只是一种心理感觉；

（2）生活必需品的消费者剩余大。因为消费者对这类物品的效用评价高，愿付出的价格也高，但这类商品的市场价格一般并不高。

任务二　序数效用

【案例导入】

在现实中，效用是一种主观上的感受，会因人而异、因时而变，是无法用统一的客观标准去衡量的。虽然消费者不能说出自己对某种商品的效用量究竟是多少，但他可以说出自己对不同商品的偏好的顺序。例如，他可以说出对金庸小说的偏好甚于华君武的漫画，对华君武的漫画的偏好甚于流行音乐，等等。因此，可以用序数词第一、第二、第三……来分析偏好的顺序，表示效用水平的高低，这种根据消费者对一系列商品偏好的不同，按次序排列分析效用的消费者行为理论就称为序数效用论。序数效用论是20世纪初，以意大利经济学家帕累托、英国经济学家希克斯等为代表的经济学家提出的。序数效用论用无差异曲线作为自己的分析工具来研究消费者行为的规律。

一、无差异曲线

无差异曲线是一条表示能够为消费者带来同等效用水平或满足程度的两种商品的不同数量组合的集合，每一种组合方案在坐标平面上可以表示为一个点，所有组合方案的点在坐标平面上就构成了一条无差异曲线。

为了更好地理解无差异曲线，我们可以用一个例子来进行形象的说明。

如表3-4所示，首先抛开收入和商品价格问题不谈，只考虑消费者从商品组合中所获得效用水平。假设某一消费者在选择时装（C）和美食（F）两种商品时，认为表3-4中六种组合方式是等同的，或无差异的，这也意味着这六种消费方案能够为消费者带来相同水平的效用。

表3-4　　　　　　　　　　消费者选择时装和美食的无差异组合

组合方式	时装(C)	美食(F)
A	5	30
B	10	18
C	15	13
D	20	10
E	25	8
F	30	7

对于这一消费者而言，选择方案A（5件时装加30顿美食）与选择方案B（10件时装加18顿美食），或者选择表3-4中任意一个消费方案，在效用水平的获得上没有什么差别。

现在就以横轴为时装，纵轴为美食在平面坐标上作散点图。

然后用平滑曲线连线，可以得出一个凸向原点的曲线，这个曲线就是无差异曲线，在这个曲线上的所有的点所代表的美食与时装的组合对消费者来说是无差别的（见图3-3）。

这条曲线用大写英文字母I来表示。

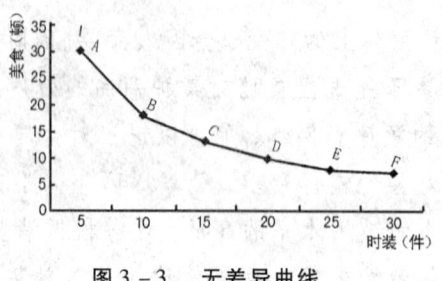

图3-3　无差异曲线

其实在这个平面上也可以找出其他的代表不同效用的无差异曲线。理论上而言，可以有无数条。

二、无差异曲线的特征

无差异曲线具有如下特征：

1. 无差异曲线是一条向右下方倾斜的曲线，其斜率为负，一般的无差异曲线凸向原点。（无差异曲线的形状可以内凸，也可以为直线，如两个可完全替代的商品的无差异曲线为向右下方倾斜的直线。）

2. 在同一平面上，可以有无数条无差异曲线，一条无差异曲线代表了一个级别的效用水平，越靠近原点的无差异曲线所代表的效用水平就越低，反之，就越高，如图3-4所示。

3. 任意两条无差异曲线都不能相交。如图3-5所示，G点代表的时装和美食的一定组合，此时，消费者如果选择在G点进行消费，可以获得一个确定的效用水平。但与此同时，两条无差异曲线都穿过G点，依据靠近原点的无差异曲线所代表的效用水平较低的规律,在 G 点进行消费能够获得两种不同的效用水平,这显然是矛盾的。因此,同一个人的同一时期,在偏好一定的情况下,无差异曲线是不会相交的。

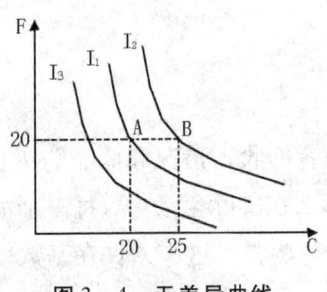
图 3-4　无差异曲线

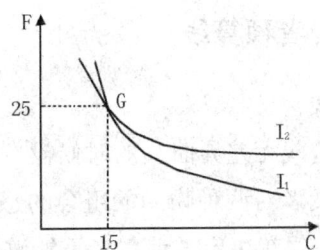
图 3-5　违反规律的无差异曲线

三、商品的边际替代率和边际替代率递减规律

假设有一种商品组合,X 和 Y,且二者之间具有此消彼长的数量关系。如果消费者追加一种商品的消费量就要减少另一种商品的的消费量,在消费者心中追加某种商品消费量的意愿和重要性会逐步发生改变,经济学家用边际替代率的概念来解决此问题。

1.商品的边际替代率

商品的边际替代率是消费者在消费两种商品保持效用水平不变时,减少一种商品的消费量与增加另一种商品的消费量之比。

$$MRSxy = -\frac{Y 的减少量}{X 的增加量} = \frac{\triangle Y}{\triangle X}$$

由于无差异曲线是向右下方倾斜的,即表明边际替代率小于零,所以无差异曲线的斜率就是边际替代率。

2.商品的边际替代率递减规律

商品的边际替代率递减规律是指在维持效用水平不变的前提下,随着一种商品消费数量的连续增加,消费者为得到每一单位的这种商品所需要放弃的另一种商品的消费数量是递减的。

图 3-6 中的无差异曲线表明了这一点。A 点消费者拥有衣服 16 和食物 1 份,此时消费者愿意放弃 6 件衣服换 1 份食物,随着消费者越来越饱,消费者愿意放弃衣服的数量越来越少。

商品的边际替代率规律由商品的边际效用递减规律决定。由于面包的消费量不断增加,衣服的边际效用不断减少,从而使衣服替代食物的能力不断

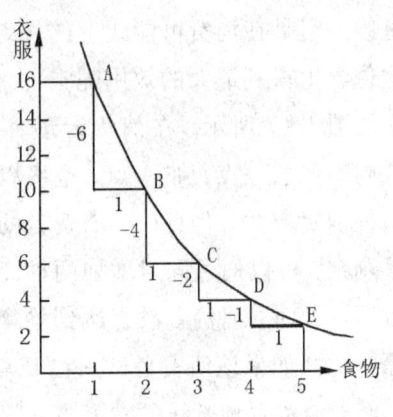
图 3-6

降低,导致衣服的边际替代率递减;相反,由于食物的消费量不断减少时,食物的边际效用

不断增加,从而使食物替代衣服的能力增强,只需用越来越少的衣服就能替代食物。因此,边际效用规律表现为边际替代递减规律。

四、消费者预算线

1. 预算线

在研究这些无差异曲线的时候没有去考虑消费者的收入情况和商品购买价格状况,只是在研究消费者对两种物品的组合的感受程度。那么在实际生活中,每一个消费者都有一个收入限值,这就决定了消费者不能够超越收入进行购买。这一条件在基数效用论中我们用数学表达式表示为:

$P_xQ_x + P_yQ_y = M$

因此在收入(M)固定,价格(P_x, P_y)不变的情况下,消费者对两种物品选择的收入条件可以看成一个关于 Q_x 和 Q_y 的函数,这个函数在坐标轴上表示就是一条斜率为负值的直线。表明了,消费者只能在收入限额以内购买东西,而不能负债和赊购。

我们把这条线称之为消费者预算线,或消费可能线。消费者预算线可以这样来定义:

消费者预算线又称消费可能线、预算约束线或等支出线,它是一条表明在消费者收入与商品价格既定的条件下,消费者所能购买到的两种商品数量最大组合的线。

可以拿学生一周在衣服和食物上的消费为例子来说明消费可能线。

例如,一个学生一周的生活费有90元钱,每顿饭3元,每件衣服15元,如果这位学生把生活费全部用在吃饭上,可以吃30顿,如果全部拿来买衣服的话可以买6件。那么其如果把所有的生活费全部花完可以买到的衣服和饭的组合见图3-6。

这条消费可能线表明,消费者只能在线上或线到坐标轴之间选择实际购买组合。如果想要获得最大的效用,就需要把所有的生活费全部花掉。因此,消费者在追求最大化效用的时候一定是在消费可能线上的一点选择消费组合。那么,究竟是在线上选择哪一点能够让这位学生得到最大的效用呢?

如图3-7所示,在消费者预算线与坐标轴围合区域内部任意一点,如A点,也可以作为消费者可能的一种消费方案。但此时,消费者的收入或总预算出现了剩余,可以通过同时增加两种商品的消费量来提高效用。此时,消费者没有达到均衡,也不能实现效用最大化。如果该消费者试图在B点进行消费,由于B点处于消费者预算线的右上方,其全部收入在商品价格既定的条件下,不管如何进行安排,消费者的收入或预算都不可能实现在B点的消费。结合以上两种情况,在消费者可能消费的区域内,只有处于其消费者预算线上的消费方案(如C点)才有可能使其实现效用最大化。

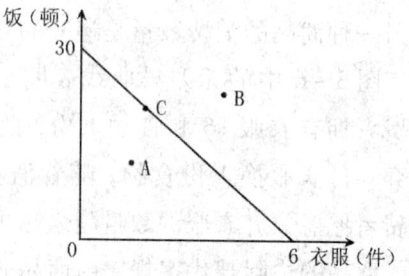

图3-7 消费者预算线

2. 预算线的变动

如图 3-7 所示，消费者的预算线在外在因素发生变动时，会发生相应的变动。

如果消费者的收入增加，两种商品的价格保持不变，消费者预算线就会向右上方平移，反之，向左下方平移，其平移幅度与收入提高或降低的比例相等。如图 3-8（a）所示。如果消费者的收入没有发生变动，而两种商品的价格发生了同方向同比例的变动时，其效果等同于消费者收入发生了变动，因此，消费者预算线向右上方平移，意味着两种商品同比例降价，向左下方平移意味着两种商品同比例涨价。

如果保持消费者的收入不变以及商品 Y 的价格不变，单方面变动商品 X 的价格会导致消费者预算线围绕在商品 Y 数轴的端点进行转动。当 X 商品的价格提高时，会发生顺时针转动；当 X 商品的价格降低时，会发生逆时针转动，如图 3-8（b）所示。

如果保持消费者的收入不变以及商品 X 的价格不变，单方面变动商品 Y 的价格会导致消费者预算线围绕在商品 X 数轴的端点进行转动。当 Y 商品的价格提高时会发生逆时针转动；当 Y 商品的价格降低时，会发生顺时针转动，如图 3-8（c）所示。

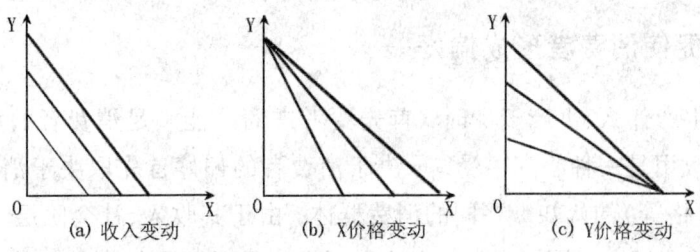

图 3-8 消费者预算线的变动

五、消费者的最优选择

所谓消费者的最优选择，也称为消费者均衡或效用最大化，是指在货币收入、消费偏好和商品价格一定的条件下，不管两种商品（仅限于假定的 X 和 Y）如何组合，都难以改变消费者业已选择的那种商品组合的状态，换言之就是，此时的消费者选择已经达到了一种最理想或效用最大化的状态。

那么，在什么条件下，消费者行为才会处于均衡状态或者说实现了效用最大化呢？

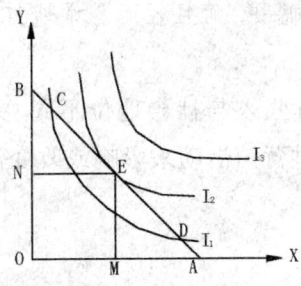

图 3-9

I_1，I_2，I_3 为三条无差异曲线，它们效用大小的顺序为 $I_1 < I_2 < I_3$。AB 为预算线。AB

线与 I_2 相切于 E 点,这时实现了消费者均衡。这就是说,在收入与价格既定的条件下,消费者购买 OM 的 X 商品,ON 的 Y 商品,就能获得最大的效用。

序数效用论的消费者均衡条件是:既定的预算线与无数条无差异曲线其中的一条无差异曲线的相切点,是消费者获得最大效用水平或满足程度的均衡点或商品组合。

在切点 E,MRS 为过 E 点的切线的斜率,而切线与预算线重合,所以,$MRS = P_X/P_Y$。因为 $MRS = MU_X/MU_Y$,所以,$MU_X/P_X = MU_Y/P_Y$,此结论与边际效用分析得到的结论相同。

在消费者收入和商品价格不变的假定下,消费者均衡点将保持不变。如果其中的一个条件发生变化,消费者均衡点将会随之移动。

任务三 消费者行为理论应用

一、培养并促使消费者形成偏好

企业在决定生产什么、生产多少时,首先要考虑商品能满足消费者的那些需求,能够带来多少效用。效用是一种心理感受,取决于消费者的偏好首先取决于消费者对商品(品牌、质量、功能、价格等)的认知。不同的消费群体,由于其收入、社会阶层、价值观、环境等不同,其对商品的偏好也不同。所以,企业在开发产品时要定位于某一消费群体,根据特定的群体的偏好开发产品,这就是市场营销中的市场细分和市场定位。

在我国快餐食品产销领域,品牌繁多,然而,能够令消费者真正动心的却寥寥无几。于是许多快餐食品企业感叹"人们的口味挑剔,众口难调"。但是,民营食品产销企业集团 W 公司,始终坚持"只要口味好,众口也能调"的独特经营宗旨,从人们的口感差异性出发,不惜人力、物力、财力,在食品的口味上下功夫,"投其所好",终于改变了某城市居民的快餐饮食习惯,使 W 公司的快餐食品成为某城市居民的首选快餐食品。W 公司果敢挑战某城市居民的饮食习惯和就餐需求,以"投其所好"为一切业务工作的出发点,不仅出奇制胜地突破了"众口难调"的产销瓶颈,而且轻而易举地打入了某城市的快餐食品市场,开创出了快餐食品新市场。

虽然不同的消费群体,由于其收入与社会地位不同、文化习性和价值观不同,对产品的偏好也不同,但是企业可以通过营销活动来影响或改变消费者偏好。

二、差别定价策略

依据消费者行为的理论分析可知,当市场实施的是统一定价时,就必然会存在消费者剩余。对于现实中的企业而言,如果能够把部分消费者剩余转化为企业的销售收入,就能帮助其获得更多的收益和利润。在经济学中,这种差别定价策略又称之为歧视性定价。

如图 3—10 所示，在市场的需求曲线为 D 的情况下，如果采用单一的或统一定价，在价格为 P_0 的时候，其销售收入为 P_0Q_0，在价格为 P_1 的情况下，销售收入为 P_1Q_1，在价格为 P_2 的情况下，销售收入为 P_2Q_2。比较三种销售价格下的收入，厂商在 P_0 的价格下相对较高。如果在 P_0 的价格下，厂商已经通过统一的市场价格进行销售获得了最大化的收益了，那么是否有办法使厂商获得比 P_0Q_0 更高的收入呢？

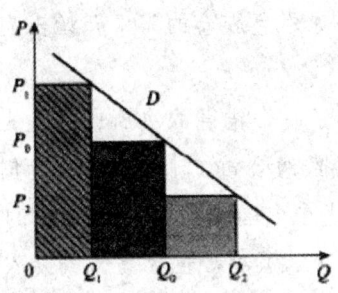

图 3-10　消费者剩余的应用

那就是采用差别定价策略。具体的操作方法可以这样：企业对所生产或提供的商品分为三个等级，第一等级的商品质量最好，价格最高，为 P_1；第二个等级的商品质量中等，价格中等，为 P_0；第三个等级的商品质量一般，价格最低，为 P_2。此时，对这种商品认知程度较高的消费者会购买第一等级的商品。依据图 3-11 中的需求曲线，可实现销售量 Q_1，厂商通过出售第一等级商品可获得 P_1Q_1 的收入。对于商品认知度一般的消费者会购买第二等级的商品，此时可实现的销售量为 (Q_0-Q_1)，获得销售收入 $P_0(Q_0-Q_1)$。对这种商品的认知价值较低的消费者会购买第三等级的商品，厂商可实现销售量 (Q_2-Q_0)，获得销售收入 $P_2(Q_2-Q_0)$。这三个等级的销售额之和为该厂商的总收入，即 $P_1Q_1+P_0(Q_0-Q_1)+P_2(Q_2-Q_0)$。可计算出这种销售收入减去单一定价的销售额 P_0Q_0，可得 $(P_1-P_0)Q_1+P_2(Q_2-Q_0)$，是一个大于零的值。图 3-10 中的总阴影面积可表示采用差别定价时的总收入，要大于 P_0Q_0 的面积。

除了采用产品等级分类以外，厂商在市场中还常用时间、场地等因素来区分产品，以实现差别定价下的更多销售收入。

三、企业要不断创新产品和服务，避免边际效用递减

我们在谈到边际效用递减规律时，总是说消费一种物品的数量越多，即某种刺激的反复，使人生理上的满足或心理上的反应减少，从而满足程度减少。这里非常重要的是物品是指"同一"物品，消费者对不同物品的满足程度是不同的；而且在连续消费某物品时，不同消费品带来的刺激是鲜明的，满足程度会大大提高，边际效用会发生改改变。所以，对企业来说企业要不断的创新、生产出不同的产品，提供不同的服务。

案例：柯达和富士的数字化生存道路

柯达的市场份额通过近乎垄断的"98 协议"，得到了实实在在的提升——2001 年，柯达在中国的市场份额达到了 63%，超过富士近一倍。但从 2000 年起，数码相机市场连续高速增长，并呈现出集中爆发的趋势。在这个高速增长期，索尼、佳能、三星、尼康等数码企业纷纷杀入相机领域，其可替代的优势对传统胶片领域构成强烈冲击，当年，全球数码成像市场翻了差不多两倍，全球彩色胶卷的需求开始出现拐点，此后以每年 10% 的速度开始急速下滑。

柯达的决策者，此时做出了一个错误的决断，他们的重心，依旧放在传统胶片上。作为一个在传统胶片业占绝对份额的公司，柯达的决策者们并不希望看到数字业务太过迅猛的局面。"98 协议"过后，柯达在中国范围展开了大量的投资，巨额的产能和规模还来不及消化，他们也不可能顾此失彼，下决心在数码领域投入过多的精力。对新一轮的数码变革，柯达的情境可用一句话来形容：一脚踩在油门上，一脚踩在刹车上，瞻前顾后，心态复杂。2000 年，柯达的数码业务收入基本与 1999 年度持平，只占营业额的 21%。

相比而言，没有太多选择的富士在数字业务转型上则心无旁骛。早在 1995 年，富士即在苏州成立了苏州富士胶片映像机器有限公司，着眼于高科技产业，1997 年，富士即开始生产数码相机。以技术立身的富士公司在数码相机领域拥有许多核心技术。2000 年，富士胶片与中国印刷科学技术研究所共同出资成立了富士星光有限公司，结合中国本土实际情况，自主研发推出了一系列高质量 PS 版（预涂式感光版），在国内印刷业得到广泛应用。富士星光还与国内企业进行技术合作，推出了两款国际领先技术的高速激光照排机。富士的数码冲印设备开始风靡全球，对传统冲印造成了很大冲击。

这一时期，柯达一直是被动的。直到 2001 年 3 月，柯达才在上海推出了数码冲印业务。就在 2003 年 10 月 23 日，柯达还高调宣称，与乐凯达成了一项为期 20 年的合作协议，柯达以总额约为 1 亿美元的现金和其他资产换取乐凯胶片 20% 的股份——柯达还在费尽周折地与传统胶片行业对手纠结。

到了 2002 年，一则数据很能说明问题：柯达的数字化率只有 25% 左右，而富士已达到了 60%。就在这年，据调查显示，2300 万的美国家庭拥有了数码相机，比前一年增加了 57%。同期富士公司数码相机的销售量比 2001 年又翻了一倍，占据了日本市场的 30%，全球市场的 20%。

此时，柯达才意识到，传统胶片的辉煌时代已经一去不复返了。市场是残酷的，2000~2003 年柯达利润报告显示，柯达传统影像部门的销售利润从 2000 年的 143 亿美元锐减至 2003 年的 41.8 亿美元，跌幅达到了 71%。

目前，富士胶片在液晶显示屏材料中的 TAC 膜、高像素拍照手机的镜头组件和彩色相纸三大块，都占世界市场排名第一的位置。这和富士一直高度重视技术开发有关，因为富士一直认为"技术创新是企业的核心竞争力所在"。古森社长在给员工的 2008 年新年致词中表示：富士胶片要在21世纪成为"不断创新，持续发展的公司"。

反观柯达：2009年6月底柯达胶卷的停产、柯达印店推广的受阻，及不断下滑的业绩（至2009年第三季度，柯达已经连续4个季度营收下降20%，且连续4个季度亏），致使人们不得不猜测柯达是否会被收购。柯达首先判断错了数码的前景，其次又没有快速抓住回调弥补的时机，结果只能够从影像业的霸主沦为末流，代价不可谓不刻骨铭心。

98协议：1998年初，柯达与中国政府多个部委联合签订了著名的"全行业合资计划"，即"98协议"。协议规定，柯达与中国七家感光企业中的六家进行合资合作。"98协议"中还规定，中国政府承诺在协议签订后三年内，不批准另外一家外资企业进入中国的感光材料行业。

【思考与练习】

一、选择题

1.总效用曲线达到顶点时，（   ）

A.平均效用达到最大点　　　　　B.边际效用为零

C.边际效用达到最大点　　　　　D.平均效用与边际效用相等

2.对于同一消费者而言，处在不同的无差异曲线上的各种商品组合（   ）

A.效用是不可能相等的；

B.一般情况下，效用是不可能相等的，但在个别场合，有可能相等

C.效用是否相等或不相等要视情况而定

D.效用是可能相等的

3.无差异曲线的形状取决于（   ）

A.商品效用水平的高低　　　　　B.消费者的收入

C.商品价格　　　　　　　　　　D.消费者偏好

4.随着收入和价格的变化，消费者的均衡也发生变化。假如在新的均衡下，各种商品的边际效用均低于原均衡状态的边际效用，这意味着（   ）

A.消费者生活状况没有变化　　　B.消费者生活状况恶化了

C.消费者生活状况得到了改善　　D.无法确定

5.无差异曲线如果是呈直角形的话，说明（   ）

A.消费者对两种商品的主观评价是替代品

B.消费者对两种商品的主观评价是互补品

C.消费者对两种商品的主观评价是完全替代品

D.消费者对两种商品的主观评价是完全互补品

6.如果预算线平行移动，可能的原因是（   ）

A.消费者购买的其中一种商品的价格发生变化

B. 消费者购买的两种商品的价格发生不同比例的变化

C. 消费者购买的两种商品的价格发生同比例而且同方向的变化

D. 消费者购买的两种商品的价格发生同比例但不同方向的变化

7. 如果一份肯德鸡的边际效用为3,一件金利来衬衫的边际效用为20,当二者的价格分别为15元和150元时,消费者的消费行为应该是( )。

A. 增加衬衫或减少肯德鸡的消费　　　B. 增加肯德鸡或减少衬衫的消费

C. 同时增加或减少二者的消费　　　　D. 对二者的消费量不变

8. 如果一个小包子的边际效用为5,一个苹果的边际效用为10,当二者的价格分别为0.5元和1.2元时,消费者的消费行为应该是( )。

A. 增加小包子或减少苹果的消费　　　B. 增加苹果或减少小包子的消费

C. 同时增加或减少二者的消费　　　　D. 对二者的消费量不变

9. 已知消费者的收入为50元,商品X的价格为5元,商品Y的价格为4元。假定该消费者计划购买6单位X和5单位Y,商品X和Y的边际效用分别为60和30。如果他想实现效用最大化,他应该( )。

A. 增加X和减少Y的购买量　　　　　B. 增加Y和减少X的购买量

C. 同时减少X和Y的购买量　　　　　D. 同时增加X和Y的购买量

10. 已知消费者的收入为50元,商品X的价格为5元,商品Y的价格为4元。假定该消费者计划购买6单位X和5单位Y,商品X和Y的边际效用分别为40和40。如果他想实现效用最大化,他应该( )。

A. 增加X和减少Y的购买量　　　　　B. 增加Y和减少X的购买量

C. 同时减少X和Y的购买量　　　　　D. 同时增加X和Y的购买量

二、判断题

1. 对于同一个消费者来说,同样数量的商品总是提供同量的效用。( )

2. 序数效用论认为商品效用的大小取决于商品的价格。( )

3. 无差异曲线的斜率不变时,无差异曲线呈直线,表示两种商品之间是互补的关系。( )

4. 商品X和Y的价格按相同的比率上升,而收入不变时,预算线向右上方平行移动。( )

5. 只要商品数量在增加,消费者得到的总效用就一定增加。( )

6. 只要总效用是正数,边际效用就不可能是负数。( )

7. 只要商品消费数量连续增加,消费者得到的边际效用就一定减少。( )

8. 无差异曲线是一条凹向原点的线。( )

9. 消费者均衡就是消费者获得了最大边际效用。( )

10. 按序数效用理论,消费者均衡点应该是无差异曲线与预算线的交点。( )

三、问题与应用

1. 简要分析无差异曲线的基本特征。

2. 钻石用处极小而价格昂贵,生命必不可少的水却非常之便宜,请用边际效用的概念加以解释。

四、案例分析

盖茨曾说过:"我要把我所赚到的每一笔钱都花得很有价值,不会浪费一分钱。"

比尔·盖茨是世界富翁。然而,让人意想不到的是,这位世界首富没有自己的私人飞机,公务旅行不坐飞机头等舱却坐经济舱,衣着也不讲究什么名牌;更让人不可思议的是,他还对打折商品感兴趣,不愿为泊车多花几美元……在生活中,比尔从不用钱来摆阔。一次,他与一位朋友前往希尔顿饭店开会,他的朋友建议将车停放在饭店的贵宾车位。比尔不同意,他的朋友说:"钱可以由我来付。"比尔还是不同意,原因非常简单,贵宾车位需要多付12美元,比尔认为那是超值收费。

对于自己的衣着,比尔从不看重它们的牌子或是价钱,只要穿起来舒服就行。一次,比尔应邀参加由世界32位顶级企业家举办的"夏日派对",那次他穿了一身套装,价格还不到歌星、影星一次洗衣服的钱。但比尔不在乎这些,很高兴地穿着这套衣服参加了这次会议。平日里,比尔会选择便裤、开领衫,以及他喜欢的运动鞋,但是这其中没有一件是名牌。

比尔与妻子都十分疼爱自己的孩子,但是比尔从不会给孩子们一笔很可观的钱,当小儿子罗瑞总是抱怨父母不给自己买他最想要的玩具车。比尔认为在钞票中长大的孩子,他们的养尊处优终将会让他们一事无成。所以他公开表示,他不会将自己的所有财产留给自己的继承人。他说:"我只是这笔财富的看管人,我需要找到最合适的方式来使用它。"他认为每一元钱,都要发挥出最大的效益。

问题:你是如何看待盖茨的消费观的?我们应如何实现理性消费?

项目四

生产者行为

【知识目标】

1. 掌握总产量、边际产量、平均产量的含义；
2. 理解短期生产函数和长期生产函数；
3. 了解规模经济及其相关概念；
4. 理解成本和收益的概念及其分类；
5. 理解短期和长期成本分析。

【技能目标】

1. 对现实生活中的规模经济能做合理分析；
2. 能运用利润最大化原则对企业经济活动提出合理建议。

【项目导读】

按照2013年底的国家统计，中国现在有1500多万家企业，在这1500多万家企业当中，1100多万家企业是小型和微型企业。如果再加上个体工商户，那么小型微型企业应该占到企业总数的94%，这是一个什么概念呢？就是说我们国家的工业企业，或者说其它类型的企业，从数量上来讲，大部分还是中小微型企业为主。

中小微型企业面临很大的困境，这是大家现在普遍的共识。应该说从2008年由美国开始的金融危机之后，咱们国家的整个企业，包括制造业，一直都是非常困难的。从国际上来讲，全球经济也不是很景气，据世界银行跟国际货币基金组织对今年的预测，认为美国的经济会有一点点的上升，但是非常缓慢。欧洲的情况也是如此，希腊、意大利、西班牙这些国家，经济还是继续下滑的。日本也经济增长也极为缓慢，甚至没有什么增长。新兴国家印度增长稍微快一点，巴西今年的经济不会很好，因美国和欧洲的制裁，俄罗斯今年的经济形势恐怕也不容乐观。

总体来讲中国经济增速放缓，这个趋势是基本上确定的。因为我国前些年的发展模式引发的问题越来越明显,比如雾霾越来越严重。为了改变这种方式,从国家总体上来讲,直接的结果就是要将经济增速放缓。经济一放缓对企业家或多或少都会有所影响,另外一个影响就是人工成本在增加。按照劳动人员社会保障部2011年~2015年的五年规划,规划当中提出年均工资增长是13%,实际上2013年的全国平均的工资增长是17%。这样的增长可能对银行很有利,但是对老制造业压力很大,人工成本增加。

在宏观经济形式不太乐观的情况下,中小企业如何突破困境呢?本章将对生产者行为展开分析。

任务一 生产

【案例导入】降成本,为实体经济"釜底添薪"

"降成本"是推进供给侧结构性改革的重要任务,是应对经济下行压力、缓解实体经济困难的有效举措。如何利用现代化的"智能装备",使得用工成本大幅降低,是我们众多企业需要思考的问题。

近日,在无锡第一棉纺厂,记者见识了由9万多个传感器、28套信息系统组成的智能车间。在这里,智能系统可实时监控生产状态、产品质量和能耗情况,原本需要人工操作的检测等若干环节已全部改为机器自动完成。"目前我们的万锭用工从200多人降到18人,大大降低了人工成本,提升了市场价格的话语权。"无锡一棉党委书记周晔珺说。

当前,用工成本增长较快已成为企业稳定发展的突出问题。无锡一棉曾经有8000名员工,在规模扩大5倍的同时,如今的用工却减少为2000名左右,他们是如何做到的?"一是流程再造,取消无效劳动;二是抓制造装备自动化和互联网化改造,重点打造智能车间。"虽然智能车间建设需要不小的投资,但周晔珺认为"值得":"你算算看,一名工人一年平均6万元,如果不改造,还有今天的无锡一棉吗?"据介绍,"十三五"期间,无锡一棉计划在"投改"上再投5亿元。为什么企业在劳动力成本较高的时候要增加智能设备的投资,本节我们将为大家解开谜底。

一、生产函数

(一)企业类型

在经济学中,将生产性企业称为"厂",销售、服务性企业被称之为"商",两者都可以称之为企业,一般也可以用厂商来进行统一称呼。依据企业的组织形式和特点,我们把企业划分为个人独资企业、合伙制企业和公司制企业三种基本的类型。

1. 独资企业

独资企业是由个人出资经营、归个人所有和控制、并由个人承担全部的经营风险和享受全部经营收益的企业。独资企业是企业制度序列中最初始和最古典的形态,也是民营企业主要的企业组织形式,主要盛行于零售业、手工业、农业、林业、渔业、服务业和家庭作坊等。在许多国家和地区,独资企业不需要在政府注册。

2. 合伙制企业

合伙制企业,是指由两个或两个以上的自然人依照《中华人民共和国合伙企业法》在中国境内设立的,通过订立合伙协议,共同出资经营、共负盈亏、共担风险的企业组织形式。合伙制企业一般无法人资格,不缴纳所得税,缴纳个人所得税。

合伙制企业的出现,在一定程度上解决了独资企业资本规模较小、融资困难的问题,同时也能够使企业进行多人决策,在一定程度上避免了由于单人决策造成的决策风险。合伙制企业也存在其自身难以避免的缺点,如合伙人的退休、死亡、破产等都会导致原合伙企业的经营波动,甚至会引发合伙制企业的倒闭。合伙制企业由于没有法人资格,其对债务的偿付也具有无限责任,每个合伙人都具有无限连带责任。另外,合伙制企业还有合伙人之间利益共享、财产共有和相互代理的特点。

3. 公司制企业

公司制企业是指由一个以上的自然人或法人依法出资组建,有独立法人财产,自主经营,自负盈亏的法人企业。公司的债务是由公司的全部财产作为偿付保证,投资人以其投资额或认购股份为限对公司承担责任。公司制企业可分为有限责任公司和股份有限公司两种形式,这也是我国法定公司的形式。

有限责任公司,是指根据《中华人民共和国公司登记管理条例》规定登记注册,由1人以上、50人以下的股东出资设立,每个股东以其所认缴的出资额对公司承担有限责任,公司以其全部资产对其债务承担责任的经济组织。

股份有限公司是将全部资本分为等额股份,股东以其认购的股份为限对公司承担责任的企业法人。设立股份有限公司,需2人以上200人以下为发起人,注册资本的最低限额为人民币500万元。

表 4-1　　　　　　　　　三种企业组织形式的比较

	个体企业	合伙企业	公司
1. 成立难易度	非常容易	较个体企业稍复杂	最复杂
2. 组织延续性	不能连续	不能连续	无线连续到公司关闭
3. 所有权转移	不能转移	不能转移,除非合伙条约有规定者	自有转移
4. 债务责任	负完全债务	负完全债务	有限责任
5. 资金筹措能力	由独资者出资	由合伙人出资	可以向任何投资者筹措
6. 赋税责任	不付企业所得税,所得并入投资者个人的	不付企业所得税,所得并入合伙人的所得税	双重课税:公司所得税和个人所得税

（二）投入与产出

1. 投入：生产要素

生产是对各种生产要素进行组合以制成产品的行为，也就是把投入变为产出的过程。例如，面包烘烤店使用的生产要素包括工人的劳动、面粉、糖等原材料，以及投资在烤炉、搅拌器上的资本和其他一些设备，通过烘烤店老板的管理和协调，生产出面包和蛋糕。

生产要素（Factors of Production），指进行社会生产经营活动时所需要的各种社会资源，是维系国民经济运行及市场主体生产经营过程中所必须具备的基本因素。现代经济学认为生产要素包括**劳动力**、**土地**、**资本**、**企业家才能**四种，随着科技的发展和知识产权制度的建立，技术、信息也作为相对独立的要素投入生产。这些生产要素进行市场交换，形成各种各样的生产要素价格及其体系。

（1）劳动（labor）

劳动是生产过程中最基本的生产要素，是生产过程中的人力消耗，劳动在形式上可以分为体力劳动和脑力劳动。劳动价值在要素市场上体现为劳动的报酬或工资。企业主将体力和脑力劳动投入生产过程，应当被视为购买了劳动，理应向劳动的提供者即劳动者支付相应的工资。实际生产过程中，影响劳动价值的因素非常多，如劳动者的劳动技能、知识水平以及劳动者的情绪状态和劳动态度等。

（2）资本（capital）

资本是生产过程中使用的各种生产设备，例如，生产工具、机器设备、厂房、仓库等，这些都需要支付一定的货币才能购得。生产者如果借得货币购买生产设备，则要向贷款方支付利息，因此资本的报酬就是利息。现代社会生产的自动化、智能化水平越来越高，在一些行业中，资本投入的重要性已经超过了劳动的投入。

（3）土地（nature）

这里说的"土地"是一个广义的概念，并不单纯指我们脚下踩的土地，它包括与土地有关的一切附着物，即人类能利用的一切自然资源，例如海洋、山川、河流、矿藏、森林等。土地的报酬是租金或地租，使用土地的生产者需要向土地的供给者支付租金。现代社会土地日益稀缺，租金呈升高趋势。

（4）企业家才能（entrepreneurship）

企业家才能是一种特殊的劳动，是指企业家在生产经营过程中所必需具备的组织能力、控制能力、管理能力和创新能力等。现代企业制度加速了企业所有权和经营权的分离，市场中出现了独立的经营管理团队。企业家才能的价值主要体现在能够帮助企业实现显著的盈利，而作为回报，企业的经营管理者可以获得比普通员工高出很多倍的报酬。因此企业家才能这一生产要素的报酬是利润。

2. 产出：生产函数

生产过程中的投入要素以及最终产出之间存在一定的依存关系，这种关系可以用生产函数来描述。生产函数描述的是在一定技术水平之下，生产要素的数量与某种组合和它所能生产出来的最大产量之间依存关系的函数，是某一特定的投入品组合下企业的产出。因为任何生产方法（如技术、生产规模）的改进都会导致新的投入产出关系，所以不同的生产函数代表不同的生产方法和技术水平。

以 Q 代表总产量，L、K、N、E 分别代表劳动、资本、土地、企业家才能这四种要素，则生产函数的一般表达式为：

$Q = f(L, K, N, E)$

在四种要素中 N 是固定的，E 难以估算，我们可以暂且认为土地和企业家才能在企业中的投入为一定值，并使这些定值反映在具体函数的某些常量中。此时，生产函数又可以简化为：

$Q = f(L, K)$

3. 短期生产函数与长期生产函数

经济学家在研究要素投入与产量之间的关系时，发现这种关系由于要素投入的时间不同，需要采用不同的分析方法。因此，结合经济分析，在研究生产函数的问题上，依据是否能够调整所有生产要素，把生产分为短期生产和长期生产，通过两种生产函数分别进行研究。

在经济学中，生产函数中的短期和长期不是指一个具体的时间跨度，而是指能否使厂商来得及调整生产规模所需要的时间长度。**短期生产是指厂商在这一时期内不能根据要达到的产量来调整其全部的生产要素，至少有一种生产要素在这一期间内是不可变的。**因此，在短期生产中，由于不变生产要素的限制，产量只能在一定范围内进行调节，不可变更的投入要素称为固定要素。

长期生产是指厂商在这一时期内可以根据要达到的产量来调整其全部生产要素。此时，厂商可以依据市场对产品的需求量，充分地调整生产要素的投入比例，以达到最佳的生产规模和最低的生产成本。

【阅读材料】

某空气净化器企业发现由于空气质量问题严重，近期市场需求比往年同期上涨了 200%。该厂商为了尽快提高产量，马上招聘了临时工人，并要求其他员工延长工作时间。在短期内该厂商可以通过增加工人、延长劳动时间、原材料的使用量来尽可能地提高生产量，但却不可能在三个月立即增加生产线。因此，对于该厂商而言，至少有一种生产要素不能变动的时期就是其短期生产时期。但如果该厂商发现空气质量是长时间难以解决的环境问题，此时就立即启动计划，用一年时间盖新的厂房，增加新的生产设备。那时的生产就是经济学中的长期生产了。

需要注意的是，短期与长期并不是一个绝对的时间概念，而是一个相对于该厂商能否变动所有生产要素所需要的时期。对于不同的厂商，短期和长期在时间上会有明显的差异,如一个大型的钢铁企业调整不变生产要素或调整规模至少需要一年以上的时间,因此一年以内对其而言是短期生产;而对于一个小型水果超市而言,增加员工或寻找更大的店面来扩大规模,一个月时间都可以称之为长期。

二、一种投入要素可变的生产函数(短期生产函数)

微观经济学通常用一种可变生产要素的生产函数考察短期生产理论。根据前面的分析,我们通常假定企业只将劳动和资本这两种要素作为变量进行生产。假定某一企业突然增加一笔大的订单,需要在一周之内完成生产并交货,此时厂商添加设备和新建厂房都不现实,只能采取增加工人、加班加点的方法。因此,在短期内我们可以假设资本投入量不变,劳动投入量可变,此时短期生产函数表示为:

$$Q = f(L)$$

函数式中用 L 表示可变生产要素劳动的投入量,它表示在资本投入量不变时,由劳动投入量的变化而带来的最大产出量的变化,我们又称之为只有一个可变投入要素的生产函数。在下面的分析中,我们以劳动的投入量为自变量,讨论总产量、平均产量和边际产量三个概念及它们的相互关系。

(一)总产量、平均产量和边际产量

1. 含义

总产量(Total Product,TP)是指投入一定量的生产要素所生产出来的全部产量,公式表示为:$TP = f(L)$。

平均产量(Average Product,AP)是指平均每单位生产要素投入所生产的产量,公式表示为:$AP = TP/L$)

边际产量(Marginal Product,MP):在其他投入保持不变的情况下,由于新增一单位的投入而多生产出来的产量。如果用 $\triangle TP$ 表示总产量的变化量,用 $\triangle L$ 表示某种生产要素的变化量,边际产量可用公式为:$MP = \triangle TP/\triangle L$

当增量趋于零时,MP 是 TP 的导数 $MP_L = \lim_{L \to \infty} \frac{\triangle TP_L}{\triangle L} = \frac{dTP_L}{dL}$

例如,假设某一短期生产函数的具体形式是:

则劳动的平均产量:$AP = -0.1L^2 + 6L + 12$

劳动的边际产量:$MP = -0.2L + 6$

2. 总产量、平均产量和边际产量的关系

小王大学毕业后开了一家皮鞋厂,工厂的厂房、机器等共投资 10 万元,准备雇用若干个鞋匠来进行生产。在短期内,小王已经不可能再增加厂房和机器等资本的投入量,工人每天固定工作 8 个小时,不需要加班。也就是说,唯一可以改变产量的因素是小王雇用工人的多少。经过一段时间的生产,小王总结出了在现有条件下,雇用工人的多少

和每天产量的关系。

当小王只雇用一个鞋匠的时候,这个鞋匠可以充分地利用鞋厂的厂房和机器,他可以比较高效的进行生产,此时他一天可以生产6双皮鞋。为了增加产量,小工又雇用了一个鞋匠,两个鞋匠通过分工合作,进一步地提高了生产效率,一天可生产13.5双皮鞋。当第三个鞋匠进入工厂的时候,厂房和机器设备刚好能充分地供这三个工人使用,三个人分工合作使生产效率进一步提高,一天的产量达到了21双。由于鞋厂皮鞋销路非常好,所以小王决定再多雇用两个工人进行生产。当雇佣四个鞋匠时,一天能生产27双鞋,第五个工人进入工厂后,每天总产量达到34双。小王工厂的销路越来越好,于是继续增加工人。第六个工人进入工厂后,小王发现工人的工作效率开始下降,剩余时间越来越多,鞋的产量虽有提高,但比起之前提高的要少得多了,一天的产量只达到了38双。当第七个人进入工厂后,小王奇怪地发现一天仍然还是只能生产38双鞋,上班聊天互相干扰的现象更加明显。第八个工人也来了,令小王无法忍受的是鞋厂一天的产量却下跌到了37双,增加工人没有使产量增加反而下降了。我们利用前面学习的三个概念对小王工厂发生的现象进行分析:

表4-2　　　　　　　　　小王鞋厂各生产变量间关系

资本量(K)	劳动(L)	劳动增量(△L)	总产量(TP)	平均产量(AP)	边际产量(MP)
10万元	0	0	0	0	0
10万元	1	1	6	6	6
10万元	2	1	13.5	6.75	7.5
10万元	3	1	21	7	7.5
10万元	4	1	28	7	7
10万元	5	1	34	6.8	6
10万元	6	1	38	6.3	4
10万元	7	1	38	5.4	0
10万元	8	1	37	4.6	-1

根据表4-2,我们画出投入一种可变生产要素的总产量、平均产量和边际产量曲线图。

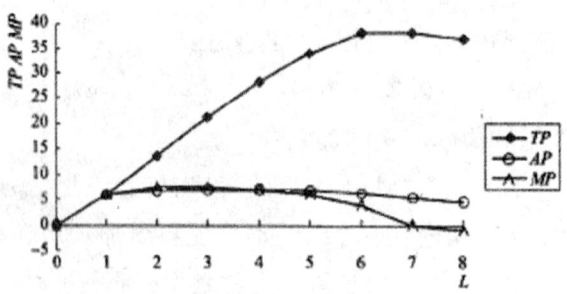

图4-1　总产量、平均产量与边际产量曲线

由图 4-1 可以看出,资本为不变生产要素,劳动为可变生产要素,随着劳动投入量的不断增加,总产量、平均产量和边际产量呈现不同的变化趋势,并且这三个变量之间存在一定的相关性:

(1)**总产量、平均产量和边际产量图形**

在资本量不变的情况下,随着劳动量的增加,最初总产量、平均产量和边际产量都是递增的,但各自增加到一定程度之后就分别递减。即都是先上升而后下降,这反映了边际收益递减规律。

(2)**总产量与边际产量的关系**

当边际产量大于零时,总产量是逐渐递增的;当边际产量等于零时,总产量达到最大值;当边际产量小于零时,总产量开始逐渐递减。原因是边际产量是总产量的一阶导数,所以边际产量的变化与总产量的增减变化是一致的。

(3)**平均产量与边际产量的关系**

边际产量曲线与平均产量曲线相交于平均产量曲线的最高点。在相交前,平均产量是递增的,边际产量大于平均产量($MP > AP$);在相交后,平均产量是递减的,边际产量小于平均产量($MP < AP$);在相交时,平均产量达到最大,边际产量等于平均产量($MP = AP$)。

例如,假设某一短期生产函数的具体形式是:$Q = -0.1L^3 + 6L^2 + 12L$,求:

(1)平均产量最大时,需雇用多少工人?

(2)边际产量最大时,需雇用多少工人?

解:对于生产函数 $Q = -0.1L^3 + 6L^2 + 12L$

(1)平均产量 $AP = -0.1L^2 + 6L + 12$,令 $\frac{d}{dl}APP_L = -0.2L + 6 = 0$

求得 $L = 30$ 即 AP 为极大值时雇佣的劳动人数为 30

(2)边际产量 $MP = -0.3L^2 + 12L + 12$,令 $\frac{d}{dl}APP_L = -0.6L + 12 = 0$

求得 $L = 20$ 即 MP 为极大时雇佣的劳动人数为 20

(二)**边际收益递减规律**

观察小王制鞋工厂的边际产量变动情况可知,在劳动与机器设备达到最优的组合关系之前,增加一单位劳动的使用,边际产量会逐渐增加,总产量和边际产量会随着劳动的增加而增加;而到了劳动与机器设备达到最优的组合关系,即 L = 2 和 3 时,边际产量最大;在此之后,继续增加一单位劳动的使用,边际产量会持续地减少,出现工人效率降低,剩余时间增加的现象,总产量虽然在增加,但是却增加的越来越慢;当 L = 7 时,劳动的边际产量为 0,总产量最大,后面继续增加劳动投入,总产量不仅不会增加反而减少了。人们将生产实践中的这样一个普遍现象进行总结,就得到了生产理论中一个著名的规律——边际收益递减规律,也可以称之为边际产量递减规律或边际报酬递减规律。

边际收益递减规律是指在技术水平和其他要素投入量不变的条件下，连续等量地增加一种生产要素的投入量，当该生产要素投入量小于某一特定值时，增加该要素投入量带来的边际产量是递增的；当这种可变要素投入量连续增加并超过这一特定值时，增加该要素投入所带来的边际产量是递减的。

边际收益递减规律的原因在于：对于任何产品的短期生产来说，可变生产要素和不变生产要素之间都存在一个最佳的数量配置比例。当可变要素投入较少、不变要素投入较多时，增加可变要素的投入可以使要素之间的配置比例趋向合理，从而可以使产量增加。但当要素之间的配置比例达到最佳时，可变要素的边际产量已经达到最大值，之后再继续增加可变要素的投入就逐渐背离了要素配置的最佳比例，从而带来了产量递减的现象。边际收益递减规律解释了边际产量曲线先递增后递减的原因。

在充分理解边际收益递减规律时，需要注意规律成立的**前提条件是技术水平和其他要素投入量不变**。如果前提改变，那就意味着生产函数也需要随之进行调整，就不一定会表现出边际收益递减的现象了。拿上述例子中小王的鞋厂来说，如果从雇用第四个人开始，小王想扩大企业规模，增加了生产设备，每个人的工作量远远还没有饱和，那么边际产量会随着工人的增加而继续增加，而不再像表格中出现 $L=4$ 之后边际产量持续下降直至为负数的现象。

在生产中，边际收益递减的例子很多。例如，给某一块农田施肥，开始，随着肥料的增加，土壤品质得到改善，产量会逐渐提高；但如果不断地施加肥料，以至于超过了农田的需要，就会使农田的产量不仅不会增加，反而会下降。

【阅读材料】马尔萨斯的预言为什么失灵了

马尔萨斯认为，除非能够说服人们少要孩子，否则世界范围内的大饥荒将在所难免。原因如下：根据边际收益递减规律，在土地供给数量和人口增加的条件下，每个额外生产者耕作的土地数量不断减少，他们所能提供的额外产出会下降；这样虽然食物总产出会不断增加，但是新增农民的边际产量会下降，因而社会范围内人均产量也会下降，世界人口增加比例会大于食物供给增加比例。

那为什么看似合理的预言却失灵了呢？根本原因在于技术等因素使得生产函数发生了变化。近现代世界经济史告诉我们，过去200多年间，农业科学技术不断取得革命性突破，与马尔萨斯生活时代情况发生了根本性变化。化肥、机械、电力和其他能源、生物技术等现代技术和要素投入，极大地提高了农业劳动生产率，使农业和食品的增长率显著超过人口增长。

(三) 一种生产要素（劳动）的合理投入区域

生产要素既然存在着边际收益递减规律，那么，追求利润最大化的生产者应如何选择要素投入量来进行生产呢？

为确定一种生产要素的合理投入量，根据总产量、平均产量、边际产量曲线的特点，可将产量的变化划分为三个区域,即平均收益递增阶段、平均收益递减阶段、负边际收益阶段。如图4-2所示。

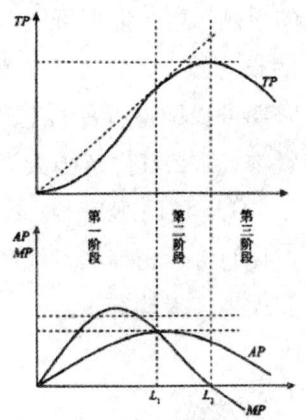

图4-2 一种生产要素的合理投入区域

第Ⅰ阶段从原点到平均产量最高点。生产函数在第Ⅰ阶段,随着劳动要素投入的不断增加,平均产量不断增加,边际产量大于平均产量。在这一阶段,和不变投入(资本)相比,可变投入(劳动)不足,一部分固定生产要素没有被充分利用,因此,相对于变动的生产要素而言,每增加一个单位的可变投入(劳动)都可以提高平均产量,追求利润最大化的生产者不会将生产停留在这一阶段的任何产量上,他必须要增加可变投入(劳动),扩大生产。

虽然对特定的一种生产要素来说,收益最好的是边际产量最大,但对全部投入的生产要素而言,收益最好应是平均产量最大,所以生产要素投入在达到平均产量最高点以前不应停止投入。

第Ⅱ阶段,从平均产量最高点到总产量最大点。在第Ⅱ阶段,平均产量从最高点开始递减,边际产量亦递减但却大于零,因此,增加可变投入(劳动)仍可增加总产量。此外,这一阶段,由于增加可变投入(劳动)使边际产量递减增加,因而边际产量小于平均产量。

第Ⅲ阶段是边际产量为零以后的阶段。在第Ⅲ阶段,劳动的边际产量为负值,总产量也开始递减,这时,每减少一个单位的可变投入(劳动)可以提高总产量。这种情况表明,在这一阶段,相对于不变投入(资本)而言,可变投入(劳动)太多,出现人浮于事,因此,减少可变投入(劳动)将有利可图。当然理性生产者也不会将生产停留在这一阶段的任何产量上,他必然要减少可变投入(劳动),提高生产效率。

从以上分析中可以看出,对于理性的生产者而言,生产函数在第Ⅰ、Ⅲ阶段都是不合理的生产阶段。因为第Ⅰ阶段只要增加生产要素的投入,就可以增加产出,所以生产要素的投入不应停留在这一阶段,而生产函数第Ⅲ阶段则因为随着生产要素投入的增加,产出不仅没有增加,反而减少,所以生产要素的投入也不应达到第Ⅲ阶段。只有生产函数的第Ⅱ阶段,才是生产要素投入的合理阶段,生产要素投入量究竟应该在这一阶段的哪一点,还需要引入生产要素与产品的价格,结合成本与收益进行分析。

三、两种投入要素可变的生产函数(长期生产函数)

在短期生产中,由于不变要素的限制,总产量不可能实现持续增长。如果企业需要更多的产量,就不得不调整不变要素的投入量,此时生产决策就转化为长期生产的问题了。依据长期生产的定义,厂商在这一时期可以调整所有的生产要素。假设厂商在长期生产中只投入了两种生产要素,即劳动和资本,那么其生产函数为:

$$Q = f(L, K)$$

在投入两种生产要素的情况下,我们将运用等产量线和等成本线结合在一起分析生产者如何选择最优的生产组合,从而实现生产者均衡。

(一)等产量曲线

1. 等产量曲线的含义

与消费者无差异曲线类似,在生产中,为了达到一个产品生产的产量,厂商可以采用不同的要素数量组合,这些组合方案的集合就形成了等产量曲线。

等产量曲线表示在技术水平不变的条件下,能够达到同一产量的劳动与资本组合所构成的曲线。在同一条等产量曲线上,任意两点所代表的生产要素的组合虽然其组合比例关系不同,但都能够达到同一产量。表4-3表示了两种可变投入下的生产情况。

表4-3 劳动量、资本量和产量的关系

组合方式	劳动量(L)	资本量(K)	产量(Q)
A	1	8	100
B	3	5	100
C	5	3	100
D	8	1	100

根据上表,绘制出等产量线(见图4-3):

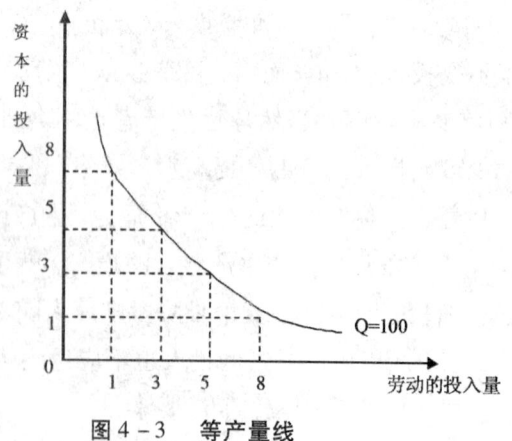

图4-3 等产量线

2. 等产量线的特征

等产量曲线与无差异曲线相类似,有如下几个方面的特征:

(1)等产量线是一条向右下方倾斜、凸向原点的曲线,线上每一点的斜率为负值。这个特征说明:在生产者的成本和生产要素的价格不变的情况下,为了实现同一产量,在增加一种生产要素的投入量的同时,必须减少另一种生产要素的投入量。等产量线凸向原点是由边际技术替代率递减所决定的。

(2)在同一平面图上,可以有无数条等产量线。同一条等产量线代表相同的产量,不同的等产量线代表不同的产量水平。离原点越远的等产量线所代表的产量水平越高,离原点越近的等产量线所代表的产量水平越低。

(3)在同一坐标平面上,任意两条等产量线不能相交。如果同一坐标平面上的两条等产量线相交,这两条等产量线在交点处的产量水平是相同的,这与第二个特征即不同的等产量线代表不同的产量水平是相矛盾的。

3. 边际替代率及其递减规律

边际技术替代率是指在技术水平不变的条件下,增加一单位某种生产要素的投入量时所减少的另一种要素的投入量。劳动-资本的边际技术替代率指的是,在保持产出不变的前提下,多投入一单位劳动,资本的投入可以减少的量。MRTS 的公式表达为:

$$MRTS = -\frac{资本投入的改变量}{劳动投入的改变量} = -\frac{\triangle K}{\triangle L}$$

公式中 $\triangle K$、$\triangle L$ 分别为资本和劳动沿着等产量线的微小改变。边际技术替代率是负值,其原因在于,随着一种生产要素的增加,另一种生产要素必然减少。但是为方便起见,边际技术替代率一般取绝对值。

从图 4-4 中可以看出,边际技术替代率是递减的。在两种生产要素的相互替代的过程中,普遍存在这样一个现象:在维持同一产量的情况下,当一种生产要素的投入量不断增加时,每单位这种要素能够替代的另一种要素的数量是递减的,这就是边际技术替代率递减规律。

该递减规律存在的原因是在一定的生产技术条件下,各要素之间存在一个最佳的配置比例,即各要素的替代是有限的。例如在表 4-3 中,产出固定在 100 时,当劳动由 1 个单位增至 3 个单位,MRTS 等于 1.5。但是,当劳动由 1 个单位增至 5 个单位时,MRTS 的值降至 1.25,最后 MRTS 逐渐降至 1。很明显,当用越来越多的劳动替代资本时,劳动的生产率降低,而资本的生产率相对上升。所以,单位劳动可以替换的资本数量越来越小,等产量线也由此变得越来越平坦。边际技术替代率是等产量线的斜率,边际技术替代率递减规律决定了等产量线是一条向右下方倾斜的、凸向原点的曲线。

等产量线给出了厂商进行生产决策的可行性思路:为得到特定的产出,厂商可以使用不同的投入要素组合。如果劳动力成本提高了,企业就可以采用更先进的技术来替代劳动力,比如增加流水线,用机器代替工人以实现自动化;如果土地非常稀少,则可以用更多的资本来代替土地这种生产要素。总之,大部分的商品和服务都可以采用不同的技术和要素组合来进行生产。所有的企业要作出的关键决策之一就是采用什么要素组合以达到成本最小,利润最大。

【阅读材料】劳动密集型产业并非没有前途

2016 年 1 月 18 日国务院发布的《关于促进加工贸易创新发展的若干意见》,虽然没有提供促进加工贸易创新发展的"真金白银",只是一个指导性意见,但发出了一个很强烈的信号:对纺织服装等劳动密集型产业的地位、作用、前途等,应该有个全新的再认识、再发展过程。

服装是不是传统产业?意大利的服装不仅存在和发展了上百年,而且依然生机勃勃,赚大钱。所以《意见》提出,要稳定传统优势产业。"继续发展纺织服装、鞋类、家具、塑料制品、玩具等传统劳动密集型加工贸易产业,巩固传统优势。支持企业加强技术研发和设备改造,提升产品技术含量和附加值,增强企业核心竞争力。"

美国《福布斯》评论说,过去中国一直是苹果、通用等大型企业选择建厂的最佳目标,但这一态势正在转变。东南亚等劳动力成本更低廉的国家正在成为跨国公司建厂的首选,主要原因是中国的劳动力成本不再像以前那样低廉。自 2010 年以来,中国的制造业成本平均每年上涨约 16%,超过世界上任何一个国家。例如,中国工人每赚 1 美元,泰国工人仅赚 40 美分,印尼则更低,才 8 美分,柬埔寨和越南的劳动力成本也相当低。

但在中国劳动力价格上涨的同时,劳动生产率也在提高。麦肯锡咨询公司表示,2007 年至 2012 年,中国的劳动力生产率年均增长 11%,泰国和印度尼西亚则分别为 7% 和 8%。工人要求的工资越高,生产的效率也越高。

这其实很能说明问题:中国大部分的传统产业正处在承上启下的中间阶段——旧的竞争优势正在逐步丧失,新的竞争优势正在逐步养成。

(二)等成本线(Isocost Curve)

在现实生活中,各种生产要素都是有价的。例如:雇佣工人,需要支付工人的工资;到银行贷款,需要支付银行的利息;办工厂,需要租用土地,需支付地租等等。厂商要想购买这些生产要素,就必须有一定的货币支出,这种货币的支出构成了厂商的生产成本。一个厂商若想追求最大利润,就必须考虑成本。

等成本线又称生产预算线,是指在既定生产成本和生产要素价格的情况下,生产者所能购买到的两种生产要素最大数量组合的轨迹。假定要素市场上劳动的价格即工资率为 w,资本的价格即利息率为 r,生产者的成本为 C,劳动和资本这两种生产要素的购买量为 L 和 K,则成本公式可表示为:$C = w \cdot L + r \cdot K$。

根据以上公式可画出等成本线,见图 4-4。

图中横轴 OL 表示劳动的投入量,纵轴 OK 表示资本的投入量。C/r 表示全部的成本用来购买资本的数量,这时劳动的购买量为零,C/w 表示全部的成本用来购买劳动的数量,这时资本的购买量为零,连结这两点的直线即为等成本线。等成本线上的点表示在生产成本和生产要素价格既定的情况下,购买劳动和资本的各种最大数量的组合。等成本线内区域的任何一点(如 A 点)表示用既定生产成本购买两种要素后还有剩余,说明没有对既有资源充分利用。等成本线外区域的任何一点(如 B 点)表示现有的成本无法购买到的两种要素数量的组合。等成本线的斜率为 $-W/r$,即等产量线的斜率的绝对值为两种生产要素的价格之比。

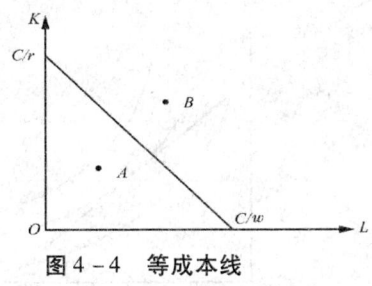

图 4-4　等成本线

(三)最优要素组合

从长期来说,所有生产要素的数量都是可以变动的,理性的生产者会选择生产要素的最优组合来进行生产。所谓生产要素的最优组合是指生产者在既定的成本下实现产量最大化,或者是在既定的产量下实现成本最小化。通过前面的分析我们知道,等产量线是企业为实现一定产量的两种生产要素投入量的组合,企业能够实现的产量又受到生产成本和生产要素价格的限制,即等成本线的限制,因此,我们运用等产量线和等成本线来分析生产要素的最优组合问题。

1. 既定产量下的成本最小化

图 4-5 中,C_1、C_2、C_3 代表三条不同的等成本线,由于产量既定,所以只有一条等产量线 Q,Q 可以和许多等成本线相交或相离,但只能和一条等成本线相切。此图中 Q 和 C_3 相交,和 C_2 相切,和 C_1 相离。从图中可以看出,生产者只能选择等成本线 C_2,原因在于:如果选择 C_1,虽然 C_1 成本较低,但在这个成本下不可能生产出 Q 的产量水平;如果选择 C_3,可以生产出 Q 的产量,但成本比 C_1、C_2 高,不是最优的选择。可见,用成本 C_2 生产既定产量 Q,既是可行的又是最经济的。

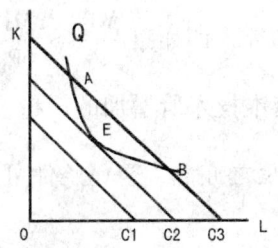

图 4-5　产出一定成本最小的均衡

2. 既定成本下的产量最大化

如图 4-6 所示，Q_1，Q_2，Q_3 代表三条不同的等产量线，由于成本既定，所以只有一条等成本线。假定 CD 代表生产者在一定成本约束下的等成本线，CD 可以和许多等产量线相交或相离，但只能和一条等产量线相切。图中 CD 和 Q_1 相交，和 Q_2 相切，和 Q_3 相离。从图中可以看出，生产者只能选择等产量线 Q_2，其原因在于：在既定成本下，生产者不可能达到 Q_3 的产量，虽然可以达到 Q_1 的产量，但这种生产不能使产量最大，不是最优的选择。因此用既定成本 CD 生产产量 Q_2，既是可能的，又是最经济的。

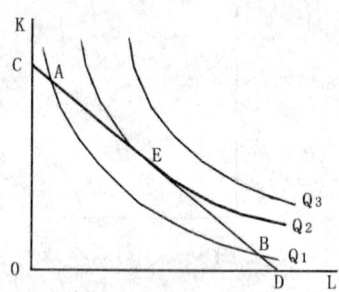

图 4-6 成本一定产量最大的均衡

图 4-5、4-6 中，等产量线与等成本线的切点 E 叫做生产者均衡点，是生产者成本最小或产量最大的组合点。在生产者均衡点上，生产者实现了利润最大化。

要素投入的最优组合是等产量线与等成本线的切点，这就要求等产量线的切线的斜率等于等成本线的斜率。由于等产量线的斜率是两种生产要素的边际技术替代率，等成本线的斜率是两种生产要素的价格之比，因此，生产者均衡的条件可以表示为：

$$MRTS = \frac{P_L}{P_K}$$

由于生产要素的边际替代率还等于生产要素的边际产量之比，因此，生产者均衡的条件也可以表示为：

$$\frac{MP_L}{MP_K} = \frac{P_L}{P_K} \text{ 或 } \frac{MP_L}{P_L} = \frac{MP_K}{P_K}$$

这便是生产者均衡或者说投入最优组合的条件。如果用文字来表达，生产者均衡的条件是：投入要素的边际产量之比，等于他们的价格之比。或者说，厂商购买投入要素的每一单位货币所带来的边际产量都相等。即如果 $\frac{MP_L}{P_L} > \frac{MP_K}{P_K}$，则每增加 1 美元的劳动投入所增加的产量要大于每增加 1 美元资本投入所增加的产量，生产者就会趋于用更多的劳动来代替资本，直至 $\frac{MP_L}{P_L} = \frac{MP_K}{P_K}$ 为止，反之亦然，这一条件可以推广到采用多种生产要素进行生产的场合。

(四)生产的规模报酬

依据长期生产理论的分析结论,在一个确定的投入规模下,可以通过等产量曲线的分析,找到最优的要素组合,此时得到的产量在该规模下是最大化的产量。那么,是否可以认为,当厂商同比例增加所有生产要素时,所获得的产量也会同比例地发生变动吗?经济学家们把规模作为研究对象,分析了规模本身的经济效应,这就是生产的规模报酬问题。

所谓生产的规模报酬(Returns to scale),是指在其他条件不变的情况下,企业内部各种生产要素按相同比例变化时所带来的产量变化。

由于企业只有在长期才可以调整所有生产要素,而规模报酬分析的是企业生产规模变化所引起的产量变化之间的关系,因此企业的规模报酬分析属于长期生产的问题。

在长期分析中,当企业同比例提高所有生产要素的使用量时,由于规模本身对产出的影响,会出现以下三种基本的规模报酬效应。

1. 生产的规模报酬递增

生产的规模报酬递增是指当同比例增加所有生产要素的投入量时,产量增加的比例大于要素增加的比例。如两种生产要素 L 和 K 达到最优组合状态时,产量为 100,当厂商提高了一倍的 L 和 K 的投入时,产量增加到了 230,产量提高的幅度大于生产要素提高的幅度。

那么是什么因素导致了这种情况的出现呢?经济学家通过观察分析得知,导致生产的规模报酬递增是由于内在经济和外在经济这两种经济效应产生的。

(1) 内在经济

内在经济是指一个厂商在扩大生产规模之时,由自身的内部因素所引起的产量增加、效益提高的现象。与此同时,这种效益的提高也导致了生产的平均成本降低。内在经济的效应可以通过以下几个方面的作用进行解释:

A. 生产要素的不可分性。不可分性意味着某些生产要素只有在一定的限度和范围内才能发挥最大的生产能力,生产规模较大的生产者比之小规模的生产者能更有效地利用这些生产要素。例如更多的资本可以使厂商购买和使用更加先进的机器设备,使之发挥比简单增加机器设备更好的生产效率。

B. 劳动分工使生产的专业化程度提高。提高劳动的使用量后,可以使劳动的分工更加细致,因此,每一位员工在专业化程度上也可以更高,所带来的整体的产出增加效果当然更好。

C. 管理效果的提升。规模扩大后,厂商可以组织更加有效的组织机构,以及形成更加专业化的管理系统,从而增强企业内部资源配置的效率,带来产出更加明显的提高。

D. 对副产品能够进行综合利用。小规模生产过程中产生的某些"废物",在规模较大时,就可以集中起来,变废为宝,为企业提高经济效益。

E. 规模厂商的竞价能力增强。厂商活动的大规模化会给它带来筹措资金、购买原料和半成品、销售等方面的好处。例如原材料等采购量加大,可以降低平均采购成本,销售方面也能够使企业更加有效地利用渠道资源。

（2）外在经济

外在经济在规模效应中的作用主要表现在由于行业规模扩大而为单个厂商带来的产量与收益的增加。如当某一地区形成了一个产业集群后，在本地区就可以为其中的每一个企业在人才、原料、技术等方面提供更加便利的条件，也能够在政策上得到更有效的支持。

2. 生产的规模报酬不变

当厂商同比例增加所有生产要素时，产量也会以同样的比例增加，这称之为生产的规模报酬不变。如各种生产要素的投入提高了一倍，与此同时，产量也提高了一倍。这种情况意味着规模本身没有产生正向的影响，也没有产生负向的影响，提高了生产规模，产品的平均成本状况没有发生变化。一般来说，现实经济中这种情况相对较少。

3. 生产的规模报酬递减

当厂商同比例增加所有生产要素时，产量提高的比例小于要素投入提高的比例，就称为生产的规模报酬递减。如厂商提高了一倍的生产要素投入，但产量没有达到原来的两倍。与规模报酬递增方面的原因相反，生产的规模报酬递减是由于内在不经济和外在不经济因素造成的。

（1）内在不经济

内在不经济是指由于企业生产规模过大而引起的内部管理无效率，从而引起产量减少的经济效应。如由于规模过大，导致企业内部的相关计划在制订和实施上层次增多、程序烦琐，从而影响了整体的效益；企业规模扩大后，所需要的内部合作更加密切，其难度也将更大，经营过程中的错误和漏洞也将更多；另外，如果有些生产要素在市场供给方面稀缺性进一步增加，由于地理位置、原材料供应、劳动力市场等多种因素的限制，可能会使厂商在生产中需要的要素投入不能得到满足，从而导致要素价格的大幅提高，从而削弱企业的经济效益。

（2）外在不经济

外在不经济是指整个行业生产规模的扩大给单个企业带来的产量与收益的损失。如行业的规模扩大会使得行业内部竞争加剧，单个厂商在市场的争夺方面必然要耗费更多的精力和成本，与此同时，如果行业的发展超出了自然环境的承载能力，也会极大地受到自然条件的限制，从而影响经济效益的提高。

4. 企业的适度规模

总的来说，一个企业的生产规模不能过小，也不能过大，即要实现适度规模，也就是在长期内劳动和资本两种要素的增加应该适度。生产规模的扩大应该努力使规模报酬递增，当达到最大的状态时就不再增加生产要素，并使这一生产规模维持下去。对于不同行业的企业来说，适度规模的大小是不同的，并没有一个统一的标准。在确定适度规模时应该考虑到的因素主要有：

第一，从行业的技术特点看，投资量大、所用的设备复杂先进的行业，适度规模也就大。例如冶金、机械、汽车制造、造船、化工等重工业厂商，生产规模越大经济效益越高。相反，需要投资少、所用的设备比较简单的行业，适度规模也小。例如服装、服务这类行业，生产规模小能更加灵活地适应市场需求的变动，对生产更有利，所以适度规模也更小。

第二，从市场条件看，市场需求量大、产品标准化程度高的企业，适度规模应该大些，这也是重工业行业适度规模大的原因。相反，市场需求小、产品标准化程度低的适度规模也应该小。所以，服装行业的适度规模就要小一些。

第三，其他因素。在确定适度规模时要考虑的因素还有很多。例如，在确定某一采矿企业的规模时，还要考虑矿藏量的大小。其他诸如交通条件、能源供给、原料供给、政府政策等，都是在确定适度规模时必须考虑到的。而且，各国各地由于经济发展水平、资源、市场等条件的差异，即使同一行业，规模经济的大小也并不完全相同。一些重要行业，国际有通行的规模经济标准。例如，钢铁为年产600万吨钢，彩色显像管为年产量200万套，电冰箱厂双班能力为年产50万台-80万台，虽然我国不一定套用这些标准，但我国不少行业远远没有达到规模经济的程度。

应该注意的是，随着技术进步，规模经济的标准也在变化。例如，在20世纪50年代，汽车制造的规模经济为年产30万辆，但到2007年这一规模经济已达年产200万辆。重工业行业中普遍存在这种规模经济标准不断扩大的趋势，这是因为这些行业的设备日益大型化、复杂化和自动化，投资越来越多，只有在产量达到相当大数量时，才能实现规模经济。

此外，规模经济也并不一定都采取集中的方式，在生产连续性强的行业中，集中是扩大规模的主要途径。但在商业中，实现规模经济并不是要盖越来越大的商场，而是进行连锁经营。连锁经营是由一个配送中心对一个城市、一个地区，甚至一个国家的众多连锁商店进行统一管理、储运和调配，从而节约流通成本，提高效益。所以，连锁经营是商业规模经营的主要形式，这也正是二战后连锁经营发展迅速，成为主要商业经营形式的原因。

【阅读材料】日本最大外卖品牌：如何将规模经济和经验经济做到极致

在日本有这样一家快餐企业，它平均每天提供的快餐数量达7万份！7万份多么惊人的数字。看到这里您可能会质疑，国内的外卖平台、美团外卖、饿了么等外卖日均订单量远远超过7万了，可是如果我告诉你，这家企业并不是一家互联网公司，而且他们家的外卖是全自营的，而且公司已经创立50年了，只有700人的团队一年的销售额可以达到90亿日元。你一定会惊讶，这家公司是怎么做到的？

玉子屋是一家面向事业单位销售便当的公司，成立于1965年，致力于满足商务人士"希望午饭更便宜、更好吃、更健康"的需求。他之所以能够获得竞争力，并驰骋外卖界50载最关键的是它把商业规律规模经济和经验经济恰到好处的运用到了一盒盒小小的便当中。

规模经济

1. 每天只有一种便当

玉子屋坚持每天只为顾客送去一种便当，便当统一价格为430日元，这在市场中足够便宜，而且只要一通电话或者网络预订，玉子屋就可以将便当送到顾客手上。虽然，我们国内有很多做单品餐饮外卖的，但他们都有很多搭配品类。而只做一种外卖便当却是中外都极为少见的。

这样做的好处是：因为每天的菜单只有一种，因此可以批量购买同样的材料，在与供货商交涉时就可以成功实现低廉的价格；而且由于每天菜单只有一种，所以它的废弃率只有0.1%，远远低于业界平均2%的数量。

玉子屋是凭借改变商业结构实现物美价廉的战略与对手竞争，而绝对不会消减食材的品质和员工的收入，追求规模经济使工厂容易实现机械化生产，这是其制胜的关键。

2. 回收便当盒

国内的白领都有这样的经验，盛外卖的盒子越来越花哨美观，有些完全可以重复利用，却被白白丢进了垃圾桶，玉子屋也考虑到了这一点。由于订单量大，玉子屋每天都会在用户用完餐后派人过来统一回收便当盒，并返还给用户一定的补贴。回收后的餐盒会通过自动消毒机进行统一清洗消毒。这样做的目的之一就是节约成本，还有一个目的我们在下一部分经验经济中揭开分晓。

经验经济

1. 回收便当盒获取用户信息

回收便当盒还有一个重要作用就是反馈。送货员返回送货地址取餐盒的同时一定会打开餐盒确认吃剩的情况，记录哪些菜剩了多少，将当天信息反馈给公司。这些信息不仅可以用于制作菜单还可以预估次日的订单量。这就离不开公司的经验预估能力。

不仅如此，在这个环节中，送餐员其实还扮演了客服的工作，他可以听到顾客的赞赏声，当然还有不满和抱怨。送餐员十分注重听取顾客的意见，不是少数人的意见，而是大多数顾客的意见，并参照饭盒的剩饭情况进行总结。

尽管今天我们国内的创业者都谈如何利用大数据分析客户，但是通过回收便当获取信息以及与顾客一对一搜集其对便当的意见，最后弄清楚顾客爱吃什么不爱吃什么的情况，在国内还是绝无仅有的。

2. 惊人的配送

玉子屋实现惊人的废弃率离不开其独特的配送方式。通过长年累月的预估，玉子屋研究出独特的配送方式，不同于传统的按负责区域分散送货车的方式。玉子屋采用分组送货的配送方法：如负责离工厂较远区域的送货车装上比预估订单略多的便当先发车，在完成配送后和后发组取得联系，再对便当不足的区域进行补足，凭借现场送货员的优秀合作，将废弃率控制在最低限度。

商业模式的系统性

我们从玉子屋上可以看到其在规模效应和经验效应之下的商业模式的系统性。玉子屋不是将各部分单独运行,而是将各个部分和环节有机组合,实现出色的协作。

餐饮是一个复杂的行业,从原料采购、收货、库存到分发等环节都是必不可少的。很多公司在销售时会考虑最适宜的销售方法、配送时也会考虑配送的方式等,而玉子屋却没有把这些环节分开思考,它是用整体协作的方式制造了一个商务系统,每一个环节都影响下一个环节。例如根据前一天的反馈数据,预估原料采集和便当数量,再利用配送员组合调用大量食材,以节约物流成本,回收便当盒获得反馈减少浪费等,系统化的经营方式正是玉子屋可以长盛不衰的根本。

如何根植于规模经济和经验经济的基础上建立品牌的系统化运营,不仅是众多餐饮企业需要思考的问题,还是很多创业者有必要思考和研究的课题。建立系统化并不容易,但这是企业未来发展过程中必然会遇到的课题。

任务二　成本

【导入案例】10大领域50条政策措施 降低实体经济企业生产经营成本

为降低实体经济企业生产经营成本,河南省政府办公厅发布《河南省推进供给侧结构性改革降成本专项行动方案》。这个行动方案制订了十大领域50条具体政策,预计今年可为企业减少成本支出830亿元。

《方案》提出,要把降成本作为推进供给侧结构性改革的重要内容,重点降低税负、用电、融资、社会保险、资源使用、行政费用、物流费用、企业通关、中介费用、检验检测等十大领域成本,着力降低实体经济企业生产经营成本,助推产业转型升级,增强经济持续稳定增长动力。

《方案》提出,力争经过1~2年努力,降成本工作取得初步成效,3年左右使实体经济企业生产经营成本明显下降,企业税费负担合理减轻,融资成本降到全国平均水平,资源能源使用成本进一步下降,物流成本较大幅度降低。

企业成本包括哪些内容,降低成本对企业到底有哪些实质性作用,本节将逐一进行分析。

一、成本的含义及分类

(一)成本的含义

成本是指厂商在生产活动中所使用的各种生产要素的价格。生产要素包括劳动、土地、资本和企业家才能,所以成本包括工资、地租、利息和企业家才能的报酬。除此之外,企业在生产经营过程中还会发生其他费用,例如采购原材料、办公费用等。企业要实现利润最大化,就必须全面考虑如何衡量总成本和总收益。

(二)成本的分类

1. 会计成本、机会成本和经济成本

(1) 会计成本(Accounting Cost)

会计成本是指厂商在生产经营过程中通过从要素市场购买生产要素所实际发生的一切成本,包括工资、利息、租金、原材料费用、折旧等。由于这些成本会如实地反映在厂商的会计账目中,因此被称为会计成本。

(2) 机会成本(opportunity Cost)

机会成本是经济学中非常重要的一个概念,是指厂商使用一定的要素或资源用于某一用途时,所放弃的这些要素在其他用途上可能获取的最大的收益。

在厂商为进行生产而投入的生产要素中,如果这种要素是从要素市场上购买的,其机会成本即为要素的市场价格,会反映在会计账目中。而如果厂商投入的要素属于自有的生产要素,则需要考虑机会成本。因为如果不考虑,这些自有要素的回报由于没有进行实际的市场交易,不能够反映在会计账目中,那么就不能真实反映作为所有生产要素的回报的产品成本。

假如小张有100万元用作投资,目前可供选择的投资项目有A、B、C三个,其中A项目的预期利润为10万元。B项目的预期利润为20万元,C项目的预期利润为30万元。此时,如果小张选择了投资A项目,也就意味着他放弃了B、C项目的投资,而在放弃的这两个项目中,可能为其带来最大收益的是项目C的30万元。因此,小张投资A项目的机会成本是30万元。因此,从机会成本角度进行判断,要素、资源应该用在机会成本最小的用途上。

【阅读材料】机会成本

2010年东部决赛被绿军击败后,詹姆斯成为自由人。他既可以选择留在骑士队,也可以选择加盟热火队。选择留在骑士队的话,他可能获得一份为期六年的合同,这份合同的总价约为1.25亿美元。如果选择热火队的话,他将得到一份同样是6年但价值1.1亿美元的合同。最终詹姆斯选择了热火队,所以他的机会成本是1.25亿美元。作为篮球巨星,詹姆斯选择的代价是相当高的。

下面我们来看看大学生的机会成本。小明国庆长假期间准备做兼职,现在他有三个选择:发传单每天70元,推销员每天80元,当家教每天100元。如果小明选择发传单或者做推销员,他的机会成本都是100元。如果他选择当家教,他的机会成本是80元。

相比詹姆斯,我们大学生的机会成本要小很多。所以大学生要敢于尝试,利用我们机会成本小的优势去拥有更多的锻炼。

(3) 经济成本(Economic Cost)

经济成本是经济学中对于成本的定义,反映了厂商在生产过程中投入的所有生产要素的正常回报。由于厂商从市场上购买的生产要素的机会成本即为要素的价格,考虑到

厂商也会投入具有机会成本的自有生产要素，经济成本也可以看成是所有要素的机会成本的总和。一般来说，经济学中所指的成本如果没有特别说明即为经济成本。

小李在自家厂房雇用了5位工人生产纸盒，每位工人一天的工资为100元，一天的纸盒原材料成本消耗是200元，小李自己做管理工作，如果小李不生产纸盒而把厂房租出去可以得到每天50元的租金，小李自己为别人打工每天可以得到100元的工资。核算小李的成本，其中5位工人的工资500元和纸盒原材料成本的200元是实际发生的，会反映在小李的会计账目中，称为会计成本。除此之外，小李和他所拥有的厂房的机会成本共150元没有实际发生，不会反映在会计账目中。但对小李的项目进行经济分析时，这些实际发生的成本与自有要素的机会成本都需要考虑在内，共850元。这850元即为小李在该项目上一天的经济成本。

2. 显性成本与隐形成本

(1) **显性成本**(Explicit Cost)

显性成本是指厂商从事一项生产经营活动时为使用各种生产要素而实际支付的费用，如工资、利息、租金、原材料等，这些费用可以从厂商的会计账目中直接显示出来，能够被厂商很清晰地意识到发生过，因此称为显性成本。显性成本在数量上与会计成本是等同的，是企业成本的重要组成部分。

(2) **隐形成本**(Implicit Cost)

隐形成本是指厂商自有生产要素参与了生产经营活动时应该支付的但却没有实际支付的要素使用费用。隐形成本实际上是一种厂商自有生产要素或资源的机会成本。由于这部分的成本没有实际发生在交易中，也就没有办法反映在厂商的账目中，有时甚至连厂商自己都意识不到这些成本的存在，因此被称为隐形成本。

综合以上，会计成本是显性成本，它可以用货币计量。机会成本属于隐性成本，不能直接从账面上反映出来，难以精确计量。经济成本是显性成本与隐性成本二者之和。经济成本是一个比会计成本含义更广泛、内容更丰富的概念。可以毫不夸张地说，经济成本几乎涉及了企业所有的经营内容和领域。

二、短期成本分析

短期成本分析是分析厂商在短期生产过程中产量与各项成本之间的关系。在短期内，由于生产要素不能全部根据生产规模变动进行调整，因此产品成本变动特点是一部分成本可变、一部分成本相对不变。在短期成本分析中，主要研究由于产量变动所引起的总成本、平均成本和可变成本的变动规律，以及由此决定的企业生产经营规模的确定等问题。

(一) 短期成本的构成

在进行经济分析时，涉及短期生产的各项成本如图4-7所示。

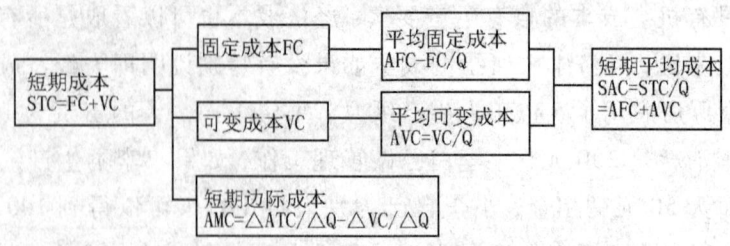

图4-7 短期生产成本

1. 短期总成本、固定成本、可变成本

短期总成本、可变成本、固定成本和边际成本之间的关系可以用下表(表4-4)表示。

表4-4　　　　　　成本的各种衡量：张三的炸鸡店(单位：元)

产量Q	短期总成本STC	固定成本FC	可变成本VC	平均总成本AC	平均固定成本AFC	平均可变成本AVC	边际成本SMC
0	2	2	0	—	—	—	—
1	3	2	1	3	2	1	1
2	3.8	2	1.8	1.9	1	0.9	0.8
3	4.4	2	2.4	1.47	0.67	0.8	0.6
4	4.8	2	2.8	1.2	0.5	0.7	0.4
5	5.2	2	3.2	1.04	0.4	0.64	0.4
6	5.8	2	3.8	0.96	0.33	0.63	0.6
7	6.6	2	4.6	0.95	0.29	0.66	0.8
8	7.6	2	5.6	0.95	0.25	0.7	1
9	8.8	2	6.8	0.98	0.22	0.76	1.2
10	10.2	2	8.2	1.02	0.2	0.82	1.4
11	11.8	2	9.8	1.07	0.18	0.89	1.6
12	13.6	2	11.6	1.14	0.17	0.97	1.8
13	15.6	2	13.6	1.2	0.15	1.05	2
14	17.8	2	15.8	1.27	0.14	1.13	2.2

(1)短期总成本(Short-run Total Cost, STC)是指厂商短期内为生产一定量的产品而支付的所有要素的费用，它随产量的上升而上升。在短期内，总成本等于固定成本加可变成本。在长期中，因为厂商有足够时间进行调整，因此总成本就是可变成本，没有固定成本。

$$STC = FC + VC$$

(2)固定成本(Fixed Cost, FC)，是指不随产量的变动而变动的成本。固定成本是一个常量，即使企业停产，也必须支付。例如：借入资金的利息，租用厂房或设备的租金，固定资产的折旧费等。

值得注意的是,凡是提及固定成本的生产一律属于短期生产的范畴,因为在长期内厂商可以根据产量的要求调整全部的生产要素投入量,甚至进入或退出行业。所以在长期内,厂商所有的成本都是可变的,不存在固定成本。

(3)可变成本(Variable Cost,VC)是指随着产出水平变化而变动的开支。例如:原材料、工资和燃料等。可变成本的概念也只有在短期生产中出现,因为在长期生产中,由于所有要素的成本都是可变的,因此也就没有必要区分固定成本和可变成本了。

由表4-4可作出总成本、固定成本和可变成本曲线图。

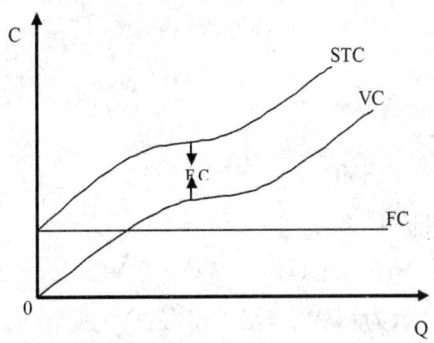

图4-8 总成本、固定成本和可变成本曲线

在图中,固定成本(FC)曲线是与横轴平行的一条直线,这是因为在短期固定成本不会随产量的变动而变化。可变成本(VC)曲线是一条从原点出发且向右上方倾斜的曲线,表示随产量的增加而增加,但先以递减的速率增加,后以递增的速率增加。短期总成本(STC)曲线是产量为零时,固定成本的高度,它随产量变动向右上方倾斜,与VC的形状相同,总成本曲线先以递减速度增加,后以递增速度增加,与VC曲线之间的距离是FC。

依据总产量曲线在边际收益递减规律作用下变动的特点,我们可以描述可变成本(VC)曲线在产量由小到大变动的过程中的特点如下:

在产量为零时,不需要投入任何可变要素,也不形成任何可变成本,因此,可变成本为零。在增加要素投入的第一个阶段,边际产量递增,并达到最大值,相对应的可变成本以递减的速度递增;在增加要素投入的第二阶段,边际产量达到最大之后开始递减,总产量以递减的速度递增,对应的可变成本则以递增的速度增加;在增加要素投入的第三阶段,边际产量小于等于零,总产量随着要素增加而减少,这一阶段不是理性厂商的要素合理投入区域,因此在可变成本函数中不予考虑。综上所述,可变成本随着产量的逐渐增加,会首先以递减的速度增加,然后再以递增的速度增加。

2. 短期平均成本和边际成本

(1)短期平均成本(Short-run Average Cost,SAC)是指厂商在短期生产中平均到每一个产品上所需要投入的要素的费用。由于短期成本可分为固定成本和可变成本,因此,短期平均成本也可以分为平均固定成本和平均可变成本。用公式表示为：
$$SAC = STC/Q = AFC + AVC$$

(2) 平均固定成本(Average Fixed Cost, AFC)指厂商在短期生产中投入的不变要素平均在每一个产品上的费用。可表示为：
$$AFC = FC/Q$$

(3) 平均可变成本(Average Variable Cost, AVC)指厂商在短期生产中投入的可变要素平均在每一个产品上的费用。可表示为：
$$AVC = VC/Q$$

上述三个平均成本之间的关系可用数学关系表示为：
$$SAC = AFC + AVC$$

(4) 短期边际成本(Short-run Marginal Cost, SMC)表示厂商增加一单位产量所需要增加的总成本量。用公式表示为：
$$SMC = \triangle STC/\triangle Q$$

又因为固定成本 FC 在短期是不变的，即 $\triangle FC = 0$，因此
$$\triangle STC = \triangle FC + \triangle VC = \triangle VC，$$

所以，短期边际成本又可表示为：$SMC = \triangle VC / \triangle Q$

由上面的公式，我们发现边际成本仅取决于可变成本，因为所增加的成本只是可变成本，固定成本没有增加。

(二) 短期成本曲线的特征

短期成本曲线之间的关系如图 4-9 所示：

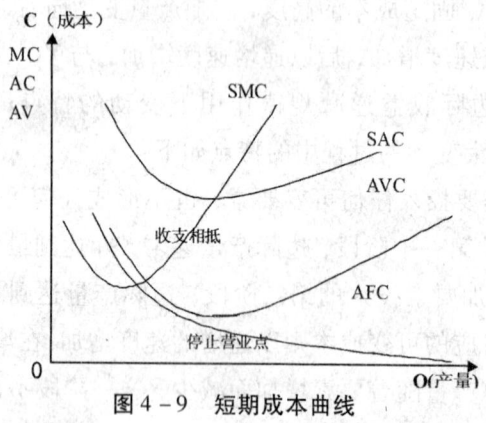

图 4-9 短期成本曲线

1. 平均固定成本(AFC)的特点

平均固定成本 $AFC = FC/Q$，由于在短期生产中 FC 是一个固定不变的值，因此当 Q 趋近于零时，AFC 无穷大，当 Q 由小逐渐增大的过程中，AFC 会持续地减小。如图 4-9 所示。

2. SMC 与 SAC、AVC 三条曲线呈 U 形状

SMC 与 SAC、AVC 三条曲线呈 U 形状,如图所示。这一特征是由边际产量递减、边际成本递增规律确定的:

(1) U 型边际成本(SMC)

边际成本随着产量的增加起初减少,当产量增加到一定程度时,边际成本随着产量的增加而增加。反映在图形上,就是一条 U 型曲线。当张三开始生产时,工人少设备多,设备没有充分利用。此时每增加一个工人的边际产量变大,增加一块炸鸡的边际成本逐渐变小;等设备被充分利用时,边际成本最小;继续增加工人,设备逐渐不够使用,此时能够带来的边际产量变小,炸鸡的边际成本越来越大。综上所述,在短期内随着可变投入的增加,边际成本先递减后递增,成 U 型状。

(2) U 型平均可变成本(AVC)

AVC 受到边际收益递减规律的影响,随着产量的增加起初减少,当产量增加到一定程度时,AVC 随着产量的增加而增加。反映在图形上,就是一条 U 型曲线。

最初开始生产时,生产要素的效率不高,逐渐得到发挥,所以 AVC 由高到低减少;随着产量增加到一定程度,AVC 由于边际收益递减规律而增加,因此图形成 U 型。

(3) U 型平均总成本(SAC)

因为 SAC 是 AVC 与 AFC 之和,所以受到这两个曲线变动的影响,是两个曲线变动的叠加。由前面分析可知,AVC 呈 U 型,AFC 无线接近横坐标,因此 SAC 也呈 U 型。起初 SAC 随着产量增加而下降,当产量增加到一定程度,SAC 由于 AVC 的大幅上升开始增加。

3. SMC 与 SAC、AVC 三条曲线之间的关系

(1) 短期平均成本(SAC)与平均可变成本(AVC)的关系

SAC 曲线始终位于 AVC 曲线的上方,是一条 U 型曲线,SAC 曲线的最低点高于 AVC 曲线的最低点,SAC 大于 AVC 的部分就是 AFC。SAC 的最低点在 AVC 最低点的右方。原因分析如下:

短期平均成本 SAC = AVC + AFC,因此,SAC 曲线的特点是由 AVC 与 AFC 曲线的特点决定的。当 AVC 随着产量增加的过程中减小时,AFC 也减小,因此短期平均成本 AVC 也会随着产量的增加首先减小;当 AVC 开始增加时,AFC 仍然在减小,在最初的阶段,AVC 增加的幅度被 AFC 减小的幅度抵消,导致 SAC 仍在减小;当 AVC 继续增加时,总有一点表现为 AVC 增加的幅度与 AFC 降低的幅度完全抵消,此时,SAC 达到最低点;当 Q 再继续增加时,AFC 降低的幅度无法抵消 AVC 增加的幅度,因此导致 SAC 随着 Q 的增加而增加。

(2) 短期边际成本(SMC)和短期平均成本(SAC)之间的关系

U 型的 SAC 曲线和 SMC 曲线相交于 SAC 曲线的最低点。相交前 SMC 小于 SAC,因为 SMC 曲线位于 SAC 曲线的下方,即每一单位增加的边际成本会拉低平均成本,所以 SAC 曲线必然会下降;相交后 SMC 大于 SAC,SMC 曲线位于 SAC 曲线的上方,即每增加一单位的成本会拉升平均成本,所以 SAC 曲线必然会上升;在交点 SMC 等于 SAC,当 SAC 等于

SMC 时，SAC 曲线既不上升，也不下降；不管是上升还是下降，SMC 的变动均快于 SAC 的变动，原因是 SMC 代表的是最后一单位的变化，而 SAC 是被所有产量平均后的结果，所以很明显 SMC 的变动均快于 SAC 的变动。

如果厂商销售商品的单价或平均收益等于 SMC 和 SAC 相交点，那么这个最低平均成本点便称为收支相抵点（也叫盈亏平衡点）。因为这一点正好平均收益等于平均成本，即 AR = AC，超过这点继续增加产量，AR < AC，将导致亏损。

(3) 短期边际成本（SMC）和平均可变成本（AVC）之间的关系

U 型的 AVC 曲线和 SMC 曲线相交于 AVC 曲线的最低点。同以上的分析，相交前 SMC 小于 AVC，AVC 下降，相交后 SMC 大于 AVC，AVC 上升。在交点 MC 等于 AVC，AVC 处于最低点。且不管是上升还是下降，SMC 的变动均快于 AVC 的变动。

如果厂商销售商品的单价或平均收益等于 MC 和 AVC 相交点，那么 AVC 最低点通常可称为停止营业点，因为这一点正好平均收益等于平均可变成本，即 AR = AVC，超过这点继续增加产量，AR < AVC，不仅收不回固定投入，连可变投入也不能完全收回，所以产量不能超过这点，被称为停止营业点。

【阅读材料】淡季营销

当你走进一家餐馆吃午饭，发现你是唯一的一个顾客。为什么餐馆还要继续营业呢？答案是，在作出是否经营的决策时，餐馆老板要注意固定和可变成本的区分。

饭店业通常说来固定成本相当大，占总成本的 80% 左右，包括楼房与设备的折旧与维修、所用资金的利息、管理人员的工资等等。可变成本仅占 20% 左右，是经营时消耗的物品、电力、水以及服务员的工资。所以在淡季时，饭店可以在价格相当低，即只要能弥补平均可变成本时仍然营业。这是许多门可罗雀的饭店、游乐场，仍正常营业的原因，也是许多民航在上座率不高时仍正常飞行的原因。在这些行业中，当需求不旺时，往往用降价或打折等方法来吸引消费者。

平均可变成本的概念也告诉了我们降价的下限是多少，这就是短期中的价格下限是平均可变成本。在正常情况下，无论是进行价格战，或在淡季以折扣吸引消费者，价格不能低于平均可变成本。因为如果低于这一水平，连可变成本都收不回来，企业就无法经营下去。短期中，即使价格低于平均成本，企业也仍要正常经营，听起来有点不合常理，但你了解了短期中固定成本与可变成本的区分，并了解了固定成本的无法收回性之后，这种决策就合情合理了。

三、长期成本分析

在短期生产中，厂商有时为了获得合适的产量，不得不承受更高的平均成本。而在长期生产中，厂商就可以调整全部生产要素的投入量，使得每一个规模下的产量都能达到可能的最小成本。对厂商的长期成本的分析包括长期总成本（LTC）、长期平均成本（LAC）和长期边际成本(LMC)。

(一)长期总成本

长期总成本((Long-run Total Cost, LTC)是指厂商在长期中,在各种产量水平上,通过改变生产规模所能达到的最低总成本。

在长期生产中,厂商可以通过调整生产规模来达到一定产量下的最低成本。当产量为零时,厂商根本不需要投入任何的要素,因此成本为零。随着产量的增加,厂商需要投入越来越多的生产要素,因此长期的总成本也随之增加。当产量逐渐增加时,意味着厂商提高生产规模,因此,长期总成本曲线可以看成是由无数条不同规模下的短期总成本曲线在每一个产量下的最低点组成的,也可以看成长期总成本曲线是无数个短期总成本曲线在下方的包络线。

LTC曲线是从原点出发向右上方倾斜的。当产量为零时,长期总成本为零,随着产量的增加,长期总成本是增加的。LTC曲线的斜率先以递增速度增加,进而以递减速度增加,经拐点之后,又变为以递增的速度增加。

它的形状主要是由规模经济因素决定的。在开始生产时,要投入大量生产要素,当产量少时,这些生产要素无法得到充分利用,因此,LTC曲线很陡。随着产量的增加,生产要素开始得到充分利用,这时成本增加的比率小于产量增加的比率,表现为规模报酬递增。最后,由于规模报酬递减,成本的增加比率又大于产量增加的比率,曲线继续陡直上升。

如下图所示:

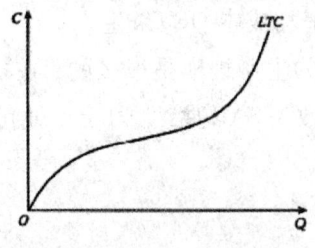

图4-10 长期总成本

在长期生产中,由于所有的生产要素都可以调整,因此,可以把这些生产要素看成是一种可变要素。此时,长期总成本曲线的特点就和短期中可变成本曲线相类似。所不同的是,可变成本曲线的特点是由边际收益递减规律决定的。在长期,由于所有要素都是可变的,因此,不存在边际收益递减规律的作用,而是由规模本身对产量产生影响。

(二)长期平均成本

长期平均成本(Long-run Average Cost, LAC)是指长期中平均每单位产品所耗费的生产要素费用。长期平均成本等于长期总成本除以产量,即 $LAC = LTC/Q$。

长期平均成本(LAC)可以根据短期平均成本曲线求得。在图4-11中有三条短期平均

成本曲线 SAC_1、SAC_2 和 SAC_3，它们各自代表了三个不同的生产规模。在长期内，厂商根据产量要求，选择最优的生产规模进行生产。假定厂商生产 Q_1 的产量，则厂商会选择 SAC_1 曲线所代表的生产规模，以 OC_1 的平均成本进行生产。对于产量 Q_1 而言，平均成本 OC_1 是低于其他任何规模下的平均成本的。假定厂商生产的产量为 Q_2，则厂商会选择 SAC_2 曲线所代表生产规模进行生产，相应的最小生产成本为 OC_2，如果选择生产规模 SAC_1，则平均成本为 OC_1，明显高于 OC_2。假定厂商生产的产量为 Q_3，则厂商会选择 SAC_3 曲线所代表的生产规模进行生产，相应的最小平均成本为 OC_3。

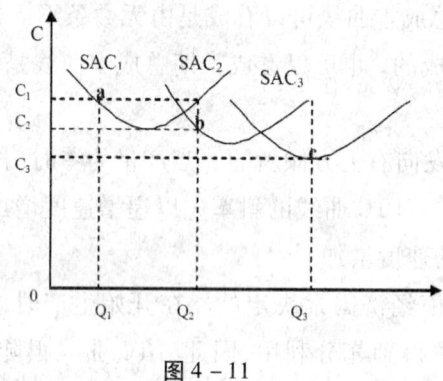

图 4-11

在长期中，厂商总是可以在每一产量上找到相应的成本较低的最优生产规模进行生产。在短期内，厂商做不到这一点。假定厂商现有生产规模为 SAC_1 曲线所代表，需要生产的产量为 OQ_2，那么，厂商在短期内只能以 SAC_1 曲线上的 OC_1 的平均成本来生产，而不可能是 SAC_2 曲线上以较低的平均成本 OC_2 来生产。

由于长期内可供厂商选择的生产规模是很多的，在理论的分析中，可以假定生产规模可以无限细分，从而可以有无数条 SAC 曲线，于是，便可得到长期平均成本 LAC 曲线。如下图：

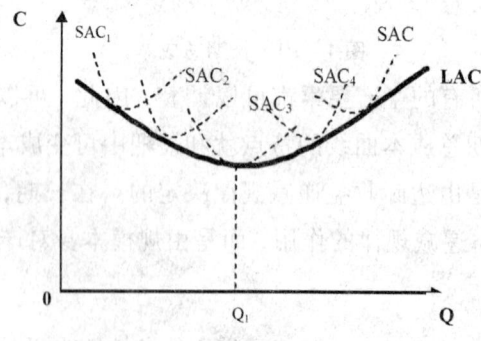

图 4-12 长期平均成本曲线

在图 4-12 中，长期平均成本曲线是无数条短期平均成本曲线的包络线。在这条包络线上，连续变化的任一个产量水平都存在 LAC 曲线和一条 SAC 曲线的相切点。该 SAC 曲线所代表的生产规模就是生产该产量的最优生产规模,该切点所对应的平均成本就是相应的最低平均成本。LAC 曲线表示厂商在长期内在每一产量水平上可以实现的最小的平均成本。

由图可知,长期平均成本曲线是一条 U 型曲线。说明随着产量规模的增加,长期平均成本先降低,达到最低点后会随着产量规模的增加而提高。

与导致长期总成本曲线的形状特点的原因一样,长期平均成本曲线先降低后增加的特点也是由于生产的规模报酬导致的。其最低点的产量可以用来表示该行业的最优生产规模,在达到最优生产规模之前,提高生产规模可以获得规模报酬递增,在长期平均成本最低点附近,生产的规模报酬不变,而在长期平均成本最低点之后,生产的规模报酬递减。

(三)长期边际成本

长期边际成本(Long-run Marginal Cost,LMC)指的是长期生产中,每增加一单位产量所增加的所有生产要素的费用。可用公式表示:

$$LMC = \triangle LTC / \triangle Q$$

对应长期总成本曲线,用几何法在曲线上任意找一点,以这一点为切点相对于长期总成本曲线做切线,切线的斜率即可表示在这一产量下长期边际成本的值(可对 LMC 相对于 $\triangle Q$ 趋近于 0 取极限,得到 LMC = dLTC/dQ,在几何意义上即表示点在 LTC 曲线上切线的斜率值)。通过演示产量由小到大的过程中点的切线的斜率变化趋势可知,长期边际成本曲线也是一个倒 U 型曲线。随着产量的增加先减小后增加。

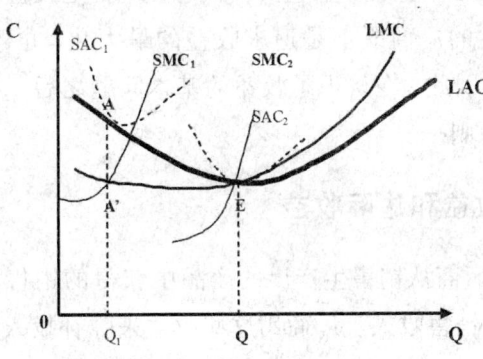

图 4-13 长期边际成本曲线

长期边际成本与长期平均成本的关系类似于短期边际成本与短期平均成本之间的关系,LMC 曲线穿过 LAC 曲线的最低点。如上图,长期边际成本曲线呈 U 型,它与长期平均成本曲线相交于长期平均成本曲线的最低点。其原因在于:根据边际量和平均量之间的关系,当 LAC 曲线处于下降时,LMC 曲线一定处于 LAC 曲线的下方,也就是说,此时 LMC < LAC,LMC 将 LAC 拉下;相反,当 LAC 曲线处于上升时,LMC 曲线一定位于 LAC 曲线的上方,也就是说,此时 LMC > LAC,LMC 将 LAC 拉上。

在两者交点 E 点的左侧,是规模报酬递增的区域,在此区域中,每增加一单位产量所导致的长期总成本的增量(即 LMC)小于每单位产品的长期成本(即 LAC),因此 LMC 曲线位于 LAC 曲线的下方;而在 E 点的右侧,是规模报酬递减的区域,在此区域中,每增加一单位产量所导致的长期总成本的增量大于每单位产品的长期成本,因此,LMC 曲线位于 LAC 曲线的上方。在 E 点,LAC.LMC.SAC2 和 SMC2 四条曲线汇于一处。

任务三　收益

【导入案例】企业家"利己"必定"损人"么

作为企业家从事经营活动是为了实现利润最大化。在我们民族的传统文化中,"利"是受到排斥的,"唯利是图"是一个贬义词。长期以来,我们也习惯于把个人利益与社会利益对立起来。好像"利己"必定"损人"。有些企业家喜欢以"儒商"自居。如果"儒商"的含义是有文化的企业家,企业家以此为追求是有意义的。如果"儒商"的含义是儒家的"言义不言利",那就或者是言不由衷,或者是给自己定错了位。经济学家强调个人的利己,实际上是认为个人利益与社会利益是一致的。企业追求利润最大化的过程也就是为社会作出贡献,增进社会利益的过程。

今天,"唯利是图"不应是一个贬义词,"利润挂帅"也不是什么修正主义。企业追求"利","义"也就在其中。中国所需要的正是大胆言利、敢作敢为的企业家。

厂商的经营目标是利润最大化。在探讨了生产和成本的问题之后,要想完整地分析厂商的利润最大化行为,还必须引入一个重要的概念,那就是收益。因为厂商的利润来源于总收益减去总成本。理性的厂商既不是追求收益的最大化,也不是单单追求成本的最小化,而是利润的最大化。因此,在认识了收益的基本问题之后,本节还会分析对于厂商而言利润最大化的最基本原则。

一、总收益、平均收益和边际收益

收益(Revenue)是指厂商从销售生产出的产品中获得的销售收入。在日常工作中,收益常常被称为销售额,或销售收入。厂商用这些收益来弥补投入的生产要素的成本,其中也包含了厂商可能的利润。

1. 总收益(TR)

总收益指销售商品的全部收益。一般用商品价格(P)×商品销售数量(Q)。

$$TR = P \times Q$$

例如,如果一斤苹果卖 5 元,果农卖了 1000 斤苹果,那么,果农的总收益就是 5000 元。

2. 平均收益(AR)

平均收益指的是企业销售的每一单位产量平均得到了多少收益。总收益是价格乘以产量(P×Q),在商品价格不变的前提下,平均收益等于销售商品的价格。

$$AR = P$$

3. 边际收益(MR)

边际收益指的是每多销售——单位产量所引起的总收益变动量，等于总收益变动量除以总产量变动量，可以表示为：

$$MR = \triangle TR / \triangle Q$$

当市场价格为不变的价格时，边际收益也等于市场上的单位商品价格。

二、利润

在前面我们把成本分为显性成本和隐性成本。总成本包括的内容不同也就形成了不同的利润。在分析利润最大化问题之前，需要先明确经济学中的利润和日常生活中利润的区别。

1. 经济利润

经济利润又称超额利润，是企业的总收益减去生产所售物品与劳务的所有成本，即总收益减去显性成本和隐形成本。在经济学中，一般提到的利润都指的是经济利润。

2. 会计利润

会计利润是指在企业账目上反映出的总收益减去总成本的部分。显然，在这部分会计利润中，其中有一部分会是厂商自有要素的正常回报。如果厂商获得的经济利润为零，但在会计账目上仍然有利润，那么这部分利润必然是厂商自有生产要素的正常回报，我们把这种利润称为正常利润。是总收益减去企业的显性成本，这是会计师眼中的利润。

经济利润 = 总收益 – 经济成本

= 总收益 – (显性成本 + 隐含成本)

= (总收益 – 显性成本) – 隐含成本

= 会计利润 – 隐含成本

= 会计利润 – 正常利润

= 超额利润

经济学家的总成本包括了显性成本和隐性成本，而会计师只衡量显性成本，所以，经济利润小于会计利润。

三、利润最大化的原则

利润(Profit)是总收益减去总成本的部分。利润最大化是厂商一切行为的最终追求。企业利润最大化的生产原则就是产量的边际收益等于边际成本，即 $MR = MC$。

边际收益(MR)是最后增加一单位销售量所增加的收益；边际成本(MR)是最后增加一单位产量所增加的成本。如果最后增加一单位产量的 MR 大于 MC，就意味着增加产量可以增加总利润，于是企业会继续增加产量，以实现最大利润的目标。如果最后增加一单位产量的 MR 小于 MC，那就意味着增加产量不仅不能增加利润，反而会发生亏损，这时企业为了实现最大利润目标,就不会增加产量而会减少产量。只有在边际收益等于边际成本时,企业才不调整产量,表明已把该赚的利润都赚到了,即实现了利润的最大化,所以 MR = MC 为利润最大化的条件。

这一原则具有普遍的意义。它对于任何厂商,无论是在完全竞争市场,还是在不完全竞争市场,都是适用的。厂商可以调整各个生产要素的投入,以达到边际收益等于边际成本的产量。

实现利润最大化是企业的最终目标,影响的因素很多,主要有两个方面,一是扩大产品收入,利润是收入创造的,没有收入上量的保障,利润是无从谈起的。二是严格控制成本和费用支出,在利润增加的同时,成本和费用的支出的越少,利润就越大。

【思考与练习】

一、单选题

1. 如果连续地增加某种生产要素,在总产量达到最大时,边际产量曲线(　　)。

A. 与纵轴相交　　　　　　　　　　B. 经过原点

C. 与平均产量曲线相交　　　　　　D. 与横轴相交

2. 下列说法中错误的一种说法是(　　)。

A. 只要总产量减少,边际产量一定是负数

B. 只要边际产量减少,总产量一定也减少

C. 随着某种生产要素投入量的增加,边际产量和平均产量增加到一定程度将趋于下降,其中边际产量的下降一定先于平均产量

D. 边际产量曲线一定在平均产量曲线的最高点与之相交

3. 等产量曲线是指在这条曲线上的各点代表(　　)。

A. 为生产同等产量投入要素的各种组合比例是不能变化的

B. 为生产同等产量投入要素的价格是不变的

C. 不管投入要素量如何,产量总是相等的

D. 投入要素的各种组合所能生产的产量都是相等的

4. 等成本曲线平行向外移动表明(　　)。

A. 产量提高了

B. 成本增加了

C. 生产要素的价格按相同比例增加了

D. 生产要素的价格按不同比例增加了

5. 对于生产函数 $Q = f(L, K)$ 成本方程 $C = P_L L + P_K K$ 来说,在最优生产组合点上,(　　)。

A. 等产量线和等成本线相切　　　　B. $MRTS_{LK} = P_L/P_K$

C. $MP_L/P_L = MP_K/P_K$　　　　　D. 以上说法都对

6. 如果等成本曲线与等产量曲线没有交点,那么要生产等产量曲线所表示的产量,应该( )。
   A. 增加投入   B. 保持原投入不变
   C. 减少投入   D. 上述三者都不正确

7. 当产量为9单位时,总成本是95元;当产量为10单位时,平均成本是10元,此时的边际成本等于( )。
   A. 1元   B. 10元
   C. 0元   D. 5元

8. 经济学中短期与长期划分取决于( )。
   A. 时间长短   B. 可否调整产量
   C. 可否调整产品价格   D. 可否调整生产规模

9. 不随产量变动而变动的成本称为( )。
   A. 平均成本   B. 固定成本
   C. 长期成本   D. 总成本

10. 在长期成本中,下列成本中哪一项是不存在的( )。
    A. 可变成本   B. 平均成本
    C. 机会成本   D. 固定成本

11. 使用自有资金也应计算利息收入,这种利息从成本角度看是( )。
    A. 固定成本   B. 隐含成本
    C. 会计成本   D. 生产成本

12. 随着产量的增加,平均固定成本( )。
    A. 在开始时下降,然后趋于上升   B. 在开始时上升,然后趋于下降
    C. 一直趋于上升   D. 一直趋于下降

二、判断题

1. 边际收益递减规律起作用的前提条件是技术水平一定。( )
2. 当其他生产要素不变时,一种生产要素投入量越多,产量越高。( )
3. 同一平面上,可以有且只有三条等产量线。( )
4. 在农业生产中,土地越密植越好,施肥越多越好。( )
5. 边际产量曲线与平均产量曲线相交于平均产量曲线的最高点。( )
6. 生产一定量产品时,投入的要素的配合比例应该固定不变。( )
7. 经济分析中的长期是指5年以上。( )
8. 利润最大化就是实现无限利润。( )
9. 厂商增加一单位产量时,所增加的总成本是边际成本。( )
10. 收益就是利润,因此,收益最大化就是利润最大化。( )

三、问题与应用

1. 下面是一张一种可变生产要素的短期生产函数的产量表：

可变要素数量	可变要素的总生产量	可变要素的平均产量	可变要素的边际产量
1		2	
2			10
3	24		
4		12	
5	60		
6			6
7	70		
8			0
9	63		

（1）在表中填空

（2）该生产要素是否出现边际报酬递减？如果是，是从第几单位的可变要素投入量开始的？

2. 一个厂商使用劳动和资本两种要素生产汽车。假设平均劳动生产率（总产出除以工人的数量）在最近几个月一直增加。这是否意味着工人工作越来越努力了？或者，这是否意味着该厂商变得更加有效率了？请用 TP、AP、MP 之间的关系图加以解释。

3. 设某厂商品总产量函数为 $TP_L = 72L + 15L^2 - L^3$

求：（1）当 $L = 7$ 时，边际产量 mp_L 是多少？

（2）L 的投入量为多大时，边际产量 mp_L 将开始递减？

4. 假设某产品生产的边际成本函数是 $MC = 3Q^2 - 8Q + 100$，若生产 5 单位产品时总成本是 595，求总成本函数、平均成本函数、可变成本函数及平均可变成本函数。

5. 假定在一定的技术条件下，有四种方法（见下表）能生产出 100 单位的产品：

	资本（单位）	劳动（单位数）
方法 A	6	200
方法 B	10	250
方法 C	10	100
方法 D	40	50

试问：

（1）哪种生产方法在技术上是无效率的？

（2）"方法 D 在技术上是最有效率的，因为它一共只耗用了 90 单位的资源。"这种说法对吗？为什么？

（3）如何判断哪种生产方法经济上是否有效？

项目五

市场类型与厂商均衡

【知识目标】
1. 掌握完全竞争市场的含义、条件、短期均衡及长期均衡的状态;
2. 理解完全垄断市场、垄断竞争市场、寡头垄断市场的含义及条件;
3. 理解垄断竞争厂商的营销渠道。

【技能目标】
能够分析得出在各种市场类型中,厂商是如何调节生产量实现利润最大化的。

【项目导读】
市场竞争是市场经济的基本特征。在市场经济条件下,企业从各自的利益出发,为取得较好的产销条件、获得更多的市场资源而竞争。通过竞争,实现企业的优胜劣汰,进而实现生产要素的优化配置。市场竞争是市场经济中同类经济行为主体为着自身利益的考虑,以增强自己的经济实力,排斥同类经济行为主体的相同行为的表现。市场竞争的内在动因在于各个经济行为主体自身的物质利益驱动,以及为丧失自己的物质利益被市场中同类经济行为主体所排挤的担心。

市场竞争的方式可以有多种多样,比如,有产品质量竞争、广告营销竞争、价格竞争、产品式样和花色品种竞争等,这也就是通常所说的市场竞争策略。通常我们按市场竞争的程度把市场竞争划分为完全竞争、完全垄断、垄断竞争和寡头垄断四种类型。

任务一　　市场类型

【案例导入】大型养鸡场为什么赔钱

为了实现"市长保证菜篮子"的诺言,许多大城市都由政府投资修建了大型养鸡场,结果这些大型养鸡场在市场上反而竞争不过农民养鸡专业户或老太太,往往赔钱者多。为什么大反而不如小呢?

从经济学的角度看,这首先在于鸡蛋市场的市场结构。鸡蛋市场有三个显著的特点。第一,市场上买者和卖者都很多,没有一个卖者和卖者可以影响市场价格。即使是一个大型养鸡场,在市场上站的份额也微不足道,难以通过产量来控制市场价格。用经济学术语说,每家企业都是价格接收者,只能接受整个市场供求决定的价格。第二,鸡蛋是无差别产品,企业也不能以产品差别形成垄断力量。大型鸡场的蛋与老太太的鸡蛋没有什么不同,消费者也不会为大型养鸡场的蛋多付钱。第三,自由进入与退出,任何一个农民都可以自由养鸡或不养鸡。第四,卖者与卖者都了解相关信息。这些特点决定了鸡蛋市场是一个完全竞争市场,既没有任何垄断因素的市场。

在鸡蛋这样的完全竞争市场上,短期中如果供大于求,整个市场价格低,养鸡可能亏本。如果供小于求,整个市场价格高,养鸡可以赚钱。

但在长期的发展中,养鸡企业(包括农民和大型养鸡场)则要对供求做出反应;决定产量多少和进入还是退出。假设由于人们认为胆固醇不利于健康这种宣传的影响而减少了鸡蛋的消费,价格下降,这是养鸡企业就要做出减少产量或退出养鸡业的决策。假设由于发生鸡瘟,供给减少,价格上升,原有养鸡企业就会扩大规模,其他人也会进入该行业。在长期中通过供求的这种调节,鸡蛋市场实现了均衡,市场需求得到满足,生产者也感到满意。这时,各养鸡企业实现成本(包括机会成本在内的经济成本)与收益相等,没有经济利润。

在完全竞争市场上,企业完全受市场支配。由于竞争激烈,成本被压得相当低。生产者要对市场供求变动做出及时的反应。换言之,在企业一点也无法控制的市场上,成本压不下来或调节能力弱,都难以生存下去。大型养鸡场的不利正在于压低成本和适应市场的调节能力远远不如农民养鸡者。在北京鸡蛋市场上,大型养鸡场就斗不过北京郊区和河北的农民。

大型养鸡场的成本要高于农民。在短期中,养鸡的成本包括固定成本(鸡舍、蛋鸡、管理人员等)和可变成本(鸡饲料、劳动等)。大型养鸡场的固定成本(现代化养鸡设备和从场长、党委书记到职员的众多管理人员)远远高于农民(农民养鸡的固定成本除蛋鸡外其他很少)。甚至农民的可变成本也低(用剩饭菜等代替部分外购饲料,自己的劳动也可忽略不计)。这样,当价格低时,大型养鸡场难以维持或要靠政府财政补贴,而农民养鸡户却可以顽强的生存下来。长期中，大型养鸡场每个蛋的平均成本也高于农民，因为现代化大量养鸡带来的好处并不足以弥补巨额投资和庞大管理队伍的支出。农民则以低成本和低价格占领了鸡蛋市场。

大型养鸡场的市场适应能力也不如农民。当供大于求价格低时，农民可以迅速退出市场，不会有多大损失，大型养鸡场停产则很难。现代化养鸡设备限制下来比不用鸡窝的损失大得多。解雇管理人员比老太太不养鸡难得多。在供给小于需求价格高时，大型养鸡场的产量要受设备能力的限制，但有什么能限制农民多养鸡呢？

在鸡蛋市场上需要的是"造小船成本低"和"船小好调头"。庞然大物的大型养鸡场反而失去了规模经济的好处。而且，即使就是将来农民养鸡也现代化了，也仍然是农民养鸡业的进步，难以有大型企业的地位。这是行业生产技术特点决定的。你听说过美国500强企业中游养鸡公司吗？或者说，你听到过什么有名的养鸡场吗？这类企业本来就应该是"小的是美好的"。

鸡蛋市场的事例告诉我们，市场经济的一个重要原则是，市场能做的尽量交给市场。只要不把人为调控作为鸡蛋市场的主要管理手段，千百万养鸡农民追求致富的行为会是自发的鸡蛋市场均衡。

一、划分市场类型的标准

世界上的稀缺资源是有限的，有的甚至是不可再生的，并且这些稀缺资源也是分布不均匀的。市场是一个有机整体，它将世界上的各个角落联系在了一起。在经济发展的过程中，市场充当了合理且有效分配资源的最佳角色。从本质上说，微观经济学中所指的市场的核心就是商品和劳务的买卖。

因此，市场的形成需要具备一定的条件：

首先消费者要有某些需要以及存在能够满足这些需要的商品和劳务；其次，消费者为了可以取得这些能够满足自己需求的商品和劳务，还需要一定的数量的货币作为交换的媒介，也就是说要有支付能力，要能"买得起"；最后，必须存在交易的主体，即买卖双方，以及约束和规范双方交易的机制，也就是交易中的"游戏规则"。只有存在这三种条件，且三种条件同时具备时，市场才能够存在。

所以，在市场中，每一天都会有大量的交易者扮演着买卖双方的角色，而这些交易者会以形式各异的方式完成交易。也就是这些买家和卖家在市场的调节下呈现出的不同的交易特点我们把它认为是用来区别不同市场类型的标志。

在现代市场经济体系中，市场是配置所有稀缺资源的最根本机制。通过市场的作用，不但使社会中各个经济体分工合作相互联系在一起，也使得世界上的各种稀缺资源能够得以有效配置。

市场的本质是交换和交易，交易不同商品的市场构成了不同的行业市场，如交易农业产品的市场称为农产品市场,交易家用电器的市场称为家电市场,交易生产要素的市场称为要素市场,等等。同时,交易双方在相互作用过程中形成的不同特点在经济学中就可用以区分不同的市场类型。

市场交易是由作为交易主体的买卖双方以及作为交易客体的商品构成的。因此,买卖双方在数量、规模的特征以及商品的特点就基本决定了市场的类型。因此,区分市场类型的依据主要是从以下几个方面来进行评价。

(一)市场上厂商的数量

交易双方数量的多少在一定程度上会影响市场类型的确定。比如,市场中供给的一方数量越多,那么显而易见的竞争就会越激烈;如果供给一方的厂商数量越少,竞争也就越平缓。当消费者一方数量越多时,作为需求方的消费者之间也会存在购买的竞争。我们在讨论市场类型的时候,是以需求者既消费者足够多作为理论假设前提,因此,当微观环境中厂商的数量在市场中只有一个,为数不多的几个或者有成百上千个时,市场的交易特点就会发生变化,市场的类型也就会随着竞争的激烈程度发生变化。供求双方的数量越多,每一个交易的主体就需要更加努力争取到交易的机会,因此市场的竞争也就越激烈,反之亦然。在消费者数量非常多的情况下,厂商的数目就决定了厂商之间竞争的激烈程度。当只有一个厂商提供一种商品时,该厂商就构成了对该市场的垄断,当有两个或两个以上的厂商提供同一种商品时,厂商之间的竞争就出现了。随着提供同一种商品的厂商数量的增加,竞争也会趋于激烈。同样,在提供同一种商品的厂商的数量很多的情况下,消费者或购买者的数量就决定了买方的竞争状况。如只有一个买方,就形成了市场上的买方垄断,当购买者的数量在两个或两个以上时,买方之间就出现了竞争,随着买方数量的不断增多,买方之间竞争的激烈程度也随之加强。在本项目中,我们假定的前提是市场中有无数个购买者,在这个假定的基础上我们重点分析厂商在不同市场状态下的行为。

(二)产品的差异化程度

在市场环境中,之所以存在竞争无处不在的情况,主要还在于产品差异化程度的存在。如果厂商提供同种商品,且这种产品毫无差异,可以被轻易替代,那么对于消费者来说,他在选择这类商品的时候更多看重的就不再是产品本身,更多的可能是产品的价格,厂商的销售模式,商家的信誉等等。也就是说,生产同种无差异或差异较小的厂商之间的竞争就会更加的激烈。不过,当产品的差异化程度明显甚至是很大的情况下,商品之间属于无可替代的情况,那么厂商之间竞争就会非常小。

在竞争的状态下,如果两个厂商提供的商品完全无差异,对购买者而言,两个厂商的商品可以完全相互替代。因此,在忽略了市场的过程及细节因素的情况下,消费者选择购买哪个厂商的商品就主要取决于哪个厂商提供的商品价格更合适。此时,厂商之间的竞争将更加激烈。反之,当厂商提供的商品差异程度越大时,在购买者看来,某个厂商提供的商品的可替代程度也就越小,这从客观上使厂商从商品的不可替代性上获得了一种垄断的势力,其面临的竞争也就趋向于不激烈了。

(三) 单个厂商对市场价格的控制程度

单个厂商对市场价格的控制程度一方面受到厂商数量的影响,另一方面又受到消费者对厂商所提供商品的依赖程度的影响。如果市场表现出厂商对市场价格的控制程度高,则说明消费者对该商品的依赖程度高,并且市场上提供这种商品的厂商数量少,因此也就意味着这一厂商面临着的竞争就相对弱,该厂商的垄断势力就强。反之,单个厂商对市场价格没有任何控制能力,就说明该厂商面临的竞争非常强。

(四) 厂商进入或退出某一行业的难易程度

厂商进入或退出一个行业的难易程度说明了该行业的进出门槛的问题。当市场中只有一个厂商提供一种商品,而由于行业的进入门槛非常高,以致别的厂商根本没有办法进入,这就意味着经营这种商品的厂商可以轻松地垄断这个市场。反之,如果一个行业的进入门槛基本没有限制,任何厂商都可以轻松进入,为消费者提供这种商品,也就意味着,该行业的厂商数量会非常多,竞争会非常的激烈。

二、市场类型

从以上四个市场特点评价依据方面来看,每一种因素都会影响到市场的竞争激烈程度。因此,综合这四种因素,依据竞争的激烈程度来划分市场类型,一般可以将市场分为以下四种基本的类型:完全竞争市场、垄断竞争市场、寡头垄断市场和完全垄断市场。这四种市场竞争的激烈程度依次减弱,垄断势力依次加强。其中每个市场类型的特点见表5-1。

表5-1　　　　　　　　　　厂商的类型与市场特点

市场类型	厂商数目	产品的差异程度	企业对价格控制的程度	进入或退出一个行业的难易程度	代表性领域
完全竞争市场	非常多	没有差异	没有任何控制能力,厂商是价格的被动接受者	很容易	农业
垄断竞争市场	较多	很小的差异品牌差异	通过产品或品牌的差异形成一定程度的价格控制能力	比较容易	零售业
寡头垄断市场	几个	有差异或无差异	能较大程度影响和控制价格	比较困难	钢铁、化学、汽车、计算机
完全垄断市场	一个	无所谓差异,产品没有替代品	价格控制能力强,但一般收到政府管制	不可能进入	水、电、煤气、等公共事业

任务二 完全竞争市场

【案例导入】近乎完全竞争的小麦市场

对照完全竞争的四个条件，可以说，小麦市场是一个比较接近完全竞争的市场。因为这个市场有众多买者和卖者，并且没有谁能够影响小麦的价格。相对于市场规模，每个小麦买者的购买量很小，以致无法影响价格，也就是说，他不可能因为自己的购买量较大，而以比别人低的价格进行购买，因为对于他来说再大的购买量，对于市场规模来说仍然微乎其微；对于卖者来说，提供的是几乎同质的小麦产品，而且任何一个卖者所提供的小麦数量，对于市场规模来说，微不足道，因此，每个卖者可以在现行价格水平上卖出他想卖的所有产量，他没有什么理由收取较低价格，如果他收取高价格，买者则会到其他地方购买。因此，在小麦市场上，小麦的价格由众多的买者和卖者的需求和供给共同决定。买者和卖者都是价格的接收者，他们必须接受市场供求所决定的价格，按照市场价格买卖。与此同时，对于一个种植小麦的农民来说，是决定继续种植小麦呢，还是改种蔬菜、水果甚至挖鱼塘养鱼，主要取决种植小麦的成本收益比较，及种植小麦与其它种植业和养殖业的净收益比较。如果种小麦有利可图，那么总有农民愿意继续种植小麦，甚至有更多的农民加入到种植小麦的行列；如果种植小麦是亏损的，或者种植小麦的净收益比其它种植业的净收益要小，长期中，农民就会改种其它作物。在农民决定继续种植小麦还是改种其它作物时，他们的选择基本是自由的，也就是，农民进入或退出小麦种植的障碍很小。略微不足的是，小麦市场上无法满足信息完全的假定条件。这是大多数农产品市场化过程中存在的通病。当众多的小生产者与大市场对接时，由于单个的小生产者无法及时准确地把握决策所需要的所有信息，而只能在有限的信息条件下做出决策。如像蛛网模型假定的那样，以上一时期的价格作为本期产量的决策依据。这样决策的结果很可能导致其决策与整体市场的实际运行情况相反，从而遭遇价格波动所带来的市场风险。小麦等农产品市场经常性出现"去年买粮难，今年卖粮难"的现象，就是信息不完全所致。

一、完全竞争市场的条件

竞争最极端的市场称为完全竞争市场，又叫作纯粹竞争市场。完全竞争市场是指竞争充分而不受任何阻碍和干扰的一种市场结构，在这种市场类型下，竞争最为激烈。在这种市场类型中，市场完全由"看不见的手"进行调节，政府对市场不作任何干预，只起维护社会安定和抵御外来侵略的作用。

当一个厂商决定进入某一市场的时候，为了达到利润最大化的目标，在经营上起码面临着几个方面问题的决策:应该生产多少？产品销售时应该制定什么样的价格？什么情况下应该继续生产经营下去，什么情况下应该选择退出？等等。正确的决策来源于对市场透彻的分析，从本节开始将依次从不同的市场类型角度对这些问题进行分析。

完全竞争市场中，没有哪一个企业具有对市场的垄断控制的能力。然而，从现实生活中我们也可以看到，这种市场的存在几率很小。也就是说，这种市场类型过于理想化，但是，从经济学理论的角度去分析却是必不可少的。

完全竞争市场的存在必须具备一定的条件，这些条件主要有以下几个方面：

1. 市场上有众多的生产者和消费者，任何一个生产者或消费者都不能影响市场价格。由于存在着大量的生产者和消费者，与整个市场的生产量(即销售量)和购买量相比较，任何一个生产者和生产量(即销售量>和任何一个消费者的购买量所占的比例都很小，因而，他们都无能力影响市场的产量(即销售量)和价格，所以，任何生产者和消费者的单独市场行为都不会引起市场产量(即销售量)和价格的变化。正如美国经济学家乔治·斯蒂格勒所说的那样:**任何单独的购买者和销售者都不能依凭其购买和销售来影响价格。**用另一种方式来表达，就是:任何购买者面对的供给弹性是无穷大，而销售者面临的需求弹性也是无穷大的。**这也就是说，他们都只能是市场既定价格的接受者，而不是市场价格的决定者。**

2. 企业生产的产品具有同质性，不存在差别。市场上有许多企业，每个企业在生产某种产品时不仅是同质的产品，而且在产品的质量、性能、外形、包装等等方面也是无差别的，以致于任何一个企业都无法通过自己的产品具有与他人产品的特异之处来影响价格而形成垄断，从而享受垄断利益。对于消费者来说，无论购买哪一个企业的产品都是同质无差别产品，以致于众多消费者无法根据产品的差别而形成偏好，从而使生产这些产品的生产者形成一定的垄断性而影响市场价格 也就是说，只要生产同质产品，各种商品互相之间就具有完全的替代性，这很容易接近完全竞争市场。

3. 生产者进出市场，不受社会力量的限制。任何一个生产者，既可以自由进入某个市场，也可以自由退出某个市场，即进入市场或退出市场完全由生产者自己自由决定，不受任何社会法令和其他社会力量的限制。由于无任何进出市场的社会障碍，生产者能自由进入或退出市场，因此，当某个行业市场上有净利润时，就会吸引许多新的生产者进入这个行业市场，从而引起利润的下降，以致于利润逐渐消失。而当行业市场出现亏损时，许多生产者又会退出这个市场，从而又会引起行业市场利润的出现和增长。这样，在一个较长的时期内，生产者只能获得正常的利润，而不能获得垄断利益。

4. 市场交易活动自由、公开，没有人为的限制。市场上的买卖活动完全自由、公开，无论哪一个商品销售者都能够自由公开地将商品出售给任何一个购买者，而无论哪一个商品购买者也都能够自由公开地向市场上任何一个商品销售者购买商品，市场上不存在任何歧视，同时，市场价格也只随着整个市场的供给与需求的变化而变动，没有任何人为的限制。任何市场主体都不能通过权力、关税、补贴、配给或其他任何人为的手段来控制市场供需和市场价格。

5. 市场信息畅通准确，市场参与者充分了解各种情况。消费者、企业和资源拥有者们，都对有关的经济和技术方面的信息有充分和完整的了解。例如，生产者不仅完全了解生产要素价格、自己产品的成本、交易及收入情况，也完全了解其他生产者产品的有关情况；消费者完全了解各种产品的市场价格及其交易的所有情况；劳动者完全了解劳动力资源的作用、价格及其在各种可能的用途中给他们带来的收益。因此，市场上完全按照大家都了解的市场价格进行交易活动，不存在相互欺诈。

6. 各种资源都能够充分地流动。任何一种资源都能够自由地进入或退出某一市场，能够随时从一种用途转移到另一种用途中去，不受任何阻扰和限制。即各种资源都能够在各种行业间和各个企业间充分自由地流动。商品能够自由地由市场价格低的地方流向市场价格高的地方，劳动力自由地从收入低的行业或企业流向收入高的行业或企业，资金、原料和燃料等亦自由地由效率低、效益差的行业或企业流向效率高、效益好、产品供不应求的行业或企业。

以上六个方面是完全竞争市场必须具备的前提条件，实际上这六个方面也是完全竞争市场所具有的明显特征。

二、完全竞争市场中厂商的总收益、平均收益曲线与边际收益曲线

(一) 总收益

厂商经营的根本目的是营利，根据这一特性，在完全竞争的市场状态下，厂商的决策目的也就是实现利润最大化。由于在完全竞争市场下，厂商不管生产多少产品都可以这一价格卖出去，所以，厂商的总收益 TR 应该为：

$$TR = P \times Q$$

(二) 平均收益

平均收益 AR 是指厂商销售的总收益除以每一件产品上获得的收益。用公式表示平均收益 AR，则有：

$$AR = TR/Q = P \times Q/Q = P$$

厂商的平均收益就等于商品的价格，其平均收益曲线也即是以市场价格为标准的价格曲线。

(三) 边际收益

边际收益 MR 是指厂商每多生产和销售一件产品所能够获得的总收益的增加量，则有：

$$MR = \triangle TR/\triangle Q = P \times \triangle Q/\triangle Q = P$$

因此，厂商的边际收益也等于商品价格。在实际意义上，由于商品价格既定，厂商多

销售一件商品能够得到的收益增加量也就是这个商品的价格。边际收益曲线也是以市场价格为标准的价格曲线。

需要注意的是，边际收益曲线与平均收益曲线相重合的现象只有在需求曲线为水平线时才会有，当厂商的需求曲线不为水平线时，这两者就不再重合了。

在完全竞争市场上由于卖者和买者众多，没有任何一方能够操纵市场价格。所以厂商是既定市场价格的接受者，完全竞争厂商的需求曲线是一条由既定市场价格出发的水平线。

市场需求曲线 D 和供给曲线 S 相交的均衡点决定了市场的均衡价格为 P_0，由给定的价格水平 P_0 出发的水平线就是厂商的需求曲线，厂商不会也没有必要去改变这一价格水平。

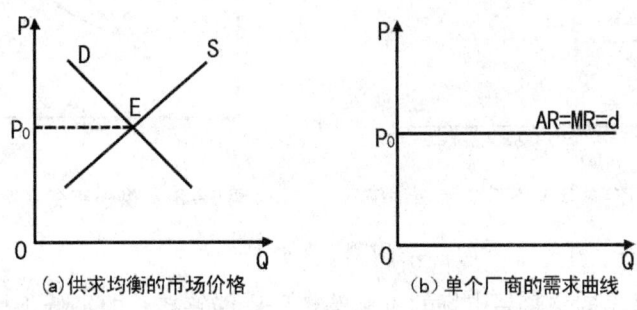

图 5-1 完全竞争市场中厂商需求曲线的决定

三、完全竞争市场下短期中的厂商行为

依据短期生产理论，厂商在短期生产中不能够调整所有生产要素，只能通过调节可变要素的使用量来调整产量。由于完全竞争中的每一个厂商都是非个性化的，因此，任何一个厂商的短期生产规模和成本曲线也都大致相同，如图 5-2 所示的 AVC，SAC 和 SMC。此时厂商的收益和利润状况就取决于市场的供求状况了。因此，可以从不同的市场供求状况来分析厂商的短期均衡问题。

（一）市场供不应求状况下的短期均衡

完全竞争市场的突出特点就是厂商无力决定商品的市场价格，且商品的价格是由市场中的供求关系来决定的。也就是说，在该商品供不应求的情况下，市场价格就会被调节到高于厂商能够接受的最低成本价的地方。正如图 5-2 所示，此时市场价格为 P_1，这一价格高于短期平均成本最低点此时同时这一市场价格也决定了单个厂商的需求曲线 d_1 和其平均收益曲线 AR 以及 MR。

依据 MR = MC 的利润最大化基本原则，厂商生产的最优产量是由 MR 曲线与 SMC 曲线交点 E 处所决定的产量，为 Q_1。在 Q_1 的产量下，厂商不是在平均成本最低点进行生产，为了获得利润的最大化，需要在高于这一产量的 Q_1 产量。此时的短期平均成本高于平均成本的最低点，为 FQ_1。

如图 5-2 所示，在这种情况下，厂商的总收益 $TR_1 = P_1 \times Q_1$，也就是图 5-2 中 P_1EQ_1O 这个矩形的面积。厂商的总成本 STC_1 为 Q_1 乘以在该产量下的短期平均成，也就是图 5-2 中 GFQ_1O 这个矩形的面积。显然，此时厂商的总收益大于总成本。其利润为 P_1EFG 这个矩形面积。由于在平均成本最低点进行生产，此时的边际收益仍然大于边际成本，这意味着多生产一件产品可以为厂商带来利润的提高，因此，在 $MR = MC$ 的条件下，厂商才能获得利润的最大化。生产其他的产量不能够使其达到最大化的利润。

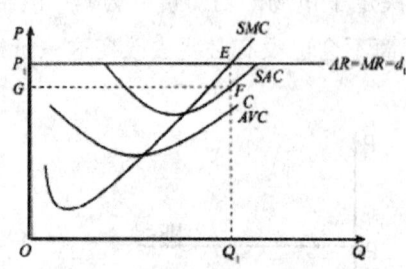 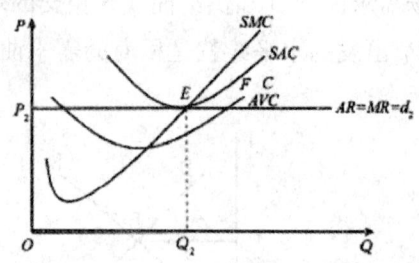

图 5-2　供不应求状况下厂商短期均衡　　　图 5-3　供求平衡状况下厂商短期均衡

（二）市场供求平衡状态下的短期均衡

当市场供求平衡时，商品市场的价格等于厂商能够接受的最低价格。也即市场的价格等于厂商平均成本最低点所能够接受的价格，如图 5-3 所示 P_2。此时由市场价格 P_2 决定的厂商的需求曲线为 d_2，同时平均成本曲线与边际成本曲线与需求曲线相重合。

由图 5-3 可以看出，厂商依据 $MR = MC$ 的原则，边际收益曲线与边际成本曲线相交于短期平均成本的最低点，即 E 点。根据利润最大的原则，厂商需要在 E 点对应的产量 Q_2 处进行生产。我们可以看到，厂商的销售价格等于短期的平均成本，利润为零。当市场价格等于短期平均成本最低点时，厂商的最优产量也是由这一最低点的产量决定的。此时，厂商达到了盈亏平衡。因此，短期平均成本的最低点又被称为"盈亏平衡点"。

（三）供过于求状态下的短期均衡

当市场供过于求时，市场上就会有许多商品打折低价销售，此时，厂商为了能够收回成本而甘愿接受最低价格 P_3。此时，还会有两种情况：

1. 市场价格 P_3 大于平均可变成本但小于短期平均成本

结合图 5-4 进行分析，厂商依据 $MR = MC$ 的原则，其产量为 Q_3。此时厂商的总收益在图 5-3 中可以表示为 P_3EQ_3O 的面积，厂商的短期总成本可以表示为 GFQ_3O 的面积，显然，厂商的生产亏损额为 $GFEP_3$ 的面积。同样可以证明，在别的产量下，厂商的亏损额会更大。因此 $MR = MC$ 的原则是厂商的最优决策状态，这种状态在厂商获得利润的情况下，能够使其利润最大化，而亏损的情况下，也能够使其亏损最小化。

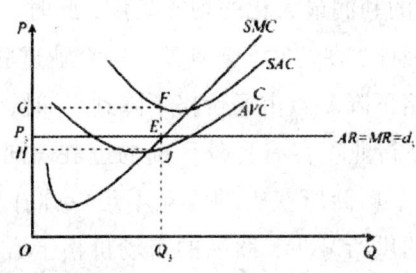 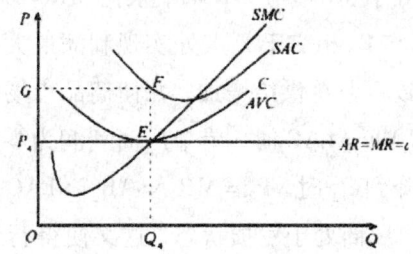

图 5-4 供过于求状况下厂商短期均衡　　　图 5-5 供过于求状况下厂商短期均衡

此时,如果厂商决定生产数量为 Q_3 的产品,虽然亏损了,但仍能弥补所有的可变成本投入 HJQ_3O,并且在弥补了可变成本投入后,还可以弥补部分的固定成本,弥补量为 P_3EJH 面积。而如果厂商决定不生产,没有产出,也没有收益。虽则不用耗费任何可变成本,但也没有办法弥补已经投入的固定成本。因此,在这种状态下,厂商生产要比不生产更有利。

2. 市场价格 P4 等于平均可变成本最低点的成本

结合图 5-5 进行分析,当市场价格 P_4 等于厂商的平均可变成本最低点时,厂商依据利润最大化的基本原则,可以生产产量为 Q_4 的产品。此时的总收益为 P_4EQ_4O,总成本为 GFQ_4O,显然是亏损的,并且其可变成本的消耗也是 P_4EQ_4O,等于总收益。这意味着,厂商在这种状态下进行生产不能够弥补任何的固定成本,只能收回全部的可变成本,这与停止生产给其造成的影响没有什么差别。因此,对于厂商而言,生产或不生产都可以。如果市场价格进一步降低,厂商就连可变成本也都没有办法收回了,这种状态下,厂商就会退出生产。正因为如此,可变成本最低点就被称为"停止营业点"。

(四)厂商的短期供给曲线

综合上述的分析可以得出,当市场的价格出现波动时,只要价格高于平均可变成本的最低点,厂商就会在 MR = MC 的原则下进行生产。而这原则下决定的产量与价格的组合都在厂商的短期边际成本曲线上,因此,可以认为厂商的短期边际成本曲线高于平均可变成本最低点以上的部分为厂商的短期供给曲线。

四、完全竞争市场中厂商的长期均衡

在长期生产条件下,所有生产要素都是以依据厂商的需要进行调整;一方面,厂商可以对生产规模进行调整,另一方面,厂商也可以进入或是退出某一个行业。因此,整个行业的供给就会影响市场价格,从而影响各个厂商处在不应不亏的状态。此时,整个行业供求均衡,各个厂商也不再调整产量,进而实现了厂商的长期均衡。

如下图 5-6 所示,假定某完全竞争行业中所有的企业是完全相同的,也就是假定每一个企业生产成本和它所面临的需求状况是完全相同的。在这一假定下,在长期内,当市

场价格等于 MR 等于 AR 时,根据 MR = LMC 的利润最大化的均衡条件,此时,厂商将能够在 LMC 与 P_1 相交于 E 点处实现利润最大。因此,在这时,会有其他的企业进驻到该行业,从而导致行业总供给增加,并使商品市场价格下降。当市场价格下降到 P_0 时,P_0 = MR_0 = AR_0 = LMC = LAC 时,单个厂商利润为零,该行业不会有另外厂商的进驻。同理,当市场价格下降到 P_2 时,P_2 = MR_2 = AR_2 < LAC,单个厂商所获得的收益不足以弥补生产所付出的成本,厂商处于亏损状态,这又使得行业的供给减少,商品的市场价格上升,又回到了均衡状态。故完全竞争市场中,厂商的均衡状态可以表述为 MR = AR = LMC = LAC。

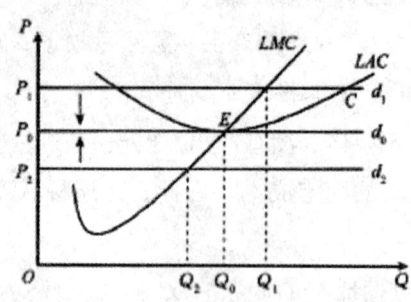

图 5-6 完全竞争市场长期均衡

任务三 完全垄断市场

【案例导入】孙敬水:《垄断者就该上天堂?——评歌华有线随意涨价》

2003 年 6 月 30 日,北京歌华有线电视网络股份有限公司(以下简称"歌华有线")宣布自 7 月 1 日起,有线收视费由原来的 12 元上涨到 18 元,增幅高达 50%。此举引起了媒体和社会各界普遍关注,对其没有经过价格听证就随意涨价表示强烈不满。

歌华有线用户 220 万户,每户每月多收 6 元,一年多收 1.584 亿元。这新增的 1.584 亿主业收入扣除上缴国家税收以外,基本上都是公司的净利润。每一个用户在装歌华有线时都不会忘记,住楼房的用户交 300 元初装费;住平房的用户交 320 元的初装费,如果按最少 300 元计算,歌华有线已经从 220 万用户的口袋中最少收走 6.6 亿元。每月再交 12 元的收视费已经不算少了,为什么还要一下上涨 50%?

歌华有线说了提高收费的理由:"北京地区每户每月 12 元的有线电视收看维护费标准是在以微波方式传送的情况下制定的,已远远不能满足当前有线电视光缆网络的日常维护管理、缆线入地建设和技术升级改造等方面的支出需求,如继续执行现行收费标准将难以维持北京有线电视网络的正常运营和稳定发展"。歌华有线涨价还有一个所谓充分的理由是设备改造。固定资产的投入怎么能让消费者来承担呢?

北京市物价局根据今年初歌华有线的涨价申请,核算了他们的运营成本,同意涨价。

至于为什么没开价格听证会,物价局说有线电视价格则不在听证目录之列。一台29寸的彩电在不到10年间,从7000-8000元跌到了不到2000元,而技术的进步、质量的提高更是如日中天。这样惊人的降幅并没有断送中国的彩电业,反而使中国的彩电业成为了世界上首屈一指的、最强大的彩电业。为什么彩电、冰箱、微波炉、计算机等产品价格越来越低、质量越来越好、品种越来越丰富,这就是竞争与垄断的不同。而歌华有线怎么就能如此反其道而行之,说涨就涨,而且如此霸气?原因很简单:都是垄断惹的祸。

歌华有线是北京市政府批准的惟一一家负责建设、管理和经营北京市有线广播电视网络的公司,他是垄断行业的垄断企业,具有极高的垄断性和经营的稳定性。众所周知,垄断行业的成本是最难估算的,电信部门说市话亏损,邮政部门说普通信件业务亏损,民航公司说航运亏损,自来水公司说亏损,有线电视公司也说自己亏损。但是人们都怀疑他们是不是真的亏损、搞不清亏损是怎么形成的,因为没有一个独立的会计或审计部门告诉我们垄断行业的成本到底是如何构成的。现在随处可见IP电话卡以6至8折"挥泪"大甩卖,电信部门却仍可泰然处之。民航票价更好比是进了自由市场,各航空公司竞相大打折价牌,你今天打出六折票价,他明天就打出三折,甚至于出现了一折"跳楼价",老百姓真不知其中的利润到底有多大。

有线电视行业具有比电信更加垄断的特点,目前有线电视用户没有任何可以选择的余地:惟一的网络接入商、惟一的服务内容。比如北京用户只有选择歌华有线电视网络,而且只能选择歌华提供的惟一一种服务。北京的用户说"我不想多交钱,我也用不着看50多套节目,以前的20多套节目就够了,但我不能选择交原来20套的钱,只能被它牵着走。"作为企业,歌华有线当然可以利字当头。当产品市场上只有一个卖主,并且对于垄断者所出售的产品市场上不存在相同或相近的替代品的时候,企业才拥有"想怎么样就怎么样"的自由。歌华有线当然可以理直气壮:在北京这个有着1350万人口的城市,只有我一家有线电视网运行商——我不上天堂,谁上天堂?

一、完全垄断市场的含义、特点及形成条件

(一) 完全垄断市场的含义

完全垄断市场(perfect monopoly market)指在市场上只存在一个供给者和众多需求者的市场结构。完全垄断市场的假设条件有三个点:第一,市场上只有唯一一个厂商生产和销售商品;第二,该厂商生产的商品没有任何接近的替代品;第三,其他厂商进入该行业都极为困难或不可能,所以垄断厂商可以控制和操纵市场价格。完全垄断市场和完全竞争市场一样,都只是一种理论假定,是对实际中某些产品的一种抽象,现实中绝大多数产品都具有不同程度的替代性。

(二) 完全垄断市场的特点

完全垄断市场具有如下特点:

1. 独家经营。在完全垄断市场上，只有一个厂商。该厂商的产量就是整个行业的产量或供给量。

2. 产品不能替代。完全垄断厂商提供的产品没有相近的替代品，它与其它产品的交叉价格弹性为零。

3. 独自决定价格。由于完全垄断厂商控制着整个行业的生产和产品供给，所以垄断者可以通过调整产量来直接影响市场供求关系，从而达到控制或决定市场价格的目的，因此我们说，完全垄断厂商是价格的决定者。

4. 实现差别定价或价格歧视。完全垄断者为了最大限度地攫取利润，往往根据销售条件的不同，在不同地区或针对不同的收入阶层，实行不同的销售价格，即价格歧视。

5. 要素不能自由流动。由于受行业壁垒的阻碍或限制，新厂商很难或不可能进入完全垄断行业。

(三)完全垄断市场的形成条件

由于受行业壁垒的阻碍或限制，新厂商很难或不可能进入完全垄断行业。正因为如此，完全垄断者可以长期保持其垄断地位。造成垄断的原因是多方面的，但主要原因还是各种"行业壁垒"阻碍了其他厂商进入而形成的。

具体来说，有以下几方面：

1. **原材料控制**。如果一个厂商控制了生产某种产品所必需的的基本原材料的供给，且该原材料没有相近的替代品，这个厂商实际上也就控制了使用该原材料生产的产品的供给而形成垄断。

2. **自然垄断**。某些行业因客观技术条件的限制，需要进行一次性大规模固定资本设备的投资，只有实现大规模生产经营，才能充分发挥各种生产要素的作用，取得规模经济效益，才能将生产成本降低到可以盈利的水平，而这种高效率的生产规模相对于整个市场来说非常之大，以致于只需一家厂商的生产就可以满足整个市场需求。这种因市场需求和社会化大生产技术等非人为因素造成的垄断就叫做自然垄断。

3. **技术专利权**。专利权就是政府授予某个厂商或个人独自使用自己创造发明的生产某产品的技术或享受相应经济利益的权利。如果一个厂商拥有某项产品或生产某项产品的基本加工工艺技术的发明专利权，就会受到法律的保护，其他厂商则不得生产该项产品或使用该项工艺技术。这种技术垄断往往导致产品市场的垄断。

就像在导读案例中提到的上市公司歌华有线而言，其最大特征是北京市政府批准的唯一一家负责建设、管理和经营北京市有线广播电视网络的公司，是典型的垄断企业，具有极高的垄断性，市场的需求就是该公司所面临的需求，在完全垄断的市场上，企业根据利润最大化的原则来确定其价格并能获取高额的垄断利润，人们不能有别的电视服务的选择，所以不难理解歌华有线的定价权。但追问一下是谁给歌华有线这样的垄断权呢？显然是当地的政府，那么这样做的原因是什么呢？除了该行业存在一定的自然垄断因素外，还有一些非经济因素的考虑如非正式制度安排的体现和实施,当然也体现了政府对很多领域并未向私人企业开放,国际上一些国家并不承认中国的市场经济地位,其中更多的理由是认为中国政府对国有企业的过多干预和行政上的保护。

二、完全垄断市场厂商的需求曲线、平均收益曲线和边际收益曲线

与完全竞争市场完全不同的是,在完全垄断市场上,由于提供某种商品的企业只有一家,所以,我们也可以认为市场的需求曲线即是厂商的需求曲线,也就是说这条需求曲线是一条向右下方倾斜的直线。

如图5-7所示,第一,厂商的平均收益曲线AR与需求曲线D相重合,它们是一条向右下方倾斜的曲线。这说明在每一个销量上厂商的平均收益都等于商品的价格。边际收益曲线在平均收益曲线的下方,除零以外的每一个产量下,边际收益都小于平均收益;第二,厂商的边际收益曲线MR也是向右下方倾斜,且位于平均收益曲线左下方。这说明在每一个销售量上厂商的边际收益小于平均收益。

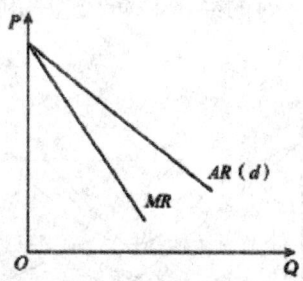

图5-7 垄断厂商的需求曲线、平均收益曲线和边际收益曲线

三、完全垄断厂商的均衡

在完全垄断市场上,厂商仍然根据边际收益与边际成本相等(MR=MC)的利润最大化的原则来决定产量,这种产量决定后,在短期内,厂商对产量调整也要受到限制,因为在短期内,产量调整同样要受到固定生产要素无法调整的限制。这样,也可能出现产品供给大于需求或者供给小于需求的情况,当然也可能是供求相等。在供大于求的情况下,会有亏损;在供小于求的情况下,会有超额利润;供求相等时,则只有正常利润。在实际经营过程中,对于亏损企业如何做出停止生产的决策,要看企业的总收益是否可以弥补生产过程中发生的总可变成本。

(一)短期均衡

完全垄断厂商短期均衡的分析过程基本类似于与完全竞争市场厂商的短期分析过程。不同之处在于完全竞争市场中边际收益等于平均收益,而完全垄断市场中的边际收益始终小于平均收益。

从经济学角度进行分析，完全垄断厂商在短期也不是一定总能够获得利润。由于其短期的生产规模以及市场的供求状况，在 MR = MC 决定的产量下，也有可能出现盈利、盈亏平衡、可进行再生产的亏损和无力进行再生产的亏损。这与完全竞争市场基本相同，故这里重点讨论垄断企业盈利的情况。

如图 5-8 所示，厂商的需求曲线为市场的需求曲线 d，同时平均收益曲线 AR 与这条需求曲线重合。对应于这条向右下方倾斜的需求曲线，边际收益曲线 MR 与需求曲线相交于纵轴的端点，在产量大于等于零的情况下，在每一个产量下都有边际收益小于平均收益。该厂商的短期平均成本曲线、平均可变成本曲线以及短期边际成本曲线如图 5-8 所示。在利润最大化的基本原则下，边际收益曲线 MR 与边际成本曲线相交于 E 点。因此该厂商在 E 点对应的产量 Q_0 能够使其获得最大化的利润。此时，在产量为 Q_0 时，对应的需求曲线的点为 F 点，此时市场的价格为 P_0，对应于短期平均成本曲线的 G 点，因此，短期平均成本为 OH。该厂商的总收益 TR = $P_0 \times Q_0$，在图 5-8 中可用矩形 P_0FQ_0O 的面积来代表，而其总成本 STC 可用矩形 HGQ_0O 的面积来表示。通过总收益减去总成本，剩下的矩形 P_0FGH 面积即为该完全垄断厂商的经济利润。这一利润水平是该垄断厂商在该状态下的最大化的利润水平。

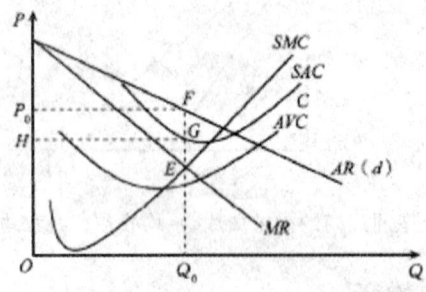

图 5-8 完全垄断市场厂商短期均衡

同样，当该垄断厂商的平均成本曲线相对升高或供求状况发生变动时，在 MR = MC 的原则下生产和销售产品，也可能会出现平均收益等于平均成本、平均收益小于平均成本以及平均收益等于或小于平均可变成本的情况，正是这些可能的情况，说明了垄断厂商在短期不是必然盈利的。

（二）长期均衡

在长期中，垄断厂商可以通过调节产量与价格来实现利润最大化。这时厂商均衡的条件是：MR = LMC 与 MR = SMC，即 MR = LMC = SMC。

完全垄断厂商在长期生产中，可以调整所有生产要素。因此结合短期均衡中的几种情况，其在长期可能会做出如下调整：

（1）短期盈利，长期通过调整生产规模获得更多的盈利。

（2）短期盈亏平衡，长期通过调整生产规模获得盈利。

(3) 短期出现亏损,但仍可进行再生产,也即 SAC > AR > AVC,长期通过调整生产规模获得盈亏平衡或盈利。

(4) 短期出现不能进行再生产的亏损,也即 AR < AVC,通过获得政府的补贴或再投资扩大生产规樟改善盈利状况或退出市场。

在短期中,垄断厂商无法调整全部生产要素,因此不一定能实现利润最大化。但在长期中,厂商可以调整全部生产要素,因此可以实现利润最大化,这时就可以产生垄断利润。由于垄断厂商是市场价格的决定者,在长期中,垄断厂商可以在渗透性定价策略与撇脂性定价策略之中进行选择,以使自己能够在所达到的产量规模上能实现利润最大化。

四、完全垄断厂商的定价策略

(一) 单一定价

单一定价是指商品以相同价格出售给不同的消费者。主要根据市场需求的特点实施定价策略。对需求缺乏弹性的商品实行高价少销,对需求富有弹性的商品实行低价多销。

(二) 价格歧视

1. 价格歧视的含义

价格歧视是指厂商在同一时间内对同一成本的产品向不同的购买者收取不同的价格。

例如:工业用电——居民用电(0.761 元/千瓦时;0.560 元/千瓦时)

2. 实施价格歧视的条件:

第一,必须是完全垄断的市场。在竞争性市场上,竞争者会以竞争价格来破坏差别价格。

第二,必须能够把不同市场或市场的各个部分有效地分割开来。否则,产品将由低价市场流向高价市场。

第三,各个市场必须具有不同的需求价格弹性。如果各个市场弹性相同,就谈不上差别价格。

3. 价格歧视的类型:

一级价格歧视:又称完全价格歧视,是指完全垄断厂商根据每个消费者对买进每一单位产品愿意并能够支付的最高价格即需求价格来逐个确定产品售价,以榨取全部消费者剩余的定价方法。

例 1,国外私人医生对富人和穷人收取不同的价格。

例 2,比较近似的情况是艺术品的拍卖市场,在这一市场中,当对所拍卖的艺术品有兴趣的消费者都在场的时候,通过消费者之间的相互竞争价,每一件艺术品都可能按其最高价格出售。

二级价格歧视:是指垄断厂商根据不同的购买量实行不同的价格,这样可以榨取相当一部分消费者的剩余。这种价格歧视多用于燃气、供电、供水等公用事业部门。

三级价格歧视：是指垄断者对同样的产品在不同的市场（或对不同的消费群体）采取不同的销售价格。

例如：同一商品在豪华商场与在超级市场、在穷人区与富人区、在城市与在农村等价格差别很大；很多服务性行业往往会对学生、老人、军人等一些特殊人群提供低价位的服务；

电力公司对工业用电收费低，对居民用电收费高；通讯公司规定夜间通话费率低于白天通话费率。

任务四　垄断竞争市场

【案例导入】宇龙酷派：手机的垄断竞争

在国际知名企业手机品牌竞争下，来自深圳的宇龙酷派并不逊色，这出乎很多人的意料，因为这家公司名气并不是那么响亮，进入手机领域的时间也不算太长。

宇龙之所以能快速成长，关键是抓住了差异化的产品和营销模式。从进入手机领域之初，宇龙酷派就致力于高端智能手机产品的研发与营销，成为第一个推出 CDMA/GSM 可同时在线的手机企业。2005 年底，宇龙酷派凭借双待机产品酷派 728 击败三星、LG 等巨头，获得中国联通最大的世界风双模手机采购订单。

消费者需求的多元化，为实施个性化营销奠定了基础。牢牢抓住技术、产品的差异化，实施差异化营销和差异化服务，从而实现宇龙酷派的差异化突围。明白目标消费群的偏好是什么。在服务上，宇龙酷派也坚持差异化、人性化服务，在服务政策上，宇龙酷派针对 VIP 高端客户，第一个推出了上门服务的举措，受到高端消费者的欢迎。

非价格竞争即强化了竞争程度，也加强了对产品的垄断程度，虽然非价格竞争也需要成本，但是当价格竞争不能成为唯一的手段时，非价格竞争就尤为关键，非价格竞争能够使企业获得更多的垄断，以及巨额的垄断利润。

一、垄断竞争市场的特征

垄断竞争是一种介于完全竞争和完全垄断之间的市场组织形式，在这种市场中，既存在着激烈的竞争，又具有垄断的因素。垄断竞争市场是指一种既有垄断又有竞争，既不是完全竞争又不是完全垄断的市场，是处于完全竞争和完全垄断之间的一种市场。

在现实市场中，垄断竞争市场是很普遍的一种市场形式。例如，牛肉面和鸡丝面。这里的产品差别不仅指同一产品在质量、构造、外观、销售服务方面的差别，还包括商标、广告上的差别和以消费者的想象为基础的虚构的差别。又如，虽然两家饭店出售的同一菜肴（以清蒸鱼为例）在实质上没有差别，但是消费者心理上确认为一家饭店的清蒸鱼比另一家的鲜美,此时存在着虚构的差别。因此,对垄断竞争市场的研究对于将来深刻了解现实中的市场有着重要的意义。

垄断竞争市场表现为以下几个方面的特点:

1. 市场中存在着较多数目的厂商,彼此之间存在着较为激烈的竞争。由于每个厂商都认为自己的产量在整个市场中只占有一个很小的比例,因而厂商会认为自己改变产量和价格,不会招致其竞争对手们相应行动的报复。

2. 厂商所生产的产品是有差别的,或称"异质商品"。产品差别主要是指同一产品在价格、外观、性能、质量、构造、颜色、包装、形象、品牌、服务及商标广告等方面的差别以及消费者想象为基础的虚幻的差别。由于存在着这些差别,使得产品成了带有自身特点的"唯一"产品了,也使得消费者有了选择的必然,使得厂商对自己独特产品的生产销售量和价格具有控制力,即具有了一定的垄断能力,而垄断能力的大小则取决于它的产品区别于其它厂商的程度。产品差别程度越大,垄断程度越高。

在西方经济学中,这一条件是决定垄断竞争市场中存在垄断性的重要原因,因为产品的差异造成了无穷多的独特的产品市场,企业在其独具的市场中具有控制能力,形成对各个独特产品市场的垄断。

3. 厂商进入或退出该行业都比较容易,资源流动性较强。相对而言,垄断竞争市场在各方面都是比较接近于完全竞争的一个市场类型。不同的是,垄断厂商的产品差异性为其增加了些垄断势力。因此,在现实企业经营中,通过产品功能、品牌等方面创造这种差异性和不可替代性是厂商获得超额利润的主要途径。同时,需要注意的是,由于市场中厂商的规模以及产品差异化程度和对消费者的重要程度等因素的不同,垄断竞争市场中的各个厂商所拥有的垄断和竞争的成分也是不同的。成功的企业总是能够通过创造出一种能够带来垄断势力的因素来持续地保持和提高其在市场上的核心竞争力。

二、垄断竞争市场厂商的需求曲线

依据垄断竞争市场自有的特点,垄断厂商之所以能够产生垄断的主要原因是产品之间的差异性,而这些被少数厂商垄断的差异性是不能够完全被替代的。从经济学的角度来看,垄断竞争厂商的需求曲线是一条向右下方倾斜的曲线。这表示,当厂商降低价格时,其需求量不会无限制地提高,而当其提高价格时,其需求量也不会降低为零。虽然垄断竞争市场中厂商生产的产品不是独一无二的,且在一定程度上可以被替代,但在消费者眼中,这种替代是不完全的,总有那么一些消费者热衷于某种特定的产品,虽然价格上涨也不在乎,会一如既往地购买这种特定的产品。同时,由于市场上有许多企业提供可替代的产品,因此在竞争的作用下,单个企业产品的需求弹性要大于整个市场对这种产品的需求弹性。从曲线形状特征来看,相对于完全垄断市场的整个市场的需求曲线,垄断竞争厂商的需求曲线虽也是向右下方倾斜,但其倾斜的坡度相对较缓。

三、垄断竞争市场厂商的均衡

（一）垄断竞争厂商短期均衡

垄断厂商在短期内是在给定的生产规模下，不能调整所有生产要素，只能通过产量和价格的调整来实现 MR = SMC 的利润最大化的原则。垄断厂商为了获得最大的利润，也必须遵循 MR = SMC 的原则，由于厂商无法调整生产规模，厂商只能在既定的 SMC 上进行调整。

在短期生产中，垄断竞争厂商存在三种可能的均衡状态：

（1）当市场供不应求时，产品价格高于短期平均成本，此时厂商可以获得经济利润或超额利润。

（2）当市场供求平衡时，产品价格等于短期平均成本。此时厂商获得的总收益等于总成本，达到盈亏平衡。

（3）当市场供过于求时，产品价格低于短期平均成本。此时厂商短期亏损。如果价格小于短期平均成本但大于等于平均可变成本，厂商在短期内可以继续生产，以谋求长期获得改善；如果价格小于平均可变成本，则在短期内都不具备继续生产的条件了。

（二）垄断竞争市场厂商长期均衡

垄断竞争厂商的长期均衡在长期内，垄断竞争厂商不仅可以调整生产规模，还可以加入或退出行业。也就是说，有利润时，会有新的厂商加入生产，亏损时，会有厂商退出生产，因此，垄断竞争厂商在长期均衡时的利润一定为零。

如下图 5 - 10 所示，期内垄断竞争厂商仍然会维持在 MR = MC 条件下生产，即图中的 E 点。E 点所决定的产量为 OQ，价格为 OP。在长期均衡时，平均收益等于平均成本，因此，利润为零。此时不会有新的厂商加入，也不会有旧的厂商退出，市场达到长期均衡。因此垄断竞争厂商的长期均衡条件可以描述为：MR = LMC 且 AR = LAC´

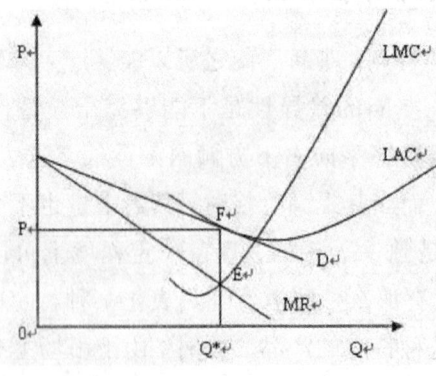

图 5 - 10　垄断竞争市场中厂商的长期均衡

任务五　　寡头垄断市场

【案例导入】泛美航空公司的终结

　　1991年12月4日是个值得注意的日子，世界著名的泛美国际航空公司寿终正寝。这家公司自1927年入行以来，数十年中一直保持国际航空巨子的骄人业绩。有人甚至认为，泛美公司的白底蓝字徽记(PAN AM)可能是世界上最广为人知的企业标识。但是对于了解内情的人来说，这个巨人的死亡算不上什么令人吃惊的新鲜事。

　　1980年~1991年，除一年外，泛美公司年年亏损，总额接近20亿美元之巨。1991年1月，该公司正式宣布破产。细心的读者一定注意到，这个日子同公司关闭之日相距将近一年。究竟是什么力量支持垂死的巨人又多活了一段时间？而且，就在1980年出现首次亏损后，为什么不马上停止这家公司的业务？又什么因素使这家公司得以连续亏损经营长达12年之久？

　　从经济学角度看，这是以市场供求曲线为基础的企业进出(市场)模式作用的结果。可变成本是随生产规模变化而变化的成本。按照企业进出模式，只要企业能够提出一个高于平均可变成本的价格并被顾客接受，那么不管该价格是合低于市场平均价格而必将导致企业亏损，这个企业的经营就算是有经意义的，也就可以继续存在。当然，企业要想在亏损情况下继续经营，必须通过出售其原有资产来维持。泛美公司在几十年的成功经营中积累了巨大的资产财富，足够它出售好一段时间的。自80年代起，这家公司先后卖掉了不少大型财产，包括以4亿美元将泛美大厦卖给美国大都会人寿保险公司，国际饭店子公司卖了5亿美元，向美国联合航空公司出售太平洋和伦敦航线，还把位于日本东京的房地产转手。到1991年末，泛美已准备将自己缩减成以迈阿密为基地的小型航空公司，主要经营拉美地区的航线，而把其余全部航线卖给三角洲航空公司。换言之，在整个80年代，尽管泛美公司仍然坚持飞行，但同时已开始逐步撤出国际航空市场。其实，在现实世界里，"企业进出模式"中的"撤出"通常就意味着缩减规模。至于市场经济是否应该加速企业撤出的问题，经济学家之间也是争论不休。

　　从泛美公司的例子来看，撤出是一种渐进过程。工人们可以多安心工作一段时间，晚一点再考虑转换工作的事情。然而泛美的股票持有者不这么看。他们的利益全在公司经年积累的家当上，当然不同意公司出售资产维持经营。也许他们并不了解实情，仍然抱有一线希望，以为公司只要变卖一些家产就可以渡过难关，否则肯定会设法迫使它早些关门。

一、寡头垄断市场的特点

寡头垄断是指少数几家厂商垄断了某一行业的市场，控制了这一行业的供给或需求。与垄断竞争市场一样，寡头垄断市场也是现实经济体中最为常见的一种市场类型，也同样兼具了垄断和竞争的成分。与垄断竞争市场不同的是，垄断竞争更加倾向于竞争，而寡头垄断则更加倾向于垄断。如电信、石油、钢铁、汽车等行业都可以看成是寡头垄断市场。

寡头的形成有垄断竞争市场竞争的结果，有政府相应制度的作用，同时也有某些行业的规模经济的要求。首先，在垄断竞争市场中，厂商为了持续提高竞争能力，会采取兼并弱小企业的行为，而随着兼并的持续进行，就会出现在某一行业形成了几个大型企业集团控制整个行业的竞争结构，如家电行业。其次，在有些行业，本来是完全垄断的市场结构，但垄断的无效率使其无法促进经济社会发展进步，此时政府会通过一定方式在这个市场中引入竞争因素，从而形成寡头的局面，如我国的电信行业。最后，与形成自然垄断的因素相似的是，有一些行业只有在企业达到一定规模后才能够有效率，此时这个行业只能容纳少数几个能够形成有效率规模的企业，从而形成寡头垄断，如钢铁、石油行业。寡头垄断市场具有如下几个方面的特征：

（一）厂商数量极少

市场中厂商只有两个或两个以上的少数几个。只有两个厂商的寡头垄断称作双头垄断。在寡头市场中，每一个厂商的规模实力都比较强，因此都具有举足轻重的作用，其中的任何一个厂商都能够对市场形成足以影响其他厂商的影响力。

（二）厂商进入或退出这一行业非常困难

不管是哪种原因形成的寡头垄断，其中每一个厂商在这一行业的生产中都具有高度的专业化，其他一般厂商在短期内要想达到同等的专业化程度极其困难，因此就造成了行业的进入困难。另外，由于寡头厂商自身在规模、资金、信誉、市场、原料、专利等方面进行了多年持续的投入，这些投入需要一定的时间才能转化为收益，因此，任意一个厂商的退出也极其困难。

（三）厂商之间相互依存

由于只有几个少数的厂商，每一个厂商都有明确的竞争对象。就如同几个小孩分一块蛋糕，一个多吃了必定会使另一个少吃。因此，厂商之间的决策其实是一个博弈的过程。任意一个厂商既不能单独决定市场价格，更不会单纯地接受市场价格，而是相互之间寻求一个各方都能接受的市场价格。

（四）产品可以同质化，也可以出现产品差异化

产品同质化寡头垄断市场往往存在于产业市场，如钢铁、塑料、水泥、汽油等行业，各个企业都是按照统一的标准进行生产的，厂商与厂商之间的产品没有差别。消费品领域的

寡头大都属于产品有差异的寡头垄断,如汽车、大家电、香烟市场等。

二、寡头垄断市场模型

由于寡头垄断市场中只有少数几个寡头厂商,如果几个寡头勾结在一起,各自划分势力范围,这就在客观上形成了垄断。垄断能够使寡头厂商更加容易地长期获取高额的垄断利润。此时,各个寡头厂商产量的决定就可以在各自的势力范围内依据垄断市场分析的方法来得出相应的结论。

(一)合作的寡头:卡特尔

卡特尔(cartel)是指厂商之间为了合谋而签订公开和正式协议这样一种市场结构形态。也可以说卡特尔(Cartel)是一种正式的串谋行为,它能使一个竞争性市场变成一个垄断市场,属于寡头市场的一个特例。卡特尔为法语 cartel 的音译,原意为协定或同盟。生产同类商品的企业为了垄断市场,获取高额利润而达成有关划分销售市场、规定产品产量、确定商品价格等方面的协议所形成的垄断性企业联合。它是资本主义垄断组织的一种重要形式。根据美国反托拉斯法,卡特尔属于非法。1865 年最早产生于德国(德语:Kartell),第一次世界大战后在各资本主义国家迅速发展。随着垄断资本的国际化产生了国际卡特尔。

按协议内容卡特尔可以分成规定销售条件的卡特尔、规定销售价格的卡特尔、规定产品产量的卡特尔、规定利润分配的卡特尔、规定原料产地分配的卡特尔等。生产同类商品的企业作为卡特尔成员,各自在法律上保持其法人资格,独立进行生产经营,但必须遵守协议所规定的内容。卡特尔成立时,一般签订书面协议,有的采取口头协议形式。成员企业共同选出卡特尔委员会,其职责是监督协议的执行,保管和使用卡特尔基金等。卡特尔以扩大整体利益作为它的主要目标,为了达到这一目的,在卡特尔内部将订立一系列的协议,来确定整个卡特尔的产量、产品价格,指定各企业的销售额及销售区域等。由一系列生产类似产品的独立企业所构成的组织,集体行动的生产者,目的是提高该类产品价格和控制其产量。由于成员企业之间的经济实力对比会因经济发展而变化,卡特尔的垄断联合缺乏稳定性和持久性,经常需要重新签订协议,甚至会因成员企业在争取销售市场和扩大产销限额的竞争中违反协议而瓦解。

卡特尔实例:世界石油输出国组织(OPEC)

世界石油的大部分生产国家形成了一个卡特尔,称为世界石油输出国组织(OPEC)。在 1960 年最初成立时,欧佩克包括伊朗、伊拉克、科威特、沙特阿拉伯和委内瑞拉。到 1973 年,又有其他八个国家加入:卡塔尔、印度尼西亚、利比亚、阿联酋、阿尔及利亚、尼日利亚、厄瓜多尔和加蓬。这些国家控制了世界石油储藏量的四分之三。正如任何一个卡特尔一样,欧佩克力图通过协调减少产量来提高其产品的价格。欧佩克努力确定每个成员国的生产水平。

欧佩克想维持石油的高价格。但是,卡特尔的每个成员都受到增加生产以得到更大总利润份额的诱惑。欧佩克成员常常就减少产量达成协议,然后又私下违背协议。

在1973年到1985年,欧佩克最成功地维持了合作和高价格。原油价格从1972年的每桶2.64美元上升到1974年的11.17美元,然后在1981年又上升到35.10美元。但在80年代初,各成员国开始扩大生产水平,欧佩克在维持合作方面变得无效率了。到了1986年,原油价格回落到每桶12.52美元。

现在,欧佩克成员继续每两年开一次会,但卡特尔在达成或实施协议上不再成功了,欧佩克成员主要是相互独立地做出生产决策,世界石油市场是相当有竞争性的。

(二)博弈竞争的寡头

博弈论是二人在平等的对局中各自利用对方的策略变换自己的对抗策略,达到取胜的目的。博弈论思想古已有之,中国古代的《孙子兵法》等著作就不仅是一部军事著作,而且算是最早的一部博弈论著作。博弈论最初主要研究象棋、桥牌、赌博中的胜负问题,博弈论考虑游戏中的个体的预测行为和实际行为,并研究它们的优化策略,故博弈论又称为游戏的理论。

寡头厂商在合作的过程中发现在很多情况下,这种合作是难以有保证的。因为每一个寡头厂商都是一个独立的经济体,都会为自己的利益最大化进行决策。因此,当退出的利益要大于合作的利益时,合作寡头厂商之间的合作就会破裂。所以在寡头垄断市场上,厂商数量很少,他们之间相互竞争而又相互依存,因此,寡头厂商的决策需要与其他厂商进行博弈。我们先简单介绍一下博弈论中的经典案例——"囚徒困境",通过这个案例来了解一下寡头厂商在相互博弈的过程中的情况。

"囚徒困境"是1950年美国兰德公司提出的博弈论模型,囚徒困境的故事讲的是,两个嫌疑犯作案后被警察抓住,分别关在不同的屋子里接受审讯。警察知道两人有罪,但缺乏足够的证据。警察告诉每个人:如果两人都抵赖,各判刑一年;如果两人都坦白,各判八年;如果两人中一个坦白而另一个抵赖,坦白的放出去,抵赖的判十年。于是,每个囚徒都面临两种选择:坦白或抵赖。然而,不管同伙选择什么,每个囚徒的最优选择是坦白,如果同伙抵赖、自己坦白的话放出去,抵赖的话判十年,坦白比不坦白好;如果同伙坦白、自己坦白的话判八年,比起抵赖的判十年,坦白还是比抵赖的好。结果,两个嫌疑犯都选择坦白,各判刑八年。如果两人都抵赖,各判一年,显然这个结果好。但这个帕累托改进办不到,因为它不能满足人类的理性要求。囚徒困境所反映出的深刻问题是,人类的个人理性有时能导致集体的非理性——聪明的人类会因自己的聪明而作茧自缚。

【思考与练习】

一、单项选择题

1.根据完全竞争市场的条件,下列哪个行业是接近完全竞争行业(   )。

A.自行车行业　　　B.玉米行业　　　C.糖果行业　　　D.服装行业

2. 完全竞争厂商所面临的需求曲线是一条水平线，它表示( )。

A. 完全竞争厂商可以通过改变销售量来影响商品价格

B. 完全竞争厂商只能接受市场价格

3. 在 MR = MC 的均衡产量上，企业( )。

A. 必然得到最大的利润　　　　B. 不可能亏损

C. 必然得到最小的亏损　　　　D. 若获利润，则利润最大；若亏损，则亏损最小

4. 如果在厂商的短期均衡产量上，AR 小于 SAC，但大于 AVC，则厂商( )。

A. 亏损，立即停产　　　　　　B. 亏损，但继续生产

C. 亏损、生产或不生产都可以　D. 获得正常利润，继续生产

5. 在厂商的停止营业点上，应该有( )。

A. AR = AVC　　　　　　　　　B. 总亏损等于 TFC

C. P = AVC　　　　　　　　　　D. 以上说法都对

6. 完全竞争厂商的短期供给曲线应该是( )。

A. SMC 曲线上超过停止营业点的部分

B. SMC 曲线上超过收支相抵点的部分

C. SMC 曲线上的停止营业点和超过停止营业点以上的部分

D. SMC 曲线上的收点相抵点和超过收支相抵点以上的部分

E. SMC 曲线的上升部分

7. 在完全竞争厂商的长期均衡产量上必然有( )。

A. MR = LMC ≠ SMC，其中 MR = AR = P

B. MR = LMC = SMC ≠ LAC，其中 MR = AR = P

C. MR = LMC = SMC = LAC ≠ SAC，其中 MR = AR = P

D. MR = LMC = SMC = LAC = SAC，其中 MR = AR = P

8. 当一个完全竞争行业实现长期均衡时，每个企业( )。

A. 都实现了正常利润　　　　　B. 利润都为零

C. 行业中没有任何厂商再进出　D. 以上说法都对

9. 某完全竞争行业的价格和供给量在长期内成同方向变动，则该行业的长期供给曲线呈( )。

A. 水平的　　　　B. 向右下方倾斜的　　　　C. 向右上方倾斜的

10. 假如某厂商的平均收益曲线从水平线变为向右下方倾斜的曲线，这说明( )。

A. 既有厂商进入也有厂商退出该行业

B. 完全竞争被不完全竞争所取代

C. 新的厂商进入了该行业

D. 原有厂商退出了该行业

二、判断题

1. 垄断竞争市场的垄断成分高于竞争成分。（　）
2. 市场上的厂商数目越多，竞争就越激烈。（　）
3. 完全竞争市场中，厂商的需求曲线其价格弹性无限大。（　）
4. 在市场供不应求时，完全竞争厂商在短期也可获得超额利润。（　）
5. 完全竞争厂商在长期没有超额利润，也没有正常利润。（　）
6. 完全竞争厂商的短期供给曲线在其边际成本曲线上。（　）
7. 垄断厂商可以在市场上随意定价。（　）
8. 垄断厂商在短期不可能亏损。（　）
9. 垄断竞争市场的厂商在长期可获得超额利润。（　）
10. 寡头垄断市场的市场价格决策可以不考虑其他厂商的反应。（　）

三、问题与应用

1. 市场类型评价的依据有哪几个？它门又是如何影响市场类型的？
2. 完全竞争市场成立的条件是什么？
3. 试画图分析完全竞争市场短期均衡的几种情况。
4. 试画图分析完全垄断市场短期均衡的几种情况。
5. 垄断竞争市场的特点是什么？为何垄断竞争市场厂商长期利润为零？
6. 寡头垄断市场的产量和价格是如何决定的？

四、案例分析：狡猾的农场主

一个生产小麦的农场主向他的工人发布了以下的坏消息：今年的小麦价格很低，而且我从今年的粮食中最多只能获得3.5万美元。如果我付给你们与去年相同的工资(3万美元)，我就会亏本，因为我不得不考虑3个月以前已经为种子和化肥花了2万美元。如果为了那些仅值3.5万美元的粮食而让我花上5万美元，那么我一定是疯了。如果你们愿意只拿去年一半的工资(1.5万美元)，我的总成本将为3.5万美元，至少可以收支相抵。如果你们不同意降低工资，那么我也就不打算收割这些小麦了。

工人能答应农场主的要求吗？

项目六

生产要素分配

【知识目标】

1. 理解要素市场是市场循环中重要的组成部分;
2. 掌握作为要素市场的需求方——厂商对要素的需求特点;
3. 能够运用基本的需求和供给理论、方法分析要素市场的价格决定;
4. 掌握劳动、资本、土地的供给特征,并能够结合需求对这些基本的生产要素价格决定进行分析;
5. 了解收入分配平等程度的衡量方式及相关政策。

【技能目标】

1. 能熟练运用劳动价格决定理论解释现实中的工资构成原因;
2. 能理解利息率的决定集中;
3. 能运用洛伦兹曲线与基尼系数衡量收入分配差距。

【项目导读】

2013年全国高校毕业生规模达到年大学生就业状况700万,2013年高校毕业生的就业状况究竟怎样?

自2003年起,北京大学教育经济研究所每两年都要对全国高校毕业生就业状况进行问卷调查,2013年6月他们进行了第六次大规模问卷调查。

调查统计结果显示,2013年高校毕业生月起薪平均值为3 378元。毕业生的起薪具有以下特点:

(1)学历越高起薪越多。专科生2 285元;本科毕业生3 278元;硕士5 461元;博士8 800元。

(2)性别之间存在差异。男性3 579元,女性3 094元,两者相差485元。

(3)学校类型之间存在差异。"211"重点高校3 157元,一般本科院校3 793元,高职院校3 291元,民办高校和独立学院2 610元。这一结果表明学校层次高并不能直接带来高收入,收入差异主要因学历、职业、就业地点等而不同。

(4)就业地区之间存在差异。京津沪5 419元,东部地区3 148元,中部地区2 882元,西部地区3 167元。地区之间呈现中部低、两头高的特点。最高与最低收入之比1.88倍。

(5)就业地点之间存在差异。省会城市或直辖市的平均收入最高,为3 791元;地级市的平均收入3 033元;县级市或县城平均收入2 656元;乡镇和农村的平均收入分别为2 518元和2 485元。

(6)工作单位性质之间存在差异。11个单位类型按照平均起薪由高到低的排列顺序依次为:科研单位、三资企业、高等学校、国有企业、国家机关、其他事业单位、其他企业、医疗卫生单位、中小学、私营企业、乡镇企业。

(7)工作类型之间存在差异。企业管理工作、专业技术工作、国家机关党群组织事业单位管理人员的收入位居前三甲。

(8)行业之间存在差异。19个行业按照平均起薪由高到低的排列顺序依次为:信息传输、计算机服务、软件业;金融业;科研、技术服务;房地产;水利环境公共设施管理;文化体育娱乐业;电力、煤气和水的生产和供应业;公共管理与社会组织;采矿业;卫生、社会保障;教育;建筑业;制造业;交通运输、仓储和邮政;农林牧渔;租赁和商务服务业;批发零售;居民服务;住宿餐饮。(资料来源:《光明日报》,2014-01-28)

厂商就如同消费者要实现效用最大化需要从产品市场购买商品一样,厂商为了实现利润最大化而进行生产也必须从生产要素市场上购买各种各样的要素(劳动、土地、资本、企业家才能),这在要素市场上就构成了要素的需求。但相对于产品市场,要素市场的需求现象具有其自身的特性。

任务一　　要素市场概述

前面我们讨论企业或厂商生产决策时,撇开了生产要素的报酬问题。生产要素是用于生产产品或服务的投入。其实企业在决定生产什么、生产多少、如何生产的时候,生产要素报酬是非常重要的制约因素。厂商购买土地使用权建厂房,要支付地租;借贷资金去购买机器、设备、原材料、使用电力能源,要支付利息;雇佣劳动者、管理者要支付工资或薪金等等。生产者为获得生产要素进行现实的生产活动,必须向要素所有者支付报酬,这对厂商来说,形成其生产经营的成本,对要素所有者来说,则形成收入。

一、要素市场需求的特性

同产品市场相比,要素市场有其自身的特点,主要表现在:

1. **两者需求者与供给者换位**。在产品市场上,需求者是家庭,供给者是企业;在要素市场上,需求者是企业,供给者是家庭。换句话说,家庭在产品市场上以需求者出现,在要素市场上以供给者出现,企业在产品市场上以供给者出现,在要素市场上以需求者出现。

2. **生产要素的需求是派生需求**。在产品市场上,消费者购买各种各样的消费品是为了满足自身需要,为了能够实现效用最大化而产生的需求。与产品市场需求不同的是,厂商购买各种生产要素不是为了满足直接的需要,而是依据市场上消费者对厂商生产的产品的需求而引发出来的。也就是说,产品市场对厂商生产产品的需求派生出了厂商对要素市场相关生产要素的需求,这就是要素市场需求"派生性"。

3. **生产要素的需求是联合需求**。厂商生产任何一种产品不会只投入一种生产要素,实际的生产过程总是各种生产要素互相结合才能正常进行。如饭店向客人供给食物时,既需要投入饭店经营场所和饭店经营的相关设备,又需要投入人力和食材,等等。因此,厂商向产品市场提供一种商品时,往往需要从要素市场购买一系列的生产要素,这些要素联合在一起才能使厂商组织正常生产,这就是生产要素需求的"联合性"。

二、生产要素需求量的决定

厂商为了获得利润最大化,在产品市场的决策必须符合边际收益等于边际成本的基本原则。这一问题转化到了要素市场上,就意味着要想获得利润最大化,厂商对生产要素的需求量就取决于要素的边际收益与边际成本。

1. 要素的边际收益

所谓要素的边际收益,是指厂商增加一单位某种要素的使用量所增加的产量而带来的收益,可用 MRP 表示。在完全竞争的产品市场中,假定产品市场价格为一定的前提下,要素的边际收益取决于增加一单位要素所能够为厂商增加的产量,这也被称为要素的边际生产力。

2. 边际生产力递减规律

生产过程中,在其他要素投入和生产方式等其他条件不变的前提下,依据短期生产理论,连续增加某种生产要素的使用量,所带来的边际产量在一开始是递增的,但最终会呈现出递减的趋势。这一规律也可以称为边际生产力递减规律。

在完全竞争的产品市场上,由于市场价格一定,每增加一单位产品的产出所带来的边际收益是不变的,因此,在边际生产力递减规律的作用下,要素的边际收益也会呈现出递减的趋势,要素的边际收益曲线是一条向右下方倾斜的曲线。

任务二 工资

【案例导入】

"春节过后,洗车工70元一天都招不到人,"据一家汽车美容店的胡经理介绍,洗车行一般开出的待遇是包吃包住,1100元底薪加提成,一个洗车工人一般能拿到1700元。

胡经理说,顾客过年用车多,初六开门以后门口大量车辆排队等候洗车。由于人手紧缺,他们不得已提高了洗车价格,从平时的30元提高到60元~80元。"就算涨了工资,还是没人愿意来。"

火星镇一位洗车行老板王军说,洗车是没有多少技术含量的活儿,在这一行做的多是年龄偏大的男工人,而且本地人少,所以人员临时性和流动性较大。洗车属于劳动密集型行业,劳动强度很大,不是每个人都能干的。

在一家洗车行,记者遇到一位洗车工小熊。来自邵阳的他今年22岁。"问了很多人都说洗车工人工资偏低,普遍每个月在1700元左右,但管吃管住,所以先做下了。"小熊说,他有几个老乡就是因为嫌洗车辛苦、工资低回乡就业了。

"洗车这一行工资太低了,我希望尽快学一些经验练成熟手,多赚些钱。"小熊的话代表了很多人的心声。记者随后与一位回老家的洗车工吴雪峰取得联系,他之前在长沙洗了两年车,小吴表示洗车既辛苦又赚不到钱。"我现在在家里帮着爸妈做点小生意,一个月同样可以赚2000多元,何必来长沙洗车呢!"小吴说。

春节过后,洗车店老板为什么增加了洗车工的工资?增加了工资为什么还是招不到洗车工?洗车工的工资是由什么来决定的?

对绝大多数人来说,收入主要由他从事哪一类工作来决定。经济学从劳动市场的需求与供给来说明工资的决定。本部分将以完全竞争的劳动市场和完全垄断竞争市场为例,说明工资的决定机制,完全竞争的劳动市场是指无论劳动的买方还是劳动的卖方都不存在对劳动的垄断的情况。在完全竞争的劳动市场上,工资是由劳动的需求和供给共同决定的。

工资是劳动力所提供劳动服务的报酬,构成劳动者的收入。工资通常用工资率来表示,它反映劳动者单位劳动时间的货币工资水平。在本节中,主要分析完全竞争性劳动市场和完全垄断性劳动市场的工资决定。

一、完全竞争性劳动市场的工资决定

在完全竞争的劳动市场上,无论劳动的所用者,还是劳动的使用者,都不存在任何垄断。因此,工资就完全由劳动的供给和需求决定。

(一)劳动供给问题

劳动供给问题涉及到消费者对其拥有的既定时间资源的分配。在每天固定的24小时

之中，有一部分必须用于睡眠而不能挪为它用。剩余部分是消费者可以自由支配的时间资源。除必须的睡眠时间和劳动供给之外的全部活动时间为闲暇时间。例如，用于吃、喝、玩、乐即各种消费活动的时间。劳动供给问题则可以转化为消费者如何决定其固定的时间资源在闲暇和劳动供给两种用途上的分配。消费者选择一部分时间作为闲暇来享受，其余时间作为劳动供给。闲暇直接增加了消费者效用，劳动供给则可以带来收入。就实质而言，消费者是在闲暇和劳动收入之间进行选择。或者更一般地说，是在自用资源和收入之间进行选择。

劳动的供给反映的是劳动量与工资水平的依存关系，通常是指在一定的工资水平上，劳动者愿意而且能够提供的劳动时间。如果把劳动者的时间分成劳动和闲暇两部分，那么，对劳动者来说，劳动供给决策实质上是他把有限的时间在劳动和闲暇之间进行合理配置的问题。

劳动能够获得收入，但又必须以牺牲闲暇和享乐为代价；反之，闲暇可以得到享乐，但却要以牺牲所能带来的收入为代价。因此，工作所带来的收入与闲暇的享乐互为成本；或者说工作能带来的收入成为闲暇的价格。当工资上升时，闲暇的机会成本或闲暇的价格提高，会使得居民户用劳动时间的增加来代替闲暇时间的减少，从而扩大劳动供给量，这就是工资的替代效应。工资的替代效应使劳动供给量与工资成相同方向变动。同时，工资上升使居民户更加富裕，增强了居民户购买昂贵的闲暇的经济能力，扩大了居民户的闲暇要求，从而使劳动供给减少，这种效应称为工资的收入效应。工资的收入效应使劳动供应量与工资成反方向变动。

(二)劳动供给曲线

劳动供给曲线向后弯曲，表示消费者随工资的上升，劳动供给量是先增后减。如图6-1所示，在S曲线的b点以下部分表示工资较低时，随着工资的增长，消费者愿意提供的劳动量也增加，这段供给曲线斜率是正的，劳动供给曲线向右上方倾斜。当工资涨到W_1时，消费者的劳动供给量达到最大值L_1。S曲线的b点以上部分表示工资进一步提高，劳动供给量不仅不会增加，反而会减少，这段供给曲线的斜率是负的，劳动供给曲线从工资W_1处起向后弯曲。

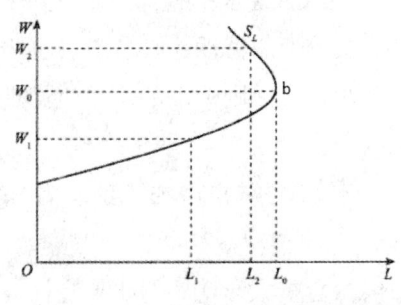

图6-1 劳动的供给曲线

(三)劳动供给曲线的解释:用闲暇需求曲线进行说明

1.将劳动供给看作是闲暇需求的反面

在时间资源总量给定的条件下,劳动供给的增加就是闲暇需求的减少,二者之间成反方向变化。

2.工资可以看成是闲暇的价格(机会成本)

增加一单位时间的闲暇,意味着失去本可以得到的一单位劳动的收入,即工资。

3.闲暇需求曲线的替代效应和收入效应

替代效应:闲暇商品的替代效应与其他正常商品相同。闲暇需求量与闲暇价格成反方向变化。当工资增加,使闲暇的成本(价格)增加,消费者会放弃闲暇去工作。

收入效应:闲暇商品的收入效应与其他正常商品不同。闲暇需求量与闲暇价格成同方向变化。当工资增加,消费者的实际收入增加,即提供同样的劳动量可以获得更多的收入,随着收入的增加,消费者会增加对商品的消费,也增加对闲暇商品的消费,从而减少工作。

4.劳动供给曲线的形状取决于闲暇的替代效应和收入效应的大小

工资较低:替代效应大于收入效应,劳动供给曲线向右上方倾斜。

工资较高:收入效应大于替代效应,劳动供给曲线向后弯曲。

工资的替代效应和收入效应同时从不同方向影响劳动供给量。在工资水平较低时,替代效应大于收入效应,劳动供给曲线向右上方倾斜;当工资达到较高水平后,收入效应大于替代效应,劳动供给曲线向左上方倾斜。因此,劳动的供给曲线是如图6-8中的先有正斜率后有负斜率的背弯曲线 S_L。

劳动的供给曲线和形状:

①工资较低时,替代效应＞收入效应,劳动供给曲线向右上方倾斜。

②工资较高时,收入效应＞替代效应,劳动供给曲线向左上方倾斜。

(四)劳动的市场供给曲线和劳动市场均衡的决定

1.劳动的市场供给曲线

将所有单个消费者的劳动供给曲线水平相加,即得到劳动的市场供给曲线。在较高的工资水平上,现有工人也许提供较少的劳动,但高工资也吸引进来新的工人,故劳动的市场供给一般仍随着工资的上升而增加,则劳动的市场供给曲线是向右上方倾斜的。

影响劳动供给曲线变化的因素主要有:

一是财富(非劳动收入)。较大的财富增加了消费者保留时间以自用的能力,从而减少了消费者的劳动供给。

二是习俗。习俗对劳动供给有重大影响,例如某些社会中不允许妇女工作。

三是人口。人口的总量及其年龄、性别构成也对劳动供给有重大影响。

2. 劳动市场均衡的决定

劳动市场的供求曲线的交点决定均衡工资水平和均衡劳动数量。如图 6-2 所示，劳动需求曲线 D 和劳动供给曲线 S 的交点是劳动市场的均衡点，决定了均衡工资水平为 W_0，均衡劳动数量为 L_0。

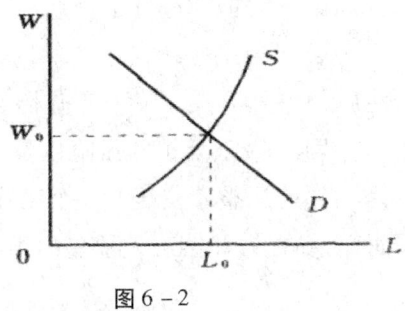

图 6-2

二、完全垄断性劳动市场工资的决定

劳动要素的特殊性，使得劳动市场上存在不同程度的垄断。这种垄断不外乎三种情况：一种是劳动要素的卖方垄断，即劳动者组成工会，垄断劳动的供给；一种是劳动要素的买方垄断，即厂商对劳动购买的垄断；还有就是劳动市场的双边垄断。在这里，我们主要分析劳动市场上的卖方垄断对工资决定的影响。

劳动市场上的卖方垄断主要源于工会的存在。在西方国家中，工会是完全独立的维护工人权益的工人组织，它不受政党和政府操纵。在工资决定中，工会代表工人与厂商谈判后协调确定。由于工会控制了工会会员，力量相当强大，经济学把它视为劳动供给的垄断者。工会对劳动供给的垄断，主要通过三种方式影响工资和就业。

1. 限制劳动供给。在劳动需求不变的条件下，工会通过减少劳动供给可以提高工资。工会减少劳动供给的方法主要有：限制非工会会员受雇，迫使政府通过强制禁止使用童工、限制移民、减少工作时间的法律等。

2. 增加劳动需求。在劳动供给不变的条件下，增加劳动需求可以提高工人工资水平。由于劳动要素需求是产品需求派生的，工会要求厂商增加对劳动的需求的主要途径是增加市场对产品的需求。工会可以通过议会等活动来促使政府制定和实施扩大需求的政策，比如扩大出口、限制进口、实行保护贸易等。

三、工资差别和工资激励

在生活中我们即使没有经历过，也会见过这样的情形。同一个人干不同的工作，工资待遇大不一样；同一件工作不同的人干，工资待遇也不尽相同，可见工资差别是个相当普遍的现象，那么工资差别存在的原因是什么呢？经济学家将原因归结为以下几种情况。

无论是完全竞争性市场，还是完全垄断性市场，都客观存在两方面的问题：一是各个工人之间的工资存在差别,即使在不存在工会垄断的情况下也是如此;二是存在工人偷懒。从而需要恰当的约束和激励。

1. 工资差别

所谓工资差别,是指具有相似的教育背景和工作经历的各工人之间的工资差异经济学认为,工资差别主要有补偿性工资差别、效率性工资差别以及歧视性工资差别等。

①补偿性工资差别

工资差别可能与职业性质的差别有关。一份工作除了货币特征外,还具有非货币特征,其中包括工人享有的自主程度、人工承担的风险以及工作的乐趣等。厂商会根据这些非货币特征的的诱人和不诱人之处调整工资,为一个工作的不合意的方面对工人进行补偿。这种因职业性质不同而产生的、为补偿工人承受的不合意所形成的工资差别,就是补偿性工资差别。

工作乐趣很少,需要经常加班或者工作地点不方便,如采矿工人的补贴,夜班工人的附加工资等等。

凡是涉及到工作环境差、神经紧张、风险责任大、缺乏自主性、社会地位低微等的工作,都在某种程度上需要提供补偿性工资差别,以平衡由此原因导致的对工作的规避厌恶情绪。

②效率性工资差别

工资差别还可能与个人间生产效率的差别有关。有些工人的生产率较其他人高得多,甚至在具有相同经历和相同教育的人中也是如此。基于个人生产效率差别而形成的工资差别被称为效率性工资差别。

比如,一些人的生产效率就是比其他人高;天生能力上的差别;学校教育和后天学习能力上的差别;个人努力和品质特征的差别。

③歧视性工资差别(偏见、裙带关系等因素)

除补偿性和效率性工资差别外,还存在歧视性工资差别。歧视性工资差别,是指因年龄歧视、种族歧视、性别歧视以及职业歧视所形成的工资差别。在具有类似教育背景、工作经历和大致相同的生产率情况下,通常上年纪工人的工资低于中青年工人,黑人的工资低于白人,女工的工资低于男工。近年来,上了年纪的工人、黑人和妇女在工资上的不利地位在逐渐好转,人们关注的焦点已转到歧视社会地位较低的阶层,这个阶层很少有机会得到收入更好的工作,造成歧视性的工资差别。

④信息不完全的工资差别

找工作(搜寻)要花时间(成本),正如一家商店对某件商品的售价低于另一家商店一样,一家厂商完全可能比另一家厂商以更低的工资来雇佣员工,但是寻找工作的人可能会不知道(如保姆、钟点工)。

⑤"声誉租金"明星们的巨额收入,如乔丹、罗纳尔多、贝克汉姆、帕瓦罗蒂等。

2. 工资激励

除非机器出故障，它们总是按照人们所要求的那样去工作。而工人毕竟不同于机器，在缺乏约束和激励的情况下，工作的偷懒是普遍存在的。为了使工人充分有效地生产，而不是松松垮垮地工作，实行计件工资和效率工资是两种重要的制度选择。

计件工资制度是指工人按所生产的每件产品或所完成的每项生产任务取得报酬的支付制度。在计件工资制度中，具有更高生产率的工作获得更高的报酬，生产效率更低的工作获得的报酬更低。应该说，计件工资能提供促使工人努力工作的恰当激励。然而，完全实行计件工资制度存在一些实际障碍：一是工人在计件工资制度中要承担很大的风险。比如某个工人因病休假一周，那么该工人在那一周就没有收入。二是雇主不能确切地衡量工人所完成工作的数量和质量。通常情况下，即使生产的数量容易衡量，工作的质量也不好评价，工人只有追求数量的激励而缺乏追求质量的激励。正因为这个障碍，以计件工资作为主要收入形式的美国工人较少，完全以这种形式取得收入的工人数量则更少。

在完全竞争的劳动市场上，所有的工人都有同样的生产率并得到同样的工资，所有愿意工作的人都会在等于他们边际产出的工资水平上找到工作。即使他们被某个雇主解雇，也能够在其他地方以相同的工资就业。此时，工人存在偷懒的刺激。为了得到员工的忠诚和高质量的工作并减少工人跳槽，厂商必须向工人支付比他们在其他地方所得报酬更高的工资。在这个工资水平上，由于偷懒而被解雇的工人就面临工资降低的风险。如果工资的差别足够大，工人就会被吸引到进行有效的工作上来。这种可以避免偷懒、刺激工人有效地生产的高工资就称为效率工资。

【案例分析】中国"大学生殡葬师"成紧俏人才

新疆乌鲁木齐市殡仪馆里，有10名为逝者守灵、敬灵的专业殡葬礼仪师，有9名是应届大学毕业生。据了解，1998年前，大学毕业生是看不上殡葬行业的，但这样的情况其后就完全改变了。为什么大学毕业生会选择殡葬行业？重庆城市管理职业学院招生就业处处长贾小波说，理由很简单：收入高，并且工作很稳定。他认为，当前的就业压力和学生就业观念的改变，加上市场的需求，导致了殡葬专业火爆。该学院统计数据显示，殡葬专业毕业的学生，初入殡葬相关单位，收入超过3000元，转正后，工资最低也在6000元以上，并且不含各种奖金等。

据新华社报道，随着人口老龄化加速，殡葬行业职工队伍不断扩大。不少民政类高校和中等专业学校率先开设了"现代殡仪技术与管理"专业，招生和就业十分火爆。然而进入殡葬行业的年轻人在收入稳定的同时，也遭遇了生活中的很多不便。

案例思考：为什么殡葬师的工作工资高于其他工种？

任务三 利息

【案例导入】黑死病经济学

14世纪的欧洲，鼠疫的流行在短短几年内夺去了大约三分之一人口的生命。这场鼠疫被称为黑死病。由于相当数量的农民泯灭于黑死病中，领主们如果不想让他们的土地荒废，只有两个选择：花高价钱雇佣劳力，或者把土地出租给邻村或城镇里生存下来的农民。缴税的农民们成了领主土地上的佃农。随着疾病和死亡进一步消耗着劳动力资源，佃农们不得不招募人手来帮助工作，这些人来自没有土地的流民和城镇中活下来的人。城镇中劳动力的减少使得那些仅存的劳动人口在谈判桌上占据了优势，他们的工资也相应提高。除非农场主配置额外的资本，如牛和种子，否则农民们不愿意接受租赁契约。在城镇里，工具和机器取代了人力。另一方面，规模经济被用在远洋运输事业上，但这就需要更先进的造船工艺和导航技术，经济更加多元化，资本更为集约地利用，技术创新更为重要，财富也得到重新分配。

这一时期，工资翻了将近一番，而租金减少了50%，甚至更多。黑死病给农民阶级带来了经济繁荣，而减少了有土地阶级的收入。

试分析劳动、土地和资本之间的内在联系，为什么黑死病会带了一系列的变化？

一、资本市场与利息的含义

企业要开展正常的生产经营，必须要投入厂房、机器设备等生产资料，这些生产资料都需要用货币资本来进行购买，因此，资本已经成为企业开展生产经营的重要生产要素，也就形成了资本的要素市场。

资本可以用一定量的货币来进行表示，此时，就有一个疑问了，那就是"钱"也可以买卖吗？需要说明的是，由于资本或货币本身就代表了钱，而用钱去买钱是毫无意义的。但由于人们对资本或货币有一种时间偏好，资本也就有了使用时间的价值，因此，资本市场的买方购买资本其实质上的含义是购买一定量货币使用时间的权利。

在市场上购买任何商品都需要支付一定价格，资本市场也是如此，厂商为了获得资本在一定时间的使用权利，也需要支付一个价格，通常的表现形式就是利息。因此，资本或货币在单位时间的使用权所需要支付的价格可以用利息率来衡量(利息率可用字母r来表示)。

如小王从银行贷款10万元购买了一台机器设备，贷款的期限为1年，利息率为10%因此小王在贷款一年到期时需要归还银行的10万元本金的同时，还需要支付10万元的10%的利息，小王连本带息共需要还款11万元。

资本品如机器设备、厂房甚至股票等的购买价格也常常需要通过市场的利息率和该资本的单位时间的收益来进行核算。通常是把该资本品的未来年份的收益通过利率的方式折算成当前时间的价值总和来衡量该资本品的购买价格。如某只股票在未来每年的预期收益为 11 元,此时的银行年利率是 10%,这只股票的转让价格可以依据 10% 的银行利率把其未来有年份的预期收益折算成现值。这就等于把 10 元钱依据 10% 的市场利率存到银行,每年能够获得 1 元的利息,其未来收益效果是等同的。因此,该只股票的转让价格就是 10 元/股。

资本市场的利息率水平是由买卖双方通过市场相互作用最终形成的。资本市场的买方既包括厂商,也包括消费者。厂商为了生产过程中需要的厂房、设备、原材料等,需要购买资本的使用时间,消费者为了能够实现提前消费,也需要购买资本的使用时间,这种购买资本使用时间的行为通常被称为贷款。在本阶段的分析中,我们先忽略掉消费贷款的现象,认为厂商是资本市场购买方或需求方的主体。

厂商产生资本需求时通常都是去银行贷款,这是否意味着银行就是资本市场的买方呢?其实不然,银行用来发放贷款的自有资本量在其所贷款总额中的比例非常小,可以忽略不计,银行所发放的贷款是从其向广大的消费者或家庭的存款中来的。银行被认为是资本市场的中介机构,其通过吸收存款和发放贷款并从中赚取存贷款的利差来获利。因此,资本市场真正的供给方应该是个人或家庭。

二、资本的需求

资本的需求量是指在一定时间范围内,给定其他条件不变,厂商在一定利息率的条件下愿意并且能够购买的资本的使用量。资本的需求是在一定时间范围内,给定其他条件不变,厂商在所有可能的利息率水平下愿意并且能够购买的资本的使用量。

与其他生产要素的需求特点一样,单个厂商对资本要素的需求也要取决于资本的边际收益和资本的边际成本。由于资本的价格——利息率是一个相对数值价格,因此,对于边际收益也采用边际收益率来进行分析。厂商是否增加一笔贷款,要取决于两个因素,一是这笔贷款的利息率大小,二是这笔贷款所进行的投资经营所能够带来的预期收益率。如某厂商考虑贷款 1 000 万元来追加投资,预期的收益率是 20%,如果此时银行的贷款利率是 10%,那么追加的这 1 000 万元投资能够为其带来 10% 的年利润率,应该增加这笔贷款。如果银行的贷款利率是 30%,厂商的预期利润率仍然还是 20%,因此,追加投资带来的是 10% 的净亏损,理性的厂商就不会增加这笔贷款。单纯从经济学角度来进行分析,厂商是否增加贷款取决于增加的这笔贷款所带来的收益增加量是否能够弥补这笔贷款要支付的利息。因此,当利息率小于或等于预期收益率时,厂商会增加贷款;当利息率大于预期收益率时,厂商会选择放弃。

资本的市场需求等于各个厂商对资本需求的总和。

如表 6 - 1 所示。假设在某一资本市场中有 A、B、C、D、E 五个厂商意图贷款 1 000 万元来追加投资,由于所处的行业不同以及所涉及产品市场范围不同等原因,这些厂商的预期收益率也各有差异，A，B，C，D，E 五个厂商的预期收益率分别为 15%、12%、10%、8% 和 6%。当银行的贷款利率为 16% 时，由于所有厂商的预期收益率都低于这一利率，市场的资本需求量为零；当银行的贷款利率下降到 13% 时，只有 A 企业贷款追加投资是可获利的，因此市场资本需求量为 1 000 万元；当银行贷款利率下降到 11% 时，A，B 两个企业都能贷款，因此市场资本需求量为 2 000 万元；当银行利率下降到 9% 时，A、B、C 三个企业都可从贷款追加投资中获利，资本市场需求量为 3 000 万元；当银行贷款利率下降到 6% 时，这五个厂商都能够通过贷款获利，起码厂商 E 不会因此而产生亏损，因此，五个厂商的资本需要量就可以转化为市场的需求量，为 5 000 万元。

表 6 - 1　　　　　　　　　　　资本市场需求表

厂商	厂商资本需要量	厂商预期收益率	贷款利率	资本市场需求量
A	1 000 万元	15%	16%	0 元
B	1 000 万元	12%	13%	1 000 万元
C	1 000 万元	10%	11%	2 000 万元
D	1 000 万元	8%	9%	3 000 万元
E	1 000 万元	6%	6%	5 000 万元

从表 6 - 1 可知，随着市场贷款利率的下降，资本市场需求量随之上升，反之，资本需求量下降。资本市场的需求规律与一般商品市场的需求规律是类似的，都符合需求定理。因此，在坐标轴内可以用一条向右下方倾斜的曲线来表示资本的需求。

三、资本的供给

资本的供给量是指在一定时间范围内，给定其他条件不变，消费者或家庭在一定利息率水平下愿意并且能够通过储蓄的形式向市场提供的资本数量。资本的供给是指在一定时间范围内，给定其他条件不变，消费者或家庭在任意利息率水平下愿意并且能够通过储蓄的形式向市场提供的资本数量。

资本的供给方不是银行，而是消费者或家庭。消费者或家庭通过在银行这个金融中介机构进行储蓄来向市场提供资本，并通过银行获得储蓄资金的利息。

在现实的生活中，人们把货币资金存进银行有许多不同的需求，如为了获得资金的安全、支付的安全方便以及资金的保值增值等。本阶段经济学分析中需要把这些个性化需求暂时忽略掉，只从利益角度来考虑是否愿意并且能够依据市场利率来调整储蓄。

从单个消费者或家庭来分析，储蓄量的增加或减少既要考虑到愿意与否或是否有获利的动力，又要考虑到能不能及时调整储蓄量的因素。因此，资本市场的供给需要从短期和长期两个视角来进行考量。

在短期视角下，当存款利率上升或下降时，消费者很难依据市场利率的波动调整消费量和收入量。因为消费者很难在很短的时间里马上增加收入,也不容易做到在短期内节省足够的支出,也就很难增加储蓄或减少储蓄。因此资本市场的供给在短期可以被看作一个固定不变的值,其供给曲线是一条垂直于横轴的直线。如图6-3所示。

在长期视角下,消费者就可以通过调整消费来增加或减少储蓄。当存款利率上升时,由于增加储蓄可以获得更多的未来的收益,消费者会减少当前消费,增加储蓄,从而达到提高未来消费资金的目的;当存款利率下降时,消费者认为存款的未来收益下降,在未来能够增加的可消费资金减少,因此会选择当前消费,减少当前的储蓄量。综上所述,在长期,资本市场的供给会随着市场利率的提高而提高,随着市场利率的降低而降低,呈同方向变动的关系。在坐标轴上,可以用一条向右上方倾斜的一条曲线来表示资本市场供给的规律,如图6-4所示。

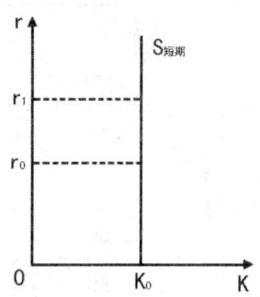
图6-3 短期资本供给

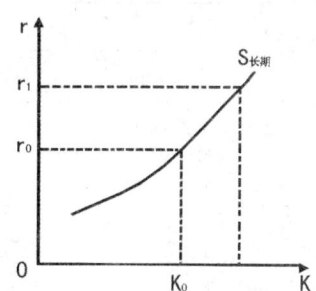
图6-4 长期资本供给

四、利息率的决定

抛开国家对利息率方面的政策影响,利息率作为资本市场资本的价格,是由资本市场需求和供给两个方面的势力相互作用最终形成的均衡状态决定的。

由资本供给方面的分析可知,短期供给和长期供给的特点不同,因此,资本市场利息率的决定方面也需要对短期利息率和长期利息率的决定分别进行分析。

如图6-5所示,向右下方倾斜的资本的需求曲线 D_0 与垂直于横轴的短期资本供给曲线相交,形成了初始的均衡利息率 r_0,当市场的资本需求增加到 D_1 时,由于供给不变,资本市场的均衡量没有发生变化,但均衡利息率却由 r_0 上升到了 r_1。因此,可以认为,在短期,市场利率是由资本需求水平来决定的。

如图6-6所示,向右下方倾斜的资本需求曲线 D_0 与资本的长期供给曲线S长期相交决定了初始的资本市场均衡利息率和资本量分别为 r_0 和 K_0,当某种因素导致资本需求增加到 D_1 时,形成了新的均衡点,该点所决定的均衡利息率和均衡资本量分别为 r_1 和 K_1。因此,资本市场长期均衡利率的分析符合一般供求的规律。

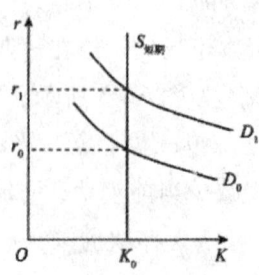
图 6-5 资本市场短期均衡

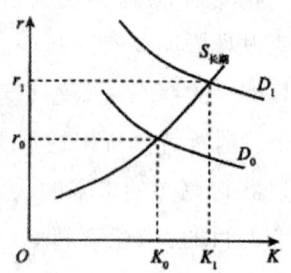
图 6-6 资本市场均衡

【阅读材料】

中国人民银行 2012 年 7 月 6 日起调整后的金融机构人民币存贷款基准利率见表 6-2。

表 6-2　　　　　　金融机构人民币存贷款基准利率调整表

项目	调整后利率
一、城乡居民和单位存款	
（一）活期存款	0.35
（二）整存争取定期存款	
三个月	2.60
半年	2.80
一年	3.00
二年	3.75
三年	4.25
五年	4.75
二、各项贷款	
六个月	5.60
一年	6.00
一至三年	6.15
三至五年	6.40
五年以上	6.55
三、个人住房公积金贷款	
五年以下(含五年)	4.00
五年以上	4.50

任务四　地　租

土地是人类赖以生存的基础，人类的经济活动也需要以占用一定土地作为基本条件。自古以来，国家之间的战争、经济的发展都与土地的多少有着密切的关系。从微观经济角度进行分析，任何厂商和个体经济的活动都离不开土地这个基本的要素。尤其是在厂商的生产过程中，作为一种基本的生产要素，与其他要素一样，世界各国也都形成了各种特点的土地市场。

一、土地的供给、需求与地租决定

（一）土地的供给

土地作为大自然赋予人类的财富，与其他自然资源一样，在数量上基本是没有办法增减的。人类的经济活动无法制造出土地，这就使得土地这种资源的供给就具备了一种自然供给的特点。而具有自然供给特征的包括土地在内的自然资源的多少不以人的意志来转移，更不会因为人类经济活动中的土地市场价格的提高或降低而发生变动。土地数量的固定性，使得其在供给上是完全缺乏弹性的。因此，土地的供给曲线在坐标轴上是一条垂直于横轴的直线。

虽然土地对于整个人类社会而言或相对于一个国家而言，在绝对量上没有办法增减。但是如果站在一个行业或一个企业的角度，如果这个行业或企业能够比其他行业或企业对土地有更加高的价格承受能力，在土地在总量供给不变的情况下，是可以通过内部配置比例的变动对这一行业或企业增加供给的。从这一角度而言，土地的供给又是一条向右上方倾斜的曲线。

（二）土地的需求

土地的需求在现实经济中受到诸多因素的影响，如人口数量、经济发展水平、技术水平，等等。在本阶段经济学的学习中，我们暂且假定影响土地需求的非价格因素不变，只考虑土地价格变动对土地需求量的影响。

土地价格的表现形式为地租，而不是土地的所有权的价格。在土地私有制的前提下，土地的所有权转让价格是由土地的未来所有年份的地租在一定的利率水平下换算成现值来决定的。地租能够更好地反映土地的价值，这种价值和资本的时间价值有些类似，也可以看成土地在一定时间内的使用权的价格。

对于任何一个厂商而言，土地作为一种生产要素，在其他条件不变的情况下，如果连续不断地增加土地的投入，也会表现出边际产量递减规律，也就是说土地的边际生产力是递减的。厂商对土地的使用也不是越多越好，也需要遵循土地的边际收益等于边际成本的原则。因此,厂商对于土地的需求量也会随着地租的提高而减少,随着地租的降低而增加。土地的需求曲线是一条向右下方倾斜的曲线。

(三)地租的决定

作为一种必要的生产要素,土地的市场价格——地租是由这一市场的供给和需求共同作用最终达到均衡而形成的。

如图6-7所示,横轴用N代表土地数量,纵轴用R代表地租的水平。在绝对意义上,土地的供给是固定的,因此土地的供给S_N是一条垂直于横轴的直线,其弹性相对于价格完全无弹性。此时,市场上地租水平的高低就取决于市场对土地需求的水平,需求水平高,则地租就高,需求水平低,则地租就低。在某些情况下,当土地的需求水平处于一个非常低的水平时,地租甚至会下降为零。如在大城市商业中心,土地的价格可谓寸土寸金,但在僻的农村地区,即使不收地租也难以吸引人们去利用。

如图6-8所示,整个土地市场对某一行业的土地供给随着价格的提高或降低,供给量与地租同方向变动,与供给定理相符。当该行业对土地的依赖程度较小,需求水平也较低时,如处于D_0,会形成较低的地租水平R_0和较少的土地供给N_0,而当这一市场对土地的依赖程度加大,需求水平也较高时,如处于D_1所形成的地租R_1也较高,土地市场会增加对该行业的土地供给,土地对该行业的供给量增加到N_1。

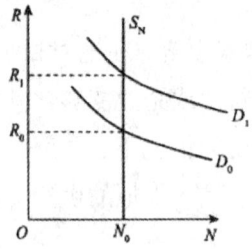
图6-7 土地市场均衡

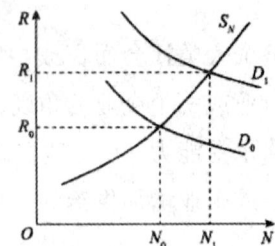
图6-8 某行业土地市场均衡

二、级差地租

级差地租是一个相对于绝对地租的概念。在对绝对地租的考察中,没有考虑土地与土地之间的生产力水平区别,只是笼统地把所有的土地都看成没有什么差别的地块,显然这种考量是不符合人类经济活动的实际的。

在现实经济中,在向同样数量的土地投入同样数量的其他生产要素或成本时,会由于土地肥沃程度的不同、土地位置的不同等因素的作用,从而产生出了不同水平的产出。如同样的两个标准卖场,处于商业中心位置的卖场,由于客流量大,销售量也大,能够获得的销售收入和利润也就较高;而地处偏僻地段的卖场,由于客流量少,销售收入少,利润就比较低。也正因为如此,在地产行业就有了"地段为王"的说法。

如果依据其肥沃程度的不同或地段的不同，把土地分为优、中、劣三个等级，在经济社会中，厂商租用劣等地同样也需要支付一定量的地租，这种地租在经济学中被称为绝对地租。而如果该厂商租用优等或中等地块，在成本一定的条件下，会获得比租用劣等地块更多的利润，这块利润是由土地本身的特点所造成的，因此土地的所有者当然会把这块超额的利润计算在地租中，表现为等级高的土地地租较高。级差地租就是指在租用等级较高的土地时，相对于低等土地的地租，多支付的那一部分地租。

三、准地租和经济租金

地租是土地作为一种生产要素的回报。在经济分析中，由于土地在供给上具有固定不变的性质，以及由于地块之间存在级差现象，人们也常常把一些与土地一样具有这种特征的其他生产要素的回报称为地租，如考察短期生产中的固定资产。在一个行业内，短期内固定资产总额不会发生实质性的变动，也即固定资产的供给是一定的。与土地地块之间的级差一样，企业所拥有的这些固定资产之间也存在级差现象，因此也把这种固定资产的要素回报称为地租。但由于这些固定资产不是土地，因此只能称其为准地租。

经济租金与地租、准地租一样，都可以被视为一种要素回报，是指某种生产要素的实际收入额与其愿意接受的收入额之间的差额。如小王是一个油漆工，以前一个月可赚5 000元，这基本是业内的一般水平。此时有个家具厂邀请小王去做工，并许诺给小王每月8 000元的工资。对于小王来说，他能接受的工资水平是每月5 000元，而到家具厂工作能够每月多获得3 000元的收入。这3 000元即可看成小王的经济租金。经济租金的形成一般是由于是某些行业或企业为了留住一些重要的资源，保证其不会流向其他行业或企业，对这些资源所支付的报酬必须超过它们转移到其他行业所能获得的最大报酬。

【案例分析】家私老板承包荒山创大业

一排排茂密的果树随风摇曳，一座座徽派建筑挺拔在山上，虽然这里是偏僻的山村，但人来车往，一派盎然生机，这里是常山县东案乡田畈村郑晓俊创办的蛇头山休闲农庄。

"这里原是一片荒山，是郑晓俊来到这里承包荒山、植树造林，创办休闲农庄，使昔日杂草丛生的荒山野坡，如今成为人们休闲的好去处。"郑晓俊是当地人，1990年在常山县招贤初中当教师，1992年跳槽到常山县棉纺织厂当团委书记，1995年企业破产改制，他开始自主经商。2005年8月创办柯城盟通管材经营部，次年3月成立衢州盟通管材有限公司，并经营家私。去年1月，创办衢州盟通农业开发有限公司。

去年，郑晓俊获得信息：田畈村蛇头山有200多亩荒山要对外承包，他喜出望外。今年初，一心想创大业的郑晓俊，怀揣做家私、管材赚来的一笔钱，在信用社的帮助下，毅然返乡创新业。经实地勘察，他果断地承包了蛇头山这片荒山，走上了发展休闲农庄的创业之路。蛇头山杂草丛生,野藤缠绕,布满荆棘,给荒山开垦带来了许多难处。每天一大早,郑晓俊就带领员工上山,挖山开垦。每天夜里,劳累了一天的郑晓俊浑身像散了架似的难受。然而,怀有创业雄心的郑晓俊一声不吭,从不叫苦叫累。他在山上种下了500多株水果树。现在昔日的杂草丛生的蛇头山披上了绿装,这里的工作人员办公区、宿舍及规模接待区已经修建而成。

如今的蛇头山休闲农庄,已具备接待近100位游客的能力,乒乓球室、台球室、会议室都已建好。但这离郑晓俊的计划,还相差很大的距离。目前郑晓俊正在建设绿色榨油厂、酿酒厂,用土法榨油、酿酒,突出体现绿色低碳、节能环保的概念。郑晓俊说,他的目标是建设2万亩生态园,形成集餐饮、棋牌、垂钓、休闲、游乐、园林绿化和乡村情调于一体的多功能休闲园区。还将建书画基地、室内游泳池、网球场等,把休闲、游乐、文体项目有机地结合在一起,走出一条特色的路子。资料来源:《衢州日报》,2012年9月14日第8版

任务五: 平等与效率

【案例导入】

王健林家族以1700亿元财富超过李河君重回中国首富的宝座,并且超过李嘉诚首次成为华人首富,全球排名第21位,比去年上升12位。去年年底,王健林在英国伦敦耗资7.7亿元购入位于英国伦敦富人区的一座豪宅。今年1月,万达集团宣布以230亿元收购美国传奇影业公司,这是迄今中国企业在海外的最大一桩文化并购。

马云家族以1400亿元财富位列大陆第二,全球第36位,比去年下降2位。去年7月,马云创办的蚂蚁金服宣布完成首轮融资,包括全国社保基金、国开金融、四家保险公司等八家国内优质投资者成为蚂蚁金服股东。

宗庆后家族财富1250亿元位列大陆第三,全球第41位,比去年上升2位。娃哈哈是中国本土最大的饮料生产商,旗下产业遍布全国29个省市自治区,集团销售额已经连续多年超过百亿美元。

马化腾财富1240亿元位列大陆第四,全球第41位,比去年上升12位。最新数据显示,腾讯的用户覆盖率高达94.6%,远高于百度、阿里。

你对这事怎么看?

究其原因是社会中贫富差距过大。人类生活在一个贫富差别很大的世界上。首先是国与国之间的收入差别,其次同一个国家的人们,收入差距也很大。在经济学上收入差距是如何衡量的呢?

一、收入分配差距的衡量

(一) 贫困率和贫困线

常用的收入分配的判断标准是贫困率。贫困率是家庭收入低于贫困线绝对水平的人口百分比。贫困线是指国家为救济社会成员因自然、社会、经济、生理和心理等方面原因收入减少或中断难以维持基本生活而制定的社会救济标准。根据这一标准给予经济或实物方面的救济使其能维持基本生活的制度即贫困线救济制度。贫困线根据价格水平的变动进行调整。各个国家的贫困线并非一致,基本上是根据本国的实际生活水平指定的。

国际贫困标准(International Poverty Line Standard)实际上是一种收入比例法。经济合作与发展组织在1976年组织了对其成员国的一次大规模调查后提出了一个贫困标准,即以一个国家或地区社会中位收入或平均收入的50%作为这个国家或地区的贫困线,这就是后来被广泛运用的国际贫困标准。世界银行在1990年采用了370美元作为衡量各国贫困状况的国际通用标准。同时,为了有效地反映印度、孟加拉国、印度尼西亚、埃及、肯尼亚等国的贫困状况,世界银行将275美元(约合1天0.75美元)作为国际通用赤贫标准,用于比较各国的极端贫困状况。而按1985年购买力平价计算的每年370美元的高贫困线很快被简化成"1天1美元"的贫困标准,被各界熟知并广泛接受。世界银行2008年宣布,将国际贫困标准从每天生活费1美元提升至1.25美元。表6-3是部分国家近几年的贫困人口比例。

表6-3 部分国家贫困人口比例,按每天1.25美元衡量的(PPP)(占人口的百分比)

国家名称	2008	2009	2010	2011
中国	13.1	11.8		
中非共和国	62.8			
乌干达		38.0		
南非		13.8		
卢旺达				63.2
印度			32.7	
印度尼西亚	22.6	20.4	18.1	
孟加拉国			43.3	
尼日利亚			68.0	
柬埔寨	22.8	18.6		
菲律宾		18.4		
尼日尔	43.6			
马达加斯加			81.3	

资料来源:http://data.worldbank.org.cn/indicator/SI.POV.DDAY/countries/CN? display = default

每天生活费低于1.25美元的人口是按2005年国际价格衡量的每天生活费低于1.25美元的人口的百分比。

中国在2008年前有两个扶贫标准：第一个是1986年制定的206元的绝对贫困标准，该标准以每人每日2100大卡热量的最低营养需求为基准，再根据最低收入人群的消费结构来进行测定。后来此标准随物价调整，到2007年时为785元。第二个是2000年制定的865元的低收入标准，到2007年年底，调整为1067元。2008年，绝对贫困标准和低收入标准合一，统一使用1067元作为扶贫标准。此后，随着消费价格指数等相关因素的变化，2009年和2010年标准进一步上调至1196元和1274元。2011年1月29日，中央扶贫开发工作会议在北京召开，中央决定将农民人均纯收入2300元（2010年不变价）作为新的国家扶贫标准，这个标准比2009年提高了92%。按照新标准，我国农村贫困人口约为1.28亿人。

表6-4　　　　　　　　　　各国家/地区贫困线标准

国家/地区	贫困标准
中国	2011年贫困线新标准：农民人均纯收入2300元
美国	贫困门槛是购买基本粮食的开支乘以3，以及每年由美国卫生与公众福利部门发布的标准指引，2011年4人家庭贫困线标准为22380美元。
英国	贫困线标准是家庭可支配所得中位数60%，但同时监察中位数的50%及70%。
欧盟成员国	贫困线为收入中位数的50%或60%。
爱尔兰	官方认可的标准为"一贯贫穷"，收入低于收入中位数的60%，以及在总数11个项目中，缺乏两项或以上被视为基本生活水平必需物品或服务的人。
台湾	贫困线为收入中位数的50%或60%
新加坡	没有官方贫困线，最常用的标准是收入最低的20%住户。
日本	日本厚生劳动省根据国际公认的标准设定了最低贫困线：一个4口之间年收入为2.2万美元，这相当于普通日本中等家庭收入的一半。

资料来源：http://www.baike.com/wiki

（二）洛伦茨曲线和基尼系数

对于中国有无贫富分化，无论是学术界还是普通百姓，应该说是毫无疑问的事实。但中国的贫富分化到底到了什么程度，人们的认识就有很大的差异了。有的人认为中国的贫富分化已经接近拉美、非洲国家的水平；有的人认为中国的贫富分化还不算严重，但需要注意采取措施加以防范和遏制；还有的人认为我国目前贫富分化不大，无须采取措施，应集中精力发展经济、提高效率。

人们之所以对这个问题的认识具有如此大的差距，其中不排除利益因素对于人们认识所起的作用，但根本上还是人们对于衡量贫富分化缺乏一个严格、科学、可靠的标准和依据,而普通的民众又习惯于从感性的角度,甚至用平均主义的观点来看待我国目前的贫富差距。采取这样的态度和方法就很难正确地认识我国的贫富分化状况了。

目前国际上比较权威的衡量国民收入差距的标准主要有五等分法和基尼系数法两种。五等分法(或称为"不良指数"),即用20%的最高收入家庭与20%的最低收入家庭进行比较,但使用最为广泛的是基尼系数法。

美国著名统计学家 M·A·洛伦茨提出一种表示一个国家一定时期收入分配差距的方法是:将一国总人口按收入由低到高的累计百分比排队分成若干组,再统计各组得到的收入在总收入中的累计百分比,在坐标系里标明这些数据,横轴代表人口百分比,纵轴代表收入百分比,然后找出这两个累进百分比的一一对应关系的点并连接起来,可以得到一条表示该国收入分配差距的曲线,被称为洛伦茨曲线。表6-5是根据世界银行集团发展研究局公布的相关数据整理的2011年卢旺达的收入分配资料,图6-9表示的是与表6-5相对应的洛伦茨曲线。

表6-5　　　　　　　　　　卢旺达2011年的收入分配

群体	本群体收入百分比	人口累积百分比	收入累积百分比
最低20%	5.2	20	5.2
第二个20%	8.3	40	13.5
第三个20%	11.9	60	25.4
第四个20%	17.8	80	43.2
最高20%	56.8	100	100

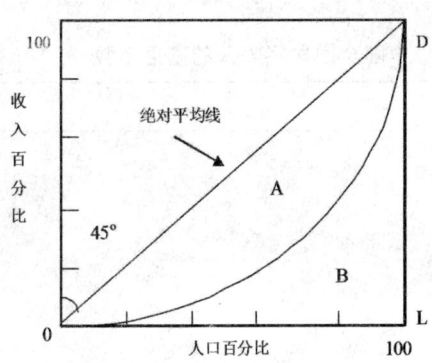

图6-9　卢旺达2011年的收入分配洛伦茨曲线示意图

从表6-2和图6-11中可以看出,收入最低的20%的人口所得的收入仅占总收入的5.2%,80%的人口只得到43.2%的收入,而最富有的20%的人口得到56.8%的收入。通过原点的45°线OD,代表绝对平等线,显然2011年卢旺达的洛伦茨曲线是向横轴凸出的。洛伦茨曲线与45°线之间的面积A叫作"不平等面积",A的面积越大,表明收入分配差距越大,越不平等。当收入达到完全不平等时,洛伦茨曲线成为一条折线OLD。这条折线与45°线之间的面积A+B就是完全不平等面积。不平等面积A与完全不平等面积之比,称为基尼系数。用公式表示:

经济学基础

$$基尼系数\ G = \frac{A}{A+B}$$

基尼系数是现在国际上比较通行的用来衡量一国居民贫富差距的标准。显然，基尼系数不会大于1，也不会小于0，而是$0 \leq G \leq 1$。$G = 0$时，表示国民收入完全平等分配。$G = 1$时，则表示国民收入完全不平等分配。有数据表明，美国20世纪90年代的基尼系数大约为0.4，北欧福利型国家的基尼系数较小，某些发展中国家的基尼系数较大，反映社会两极分化比较严重。

按照国际惯例，基尼系数在0.2以下，表示居民之间收入分配"高度平均"，0.2~0.3之间表示"相对平均"，在0.3~0.4之间为"比较合理"，同时，国际上通常把0.4作为收入分配贫富差距的"警戒线"，认为0.4~0.6为"差距偏大"，0.6以上为"高度不平均"，意味着收入分配严重不公，社会问题严重滋生，后果会十分严重。

【原理应用】收入分配和贫富差距，一直是人们议论、关注的焦点话题。国家统计局今年1月发布的全国居民收入基尼系数显示，自2003年以来，我国基尼系数一直在0.47以上高位运行，大大超过了0.4的国际警戒线。2012年6月美国波士顿公司发布的《全球财富报告》显示，2011年中国百万财富家庭140万户，仅次于美、日，超级富豪家庭达648户，跃至全球第五。按照世界银行人均每天消费低于1.25美元的标准计算，中国的贫困人口总超过2.5亿，高居世界第二位。澳大利亚国立大学教授宋立刚认为，上升的不平等是中国经济的首要担忧之一，扩大的城乡收入差距可能会导致更多的社会不稳定。基尼系数在整个改革期间稳定上升，从1978年相对较低的0.29增长到了2012年的0.474。试运用给定的数据分析我国现阶段的贫富差距。我国贫富分化真的严重吗？怎样看待我国目前的收入分配问题？

表6-6　　　　　　　　　　　中国全国居民收入的基尼系数

公布时间	实际值
2013-01-18 15:00:00	0.474
2012-01-18 15:00:00	0.477
2011-01-18 15:00:00	0.481
2010-01-18 15:00:00	0.490
2009-01-18 15:00:00	0.491
2008-01-18 15:00:00	0.484
2007-01-18 15:00:00	0.487
2006-01-18 15:00:00	0.485
2005-01-18 15:00:00	0.473

资料来源：http://calendar.hexun.com/global661_1.shtml 和讯网公布日期 2013-01-18

用基尼系数表示收入分布的均匀程度,甚至用它反映公平程度,必须有一个重要前提,即收入必须是指全部实际收入,必须是真实统计。但我国目前的情况可以说基本上无法满足这一条件。由于基尼系数中的收入数据存在口径不完全统一问题,使得国内学界关于基尼系数值很不一致,可谓五花八门,这就严重影响了对于当前中国收入差距真实水平的衡量。这说明,如果不首先解决计算基尼系数的前提,即收入口径与样本代表性问题,而匆忙计算基尼系数是不科学的。

目前影响中国基尼系数计算的准确性因素至少有以下两个方面:第一,城乡、地区之间的货币购买力以及生活成本差异较大,乡村的一元钱购买力有时远远大于城市,乡村的生活成本要远远低于城市,仅仅依据货币收入而计算出来的基尼系数是不能准确地反映实际的贫富差距的;第二,计算基尼系数所依据的调查样本的准确性是有限的。目前学界和政府部门关于中国基尼系数的计算,都是根据一定的样本调查而进行的,而任何调查样本都是有限的,具体到目前的中国其难度更大一些。有学者认为,至少有以下几点:"第一个因素是,调查样本里存在一个高收入群体样本偏低的问题,高收入者不愿意参与调查,因为调查需要时间,需要配合,中国的调查程序又比较繁杂。比如中国的调查采取住户记账的方式,要求每个住户把每天收支的流水账都记下来,像今天花了多少钱、买了什么东西、发了多少工资、拿了多少稿费、收了多少灰色收入等,都要一一记录下来。也就是说,由于高收入者认为参加调查的机会成本高而调查补贴少,因此不愿意参与调查。在此情况下,调查样本中高收入群体的样本就明显偏低,从而整个样本的平均收入就会低估。第二个因素是,即使是愿意参与调查的人群,基本都有一个倾向,就是不愿说出真实的收入,特别是收入偏高和收入来源不正的人。一般高报收入的人较少,也许穷人考虑到面子问题会高报收入,而富人通常都低报收入,这样获得的收入信息用于收入差距估算时,就面临低估的问题。"真正的国民收入搞不清楚,基尼系数的准确性当然就大打折扣了。

上述情况告诉我们,目前国内外各种研究机构所发布的有关中国收入差距的基尼系数都无法保证自己数值的准确性,只能给人们衡量我国贫富分化状况提供一定的参考。

(三)收入分配差距衡量时应注意的问题

【案例分析】"我没有车",或许你会说。对于汽油、柴油涨价甚至严重缺乏的消息,您可能因为自己没有车而漠不关心。不过,如果告诉你,因为油价上涨,我们的公共交通可能面临涨价、水价也可能会涨、大米也会受牵连,我们的旅游休闲、经济数字都会受影响,您还会觉得与己无关吗?石油被称为"黑色的金子"、"工业的血液",事实上,除了上述提到的,石油对于我们生活的影响要大得多。具体到我们的生活细节中,油价上涨对百姓来说,最明显的变化就是交通燃料和液化气价格不断攀升。而食品类、工业消费品类等的价格不会出现明显的上涨,实际工资会下降。我们每个人每个月拿到的工资,在经济学上有一个专门的名词叫做"名义工资",这剔除了通货膨胀对于工资的影响。而实际上,衡量我们收入的应该是实际工资,也就是说,我们拿到的以货币计算的工资实际上可以买到多少的产品和服务。如果，买到的服务少了，那么实际上工资就是下降了。那么，石油上涨对于我们的影响是实际工资下降。

上述案例告诉我们，虽然我们的收入没有降低，但是由于汽油、柴油涨价，我们的实际生活水平在下降。因此，虽然前面介绍的贫困线和基尼系数等两种方法有助于我们了解社会收入分配不平等的程度，但是这些数据来源于家庭年收入，但是人们最终关心的不仅仅是收入，而是他们维持良好生活水平的能力。因此，考虑上述数据，还需要考虑货币收入之外的改变生活水平的其他因素。

实物转移支付。收入分配和贫困率是基于家庭的货币收入，但是，通过各种政府计划，穷人得到了许多非货币物品，例如低保医疗补贴、经济适用房等。以物品和劳务的形式而不是以货币的形式给予穷人的转移支付称为实物转移支付。上述两种衡量方法并没有考虑实物转移支付造成的影响。因此，没有把实物转移支付考虑在内，就大大影响了上述的数值代表的结果。一般情况下，实物转移支付是针对穷人的，这样实际穷人的生活水平并非是用收入货币计算出结果那样贫困。另外，可能还有一部分不是贫困阶层，也享受着上述实物转移支付，例如医院的高干病房补贴以及单位发放的福利等，都会影响到上述数据的真实性和代表性。

经济生命周。人的一生中收入并不是一层不变的，随着年龄的变化是不断变化的。刚刚毕业大学生等年轻人群体收入是比较低的。随着年龄增长和经验增加，收入在不断增加。一般企业工人收入在45-50岁左右达到高峰，退休后收入又开始降低。这种规律的收入变动形式称为经济生命周期。人们在年轻时候贷款，在中年赚钱高峰期时候存款，老年时候享用银行储蓄，并不一定年收入就影响其生活水平。

暂时收入与持久收入。人一生收入不仅仅因为预期的生命周期而变动，还会因为暂时力量或随机事件而变动。例如2013年发生的四川地震使得部分企业损失严重，可能1-2年之内无法恢复生产，可以预见企业主收入会大幅度降低。但是企业主可以依靠国家援建政策进行低息或无息贷款，甚至享受国家补贴，恢复生产。在这个意义上，收入的暂时变动并不一定影响其生活水平。家庭生活水平取决于其持久收入，即正常的或平均收入。为了衡量生活水平的不平等，持久收入的分配比年度收入的分配更相关。人们更多根据其持久收入来消费，因此持久收入分配比当期暂时收入分配更能体现平等程度。

二、收入分配的调节

（一）收入分配调节的政治哲学

收入再分配不仅仅是经济问题，也是政治问题，对此国外有三种分配理念或称政治哲学。

1. 功利主义

政治哲学中一个主要学派是功利主义哲学，功利主义的出发点是效用——人们从其所处环境中的得到的幸福或满足程度。其观点是政府的正确目标是使社会中每个人的效用总和最大化。根据边际效用递减理论，一个穷人 1 美元的额外收入给这个人所带来的额外效用大于富人 1 美元的额外收入带来的效用。换句话说，随着一个人收入的增加，从 1 美元收入中带来的额外福利是递减的。这样，把富人手中的 1 美元拿来分给穷人所带来的社会总效用是增加的。因此，这话总收入再分配增加了社会总效用。在这种观点支持下的政策就应该富人多缴税，然后收入低的人收到转移支付。

2. 自由主义

此观点认为社会的平等衡量标准是应该是脱离每个人所处的环境客观评价，应该在所有人都处于相似状况下进行的公平协商或谈判的结果。他们提出一个思想实验：设想在任何人出生之前，所有人都要到一起开会设计统治这个社会的规则。用这种方法设计公共政策和制度，能够使我们在判断什么政策为公正的时候保持客观。他们认为，处于原始状态的人会特别关注处于收入分配最底层的可能性（每个人不知道未来自己会是什么样，按照最坏的结果设计）。因此，在设计公共政策时候，目标应该是提高社会中状况最差人的福利，此规则被称作最大最小准则。他们认为，应该把富人的收入转移给穷人，社会增进了最不幸者的福利。

3. 自由至上主义

上述两种观点都把社会总收入作为社会计划者为了达到某种社会目标而能够自由地再分配的共享资源。与此相反，自由至上主义者认为，政府不应该为了实现任何一种收入分配而拿走一些人的收入并给予另一些人。他们认为当收入是以不公正手段达到的时候，例如小偷偷东西，政府有权利也有义务解决这个问题。但是当收入是以公正手段达到的时候，政府不应该拿走这些人的收入。自由至上主义者的结论是，机会平等比收入平等更重要。政府应该强调个人的权利，以确保每个人有同样的发挥自己才能并获得成功的机会。一旦建立了这些游戏规则，政府就没有理由改变由此引起的收入分配。

（二）收入分配调节中平等与效率之间矛盾

收入分配的差距是否应该加以调节呢？经济学家对此有不同的看法。

一些经济学家认为，**应当保持人们的收入差距**，因为收入差距是市场机制本身决定的，**是一个社会保持效率的必然要求**。在市场经济中，收入分配是依据要素的供给进行的，人们拥有要素状况不同，收入报酬也就不同。社会为了鼓励人们努力学习和工作，不断提高自己的能力，鼓励人们积极进行财富的积累，必须给要素所有者或供给者以相应的回报。如果取消或过分缩小这种差别而追求收入的均等化，客观上会挫伤人们钻研科学、努力工作、节俭储蓄、冒险投资、不断创新的积极性。结果是鼓励懒惰、鼓励奢侈浪费，社会经济就难以发展，平等只能成为普遍的贫穷。总之，承认差别是竞争的基础，而竞争是社会发展进步的动力所在。

另一些经济学家则认为，**应当控制和缩小人们的收入差距，保持收入的基本均等**。其理由是：平等是天赋人权，竞争引起的收入差距是对这种权利的侵犯。他们认为，首先市场经济中人们参与竞争的前提条件并不是公平的。既然竞争不是从同一条起跑线上开始,就谈不上竞争的公平。此外,就现实的市场而言,市场垄断的存在,性别、年龄等非经济因素影响人们就业的情况,使得按照要素供给分配收入的市场规则大打折扣,人们收入的差别并不一定是勤奋和懒惰造成的。既然如此,保持收入差距并不一定能起到促进效率的作用。相反,倘若收入差距过大,引起人们对收入分配不公的普遍不满,可能造成社会动荡,危及正常经济秩序,对整个社会经济效率的提高产生不良影响。

经济学家的不同观点,是平等与效率之间矛盾关系的反映。理论与实践告诉我们,平等与效率之间存在互相矛盾、对立的关系。平等和效率虽然难以兼得,但要兼顾,兼顾不仅是必要的,而且是可能的。兼顾的基础是:

第一,在效率优先的原则下兼顾平等。从长期看,经济社会应把保持和提高效率放在首位,这是因为,效率是提高社会生产力、增加社会产品的条件,从而是推进平等的物质基础。在一个经济落后、产品匮乏的经济社会里,所谓平等是一句空话,没有任何意义。当然,效率优先不等于说可以让收入差距越来越大,而是应该在效率优先的原则下尽可能考虑平等的要求,把差距控制在一个适当的限度之内。

第二,平等和效率的重点地位可以转换。在一个经济社会某一发展阶段上,应当根据平等与效率关系上存在的矛盾主要方面来确定解决问题的重点,协调两者关系。当效率受到影响时,应适当拉开收入差距;当公平问题严重时,要注意缩小收入差距。每一时期,应该有重点,没有重点也就没有政策。而且不同时期的重点应当是可以转化的。社会正是在不断地追求平等与效率目标的交替过程中实现发展的。

第三,以较小的替代成本寻求平等与效率的结合点。平等与效率的之间的替代需要付出代价。当我们拉开收入差距时,实际上牺牲了平等;当缩小收入差距,限制公共福利时,势必会影响效率。兼顾两者要求我们以尽可能少小的不平等牺牲来换取可能高的效率,或者以尽可能小的效率损失换取尽可能大的平等。

【思考与练习】

一、选择题

1. 当科技迅速发展,人们越来越倾向于采用资本密集型生产方式,则会导致(　　)
 A. 劳动的供给曲线向左移动　　　　B. 劳动的供给曲线向右移动
 C. 劳动的需求曲线向左移动　　　　D. 劳动的需求曲线向右移动

2. 如果收入分配是平均分配的,则洛伦兹曲线将会(　　)
 A. 与纵轴重合　　　　　　　　　　B. 与横轴重合
 C. 与45度线重合　　　　　　　　　D. 无法判断其位置

3. 在完全竞争市场上,厂商对劳动的需求主要取决于(　　)。
 A. 劳动的价格　　　　　　　　　　B. 劳动的边际生产力
 C. 劳动在生产中的重要性　　　　　D. 劳动的供给

4. 经济学家认为,工会的存在是(　　)。
 A. 对劳动供给的垄断　　　　　　　B. 对劳动需求的垄断
 C. 对劳动供求双方的垄断　　　　　D. 对劳动生产的产品的垄断

5. 用先进的机器设备代替劳动,这一措施会导致( )。
   A. 劳动的供给曲线向右移动　　B. 劳动的供给曲线向左移动
   C. 劳动的需求曲线向右移动　　D. 劳动的需求曲线向左移动
6. 在以下三种方式中,工会为了提高工资,所采用的方式是( )。
   A. 要求政府增加进口产品　　　B. 要求政府鼓励移民入境
   C. 要求政府限制女工和童工的使用　D. 要求政府推迟退休年龄
7. 在完全竞争条件下,利润最大化实际上就是( )。
   A. 获得了无限大的利润　　　　B. 获得了正常利润
   C. 获得了超额利润　　　　　　D. 获得了贡献利润
8. 经济学认为,超额利润中可以作为剥削收入的是由于( )所获得的超额利润。
   A. 创新　　B. 承担风险　　C. 垄断　　D. 竞争
9. 根据迂回生产理论,在以下三种农业生产方式中效率最高的方式是( )。
   A. 减少迂回环节,直接耕作
   B. 直接用简单的农用工具耕作
   C. 先制造犁和其他工具,并饲养牛马等畜力,然后用这些工具和畜力进行耕作
   D. 先采矿、制造机械,而后用制造出的拖拉机和化肥等生产资料,再用这些生产资料进行耕作
10. 收入分配绝对平均时,基尼系数( )。
    A. 等于0　　B. 大于0小于1　　C. 等于1　　D. 无法确定

二、判断题

1. 在完全竞争市场上,工资完全是由劳动的供求关系决定的。( )
2. 劳动的需求主要取决于劳动的边际生产力。( )
3. 利息率与储蓄成同方向变动,与投资成反方向变动。( )
4. 土地的供给量随地租的增加而增加,因而土地的供给曲线是一条向右上方倾斜的曲线。( )
5. 超额利润是对企业家才能这种特殊生产要素的报酬。( )
6. 企业家创新是超额利润的源泉之一。( )
7. 在西方经济学家看来,超额利润无论如何获得,都是一种不合理的剥削收入。( )
8. 实际的基尼系数总是大于零而小于一。( )
9. 甲乙两国的基尼系数分别为0.1和0.2,那么甲国的收入分配要比乙国平等。( )
10. 某项政策实施使基尼系数由0.68变为了0.72,这说明该政策有助于实现收入分配平等化。( )

三、问题与应用

1. 生产要素市场需求或供给的变动会对该市场的均衡产生什么样的影响?
2. 当劳动市场的需求持续提高,会导致该市场均衡数量和工资水平呈现什么样的变动?
3. 影响利息率大小的因素有哪些?
4. 在整个土地市场上,地租的多少受到哪些因素影响?
5. 级差地租是如何形成的?

四、案例分析

案例1:漂亮的收益

德克萨斯大学的经济学教授 Daniel Hamermesh 在漂亮和经济之间可能存在的关系方面研究了几十年,下面是他的一些成果。漂亮的外貌,不仅仅是漂亮的脸蛋和吸引异性的魅力,还能让你轻松赚钱,拥有更好的就业前景。Hamermesh 在他的《beauty pays》一书中通过数据分析,预估到:在人的一生这个时间长度上,普通工作者如果相貌高于平均水平,他们的收入比别人高3或4个百分点,大概在23万美元左右。差距大一些的,比如漂亮的和一般的收入差距在14万美元,长得丑的和一般的收入差距在9万美元。

问题:如何用经济学原理解释"漂亮贴水"?你身边还有哪些收入不平等现象?是什么原因造成的。

案例2:福特的一天5美元工资制

福特汽车公司创立于1903年。1908年,该公司雇用了450名雇员,生产了10 607辆汽车。福特汽车公司最初的劳动力队伍大部分是由熟练的工匠所构成的。汽车零部件往往是由外包厂房中生产的,然后由福特的工匠们花大量时间将零部件组装成一辆成品汽车。

1908-1914年,福特公司发生了巨大的变革。随着第一款由装配线(流水线)生产的汽车(T型轿车)的诞生,福特公司就几乎不在其他地方生产零部件了。由于生产的T型轿车的零部件的精确度很好,以至它们可以由几乎没有技能的工作者组装,福特汽车的生产线由手工作坊变成了高效率生产汽车的装配线。到了1913年,福特雇用了14 000位工作者,生产了25万辆小轿车,且其3/4的劳动力队伍出生于国外,大多为南欧和东欧的农村地区。

正是因为这一转变,致使工作变得忙碌、烦闷和繁重,从主要的技术工匠到直接从事装配线生产的一般工人都产生了不满情绪。当时的一篇文章披露了当时工作者的工作状态:"劳动力的分工到了极致,大多数工作岗位的操作过程都非常简单。在大多数情况下,完成这个工作的时间不会超过5~10分钟"。乏味单调和繁重的工作队工作者造成了伤害。1913年,福特汽车公司装配工厂的工作年转换率为370%。也就是说,福特汽车公司不得不雇用50 448人以维持它平均为13 623人的劳动力队伍,而且,每天的缺勤率近10%!

1941年1月5日,亨利·福特决定放弃劳动力市场预先设定的工资和雇用条件,在他位于底特律的汽车工厂单方面将工作日的长度从过去的9小时减少到8小时,将每天的工资从2.34美元提高到5.00美元,这使大部分工人的工资增加了一倍。公布发布之后,立即有10 000多人在福特汽车公司门外排队申请工作岗位。这一"新的和改进的"雇用契约的效果是直接且富有戏剧性的。到了1915年,工作转换率已经下降到16%,缺勤率已经跌落到2.5%,每个工作者的生产率提高了40%~70%,利润增加了大约20%。"对于一天工作8小时的工人实行一天5美元的工资制度是我们所实行过的用于削减费用的最成功的措施之一。"

问题:请用劳动经济学的相关理论,解释和说明福特公司在提高劳动力工资率和减少劳动时间的情况下,收到"戏剧性"效果这一现象的原因。

项目七

市场失灵

【知识目标】

1. 理解市场分配资源时的不足和缺陷；
2. 掌握垄断、外部性和公共物品是导致市场失灵的原因；
3. 掌握外部性和公共物品的经济分析及其相关微观经济政策。

【技能目标】

1. 能够运用理论解释社会经济生活中的市场失灵现象；
2. 认知并能有意识的分析垄断造成的损失。

【项目导读】

今天我们绝大多数人都在使用电脑，但是微软以外的操作系统我们又能指出多少呢？对于这样一个好公司，为什么美国人一直在找微软的麻烦呢？在外打工的人对火车票的提价表示不满，理由是我要回家，这个理由充分吗？有的时候我们还是会寻求经常的帮助，可为什么即使在美国这么发达的国家里，警察也是需要由政府来负责经营呢？我们需要清洁的空气，但为什么我们不会主动为煤改气付费呢？所有这些东西都是由市场的需求与供给来调节的，但市场却不能回答上述问题并给出一个合理的解决方案。其实，市场在某些时候调节资源时也会出现一些盲点。这些盲点就是市场失灵的情况。

任务一 垄断

【案例导入】救命血清一剂难求，背后是"市场失灵"

据报道，2013年北京市一名16岁男孩被眼镜蛇咬伤，情况危急，急需抗眼镜蛇毒血清救治，但北京的医院普遍没有这种血清。后来其家属和媒体多方寻找，却被多地医院告知"已用完"。直到第二天的12时，救命血清才从云南一医院送达北京相关医院。查询卫生部《国家基本药物目录》，抗蛇毒血清中抗眼镜蛇毒血清赫然在列。但像涉事男孩这样一剂难求、各大医院遍寻无着的案例，近年已多次发生。目前，我国只有上海赛伦公司生产抗蛇毒血清，别无分号。抗眼镜蛇毒血清自2010年停产，至2013年底再启生产，保质期至多3年，生产周期则要9个月，这也造成近年抗眼镜蛇毒血清频频告急。而短缺的更深层次原因，则在于被剧毒蛇咬伤毕竟属于偶发，赛伦公司在血清生产上长期处于单品亏损状态。

由于需求量和利润都有限，涉事企业难免不感兴趣。而使用率偏低、保质期偏短、报废率较高、需在特定温度下才能保存，也会让医院选择弃用。正因"市场失灵"，抗眼镜蛇毒血清才会一剂难求。去年媒体曾报道，苏州市21岁小伙被蝰蛇咬伤，因血清遍寻无着，抢救三天三夜，生命终为蛇毒吞噬。而抗蝰蛇毒血清在10多年前就停产了。要知道，抗蛇毒血清有无之间，治疗结果大不一样。有专家就说，有之，治愈率更高，几千元解决问题；若没有，以蝰蛇为例，综合治疗成本将高达数十万元，还不一定治得好。

一、垄断与市场失灵

1. 根据微观经济学的分析，只有完全竞争市场上，企业的生产成本从长期看才是最低的，市场机制才能实现资源的有效配置，资源得到充分利用，产量最大，价格最低，消费者获得最大满足。

2. 在不完全竞争市场上，生产者不再是完全的价格接受者，资源已不可能在部门之间自由流动，导致生产者生产的产量不是最大的产量，市场价格不是最低的价格，长期来看成本也比完全竞争市场条件下的生产成本要高，消费者将不再可能获取最大满足。

3. 由于不完全竞争市场的广泛存在，市场机制很难充分有效地发挥作用，资源不可能实现最优配置。

二、政府对垄断的干预

1. 为了保护和促进竞争，提高资源配置的效率，政府可以通过法律手段来限制垄断和反对不正当竞争；比如制定《反不正当竞争法》《反垄断法》。

2. 政府对垄断进行干预的另一种手段是对垄断行业进行公共管制，主要是对垄断行业的产品或服务的价格进行管制或规定限价，或规定利润率。

项目七　市场失灵

【阅读材料】黑龙江坑农事件

2002年8月24日，黑龙江省绥化市兰西县农妇张凤喝农药自杀了，张凤临死前给她父亲留下一个口信，"爹呀，就让我变作西瓜籽，种出大西瓜来给全村老少谢罪！"

由此，一起特大劣质种子坑农、害农案轰动东北，震惊中央！从2002年9月正式立案到2003年5月，兰西县法院迟迟未对本案进行审理。2003年5月，此事经媒体披露，迅速引起党中央国务院的高度重视。

兰西县警方的调查结果是：2002年5月，在张凤的带动下，绥化市兰西县100余户农民购买了"丰神牌"、"丰度牌"西瓜籽500余盒，所有西瓜籽均由"兰西县大业种苗有限公司"生产，但西瓜籽下地3个月后竟然颗粒无收。

对于张凤的死，两年后，黑龙江省种子管理局一名工作人员接受本报记者采访时分析说：兰西县是国家级贫困县，当年农民种植西瓜本来是想借此脱贫，但没想到脱贫不成，反而使贫困现象更加严重。张凤是种西瓜能手，村民们的西瓜籽都是在张凤鼓动下购买的，而张凤其实是受了制假者的蒙蔽才购买了假种子，所以她才以死洗刷自己的清白，其实张凤本没有错，要怪就应该怪那些制造、销售假种子的人。兰西县警方和黑龙江省种子管理局同时受理了兰西县农民对假种子的投诉。2002年9月13日，黑龙江省绥化市兰西县公安局治安警察大队一中队正式对"丰神牌、丰度牌西瓜籽坑农、害农事件"立案侦查。2002年11月初，兰西县公安局治安一中队抓获在逃的犯罪嫌疑人刘金辉。数日后，另一在逃的主要犯罪嫌疑人张海庆也被抓获。2名犯罪嫌疑人对制造、销售假种子的犯罪事实供认不讳。

但令人费解的是，到了2003年5月，已经起诉至兰西县法院的"丰神牌、丰度牌西瓜籽案件"，兰西县法院却迟迟未予审理，已经移交兰西县法院的犯罪嫌疑人张海庆也突然不知去向。案件得不到审理、犯罪嫌疑人的"失踪"，引起了兰西县受害农民的大规模上访。经记者调查，从2002年7月份农民发现假种子起，到2003年5月份假种子案件迟迟得不到解决的近一年间，有案可查的受害农民上访记录就达200余次。

据一名熟悉当时情况的政府官员介绍，农民上访的目的很简单，就是要求尽快审理案件，帮助农民讨回损失。这名政府官员说，"开始时还有领导接见上访代表，但随着问题迟迟得不到解决，一些领导就开始避而不见，这样的情形至少持续了一个多月时间……"。

据知情人士介绍，调查组去兰西县的重点其实是协调各方面的关系，主要是公、检、法三方的关系，"只有三方面关系协调好了，才能使兰西县假种子案件迅速得到解决，种子管理局才能给国务院一个圆满答复，毕竟上面催得很急！"

这起黑龙江坑农事件其实可以被看做是市场的失灵。在利益的引诱下，不法商贩就会无视市场规律，甚至是法律法规。由此可见，市场机制在不少场合会导致资源不能有效配置，即导致无效率的一种状况。也是自由的市场均衡背离帕累托最优的一种情况。

（资料来源：http://news、sohu、com/20040823/n221671008.shtml）

任务二　外部性

【案例导入】当火车驶过农田的时候

20世纪初的一天,列车在绿草如茵的英格兰大地上飞驰。车上坐着英国经济学家庇古(A. C. Pigou),他边欣赏风光,边对同伴说:列车在田间经过,机车喷出的火花(当时是蒸汽机)飞到麦穗上,给农民造成了损失,但铁路公司并不用向农民赔偿。这正是市场经济的无能为力之处,被称为"市场失灵"。

将近70年后,1971年,美国经济需学家乔治·斯蒂格勒(G、J、Stigler)和阿尔钦(A. A. Alchian)同游日本。他们在高速列车(这时已是电动机车)上见到窗外的禾田,想起了庇古当年的感慨,就问列车员,铁路附近的农田是否受到列车的损害而减产。列车员说恰恰相反,飞速驰过的列车把吃稻谷的飞鸟吓走了,农民反而受益。当然铁路公司也不能向农民收"赶鸟费"。这同样是市场经济无能为力的,也称为"市场失灵"。同样一件事情在不同的时代与地点结果不同。两代经济学家的感慨也不同。但从经济学的角度看,火车通过农田无论结果如何,其实说明了同一件事:市场经济中外部性与市场失灵的关系。

一、外部性及其分类

(一)外部性的含义

外部性又称为溢出效应、外部影响、外差效应或外部效应、外部经济,指一个人或一群人的行动和决策使另一个人或一群人受损或受益的情况。经济外部性是经济主体(包括厂商或个人)的经济活动对他人和社会造成的非市场化的影响。即社会成员(包括组织和个人)从事经济活动时其成本与后果不完全由该行为人承担。分为正外部性(positive externality)和负外部性(negative externality)。正外部性是某个经济行为个体的活动使他人或社会受益,而受益者无须花费代价,负外部性是某个经济行为个体的活动使他人或社会受损,而造成负外部性的人却没有为此承担成本。

日常生活中,外部性现象比比皆是。例如,修复古建筑物可以使人们欣赏到这些古迹的魅力,并感受这些古迹带来的历史沧桑感。古建筑物的所有者得不到修复这些古迹的全部利益,因此,他们往往很快就遗弃了这些古老的建筑物,再如,汽车尾气污染了人们呼吸的空气。由于这种外部性,驾驶汽车往往造成过多污染。

(二)外部性的分类

无论在自然科学还是在社会科学中,分类都是促使问题研究引向深入的基础。根据外部性表现形式的不同,外部性可以从下列七个不同的角度进行分类:

1. 从外部性的影响效果分，可以分为外部经济与外部不经济。

绝大多数经济学教科书都讲到，外部性可以分为外部经济（或称正外部经济效应、正外部性）和外部不经济（或称负外部经济效应、负外部性）。外部经济就是一些人的生产或消费使另一些人受益而又无法向后者收费的现象；外部不经济就是一些人的生产或消费使另一些人受损而前者无法补偿后者的现象。例如，私人花园的美景给过路人带来美的享受，但他不必付费，这样，私人花园的主人就给过路人产生了外部经济效果了。又如，隔壁邻居音响的音量开得太大影响了我的休眠，这时，隔壁邻居给我带来了外部不经济效果。

2. 从外部性产生的领域不同分，可以分为生产的外部性与消费的外部性。

生产的外部性就是由生产活动所导致的外部性，消费的外部性就是由消费行为所带来的外部性。以往经济理论重视的是生产领域的外部性问题。20 世纪 70 年代以后，关于外部性理论的研究范围扩展至消费领域。从外部经济与外部不经济、生产的外部性与消费的外部性两种分类出发，可以把外部性进一步细分成生产的外部经济性、消费的外部经济性、生产的外部不经济性和消费的外部不经济性四种类型。

进一步进行细分，外部效应又可以分成八种类型：生产者对生产者的外部经济，如水果园园主与养蜂场场主的关系；生产者对消费者的外部经济，如花园式厂房对周围居民区居民的影响；消费者对生产者的外部经济，如居住环境的改善大大增加生产性投资；消费者对消费者的外部经济，如私人花园对过路人的影响；生产者对生产者的外部不经济，如上游的化工厂对下游渔场的污染；生产者对消费者的外部不经济，如建筑施工对夜间休息的居民的影响；消费者对生产者的外部不经济，如空调的噪声对隔壁牙医的看病带来的影响；消费者对消费者的外部不经济，如隔壁邻居放声高歌影响自己的休息。

3. 从外部性产生的时空不同分，可以分为代内外部性与代际外部性。

通常的外部性是一种空间概念，主要是从即期考虑资源是否合理配置，即主要是指代内的外部性问题；而代际外部性问题主要是要解决人类代际之间行为的相互影响，尤其是要消除前代对后代、当代对后代的不利影响。可以把这种外部性称为"当前向未来延伸的外部性"。这种分类源于可持续发展理念。代际外部性同样可以分为代际外部经济和代际外部不经济。

外部性问题已经不再局限于同一地区的企业与企业之间、企业与居民之间的纠纷，而是扩展到了区际之间、国际之间的大问题了，即：代内外部性的空间范围在扩大。同时，代际外部性问题日益突出，生态破坏、环境污染、资源枯竭、淡水短缺等，都已经危及到我们子孙后代的生存。

二、外部性的社会影响

所谓外部影响或外部性，就是指一个经济行为主体的经济活动对社会其他成员造成的影响而未将这些影响计入市场交易的成本与价格中。

外部性的影响方向和作用结果具有两面性，可以分为外部经济和外部不经济。那些能为社会和其他个人带来收益或能使社会和个人降低成本支出的外部性称为外部经济，它是对个人或社会有利的外部性；那些能够引起社会和其他个人成本增加或导致收益减少的外部性称为外部不经济，它是对个人或社会不利的。在外部性的作用下，生产和消费的过程中总会发生相应的成本和收益，通过这种关系的分析，我们就可以了解市场失灵的真正原因。

（一）生产的外部经济

1. 生产的外部经济。当一个生产者采取的经济行动对他人产生了有利影响，而自己却不能从中得到报酬时，便产生了生产的外部经济，如图7－1所示。比如养蜂业在生产蜂蜜的过程可以帮助果树传授花粉。当出现生产的外部经济时，生产的社会成本小于生产者的私人成本，市场的均衡产量会小于社会的最优量。

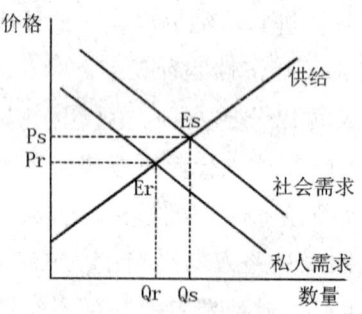

图7－1　生产的外部经济

2. 生产的外部不经济：当一个生产者采取的行动使他人付出了代价而又未给他人以补偿时，便产生了生产的外部不经济。如图7－2所示。

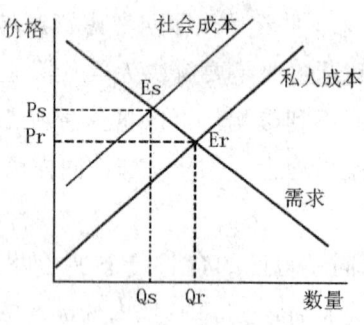

图7－2　生产的外部不经济

【阅读材料】

1989年，在阿拉斯加的威廉·桑德王子岛附近，几百万加仑石油从埃克森公司的一艘油船上泄漏，造成了野生生物的大批死亡，渔场遭毁，自然环境受损。尽管埃克森公司声称花10亿多美元进行清理，但大部分损害需要好几年才能补救回来。为什么埃克森公司不建造一艘更安全一些的船，或者更为小心谨慎一些呢？

答案在于外部性:石油泄漏对埃克森公司的成本——即使是10亿美元——也可能小于由于损害环境而造成的全部成本。因为埃克森公司或者其他任何石油公司只承担成本的一部分,所以他们没有足够的动机去设计和购买对环境安全的船只,或者在其船员当中强调谨慎小心。

另一起重大灾难是1986年在乌克兰的切尔诺贝利核电站爆炸,释放的放射性物质波及几千英里之外。5年后,在瑞典一些地方饲养的驯鹿仍由于严重的放射性污染而不能食用。这是外部性存在的又一例——苏联不必为在国土以外造成的损害付出代价。

三、外部性的治理

1. 使用**税收和补贴**。通过对存在负的外部性的生产或消费进行征税,其数额应等于该企业给社会其他成员造成的损失,使得该企业的私人成本恰好等于社会成本,就会使经济活动主体在决定产量或消费量时考虑到这种税收的影响,进而达到与社会福利最大化相应的产量或消费量。然后政府再用征来的税收对其活动的外部成本进行相应的治理或弥补,从而使整个社会的福利得到保证。反之,对存在正的外部性的生产或消费进行补贴,相当于弥补了生产者或消费者从市场途径没有办法获得的给他人带来的外部收益,此时,也能实现社会福利最大化要求的产量或消费量。由于该方案是由庇古在1920年出版的《福利经济学》中提出的,又称为"庇古税"。

2. 使用**企业合并**的办法。将相互影响并产生外部经济与外部不经济的企业进行合并,使外部影响消失。

3. 使用**财产权**的办法。如产权是明确的且能得到保障,则有些外部影响可能不会发生。新制度经济学奠基人科斯认为,外部性导致市场失灵的原因是经济个体间的产权关系不够明晰导致的。是化工厂拥有向周围土地排放污水的权利还是农田主拥有向农田排放污水的权利,这个问题如果没有在制度上进行明晰,就没有办法通过市场来加以解决。因此治理外部性问题的关键在于明晰产权,只要产权明晰,市场会自动解决外部性的问题。

【阅读材料】庇古税

庇古(AC. Pigou,1877-1959。)是英国著名经济学家,剑桥学派的主要代表人物之一。在1920年出版的《福利经济学》中,庇古提出了"庇古税方案",提倡对有正外部性的活动给予补贴。在研究外部性问题时,庇古发现既然在边际私人收益与边际社会收益、边际私人成本与边际社会成本相背离的情况下,依靠自由竞争是不可能达到社会福利最大的。于是就应由政府采取适当的经济政策,消除这种背离。政府应采取的经济政策是:对边际私人成本小于边际社会成本的部门实施征税,即存在外部不经济效应时,向企业征税;对边际私人收益小于边际社会收益的部门实行奖励和津贴,即存在外部经济效应时,给企业以补贴。庇古认为,通过这种征税和补贴,就可以实现外部效应的内部化。这种政策建议后来被称为"庇古税"。

庇古税在经济活动中得到广泛的应用。在基础设施建设领域采用的"谁受益，谁投资"的政策、环境保护领域采用的"谁污染，谁治理"的政策，都是庇古理论的具体应用。目前，排污收费制度已经成为世界各国环境保护的重要经济手段，其理论基础也是庇古税。

存在的问题：

第一，庇古理论的前提是政府是公共利益的天然代表者，自觉按公共利益对产生外部性的经济活动进行干预，但事实上公共决策存在很大局限。

第二，庇古税运用的前提是政府必须知道引起外部性和受它影响的所有个人的边际成本或收益，拥有与决定帕累托最优资源配置相关的所有信息，只有这样政府才能定出最优的税率和补贴。但现实中政府信息不足。

第三，政府干预本身也是要花费成本的，如果成本太大就不值得。

第四，可能出现寻租活动，会导致资源的浪费和资源配置的扭曲。

科斯定理

新制度经济学奠基人科斯认为，外部性导致市场失灵的原因是经济个体间的产权关系不够明晰导致的。是化工厂拥有向周围土地排放污水的权利还是农田主拥有向农田排放污水的权利，这个问题如果没有在制度上进行明晰，就没有办法通过市场来加以解决。因此治理外部性问题的关键在于明晰产权，只要产权明晰，市场会自动解决外部性的问题。科斯定理表述为：如果交易费用为零，无论权利如何界定，都可以通过市场交易和自愿协商达到资源的最优配置；如果交易费用不为零，制度安排与选择是重要的。这就是说，解决外部性问题可能可以用市场交易形式即自愿协商替代庇古税手段。

科斯定理进一步巩固了经济自由主义的根基，进一步强化了"市场是美好的"这一经济理念。并且将庇古理论纳入到自己的理论框架之中：在交易费用为零的情况下，解决外部性问题不需要"庇古税"；在交易费用不为零的情况下，解决外部性问题的手段要根据成本——收益的总体比较，也许庇古方法是有效的，也许科斯方法是有效的。在环境保护领域排污权交易制度就是科斯理论的一个具体运用。科斯理论的成功实践进一步表明，"市场失灵"并不是政府干预的充要条件，政府干预并不一定是解决"市场失灵"的惟一方法。

科斯理论也存在局限性：

第一，在市场化程度不高的经济中，科斯理论不能发挥作用。

第二，自愿协商方式需要考虑交易费用问题。

第三，自愿协商成为可能的前提是产权是明确界定的。而事实上，像环境资源这样的公共物品产权往往难以界定或者界定成本很高，从而使得自愿协商失去前提。

（资料来源：作者根据网络资料整理）

【阅读材料】汽车尾气排放标准

汽车尾气排放是城市空气环境污染的重要来源。世界各国早在20世纪六七十年代就对汽车尾气排放建立了相应的法规制度，通过严格的法规推动了汽车排放控制技术的进步,而随着汽车排放控制技术的不断提高,又使制定更高标准的法规成为可能。

欧洲从1992年起开始实施欧Ⅰ标准(欧Ⅰ型式认证排放限值)、1996年起开始实施欧Ⅱ标准(欧Ⅱ型式认证和生产一致性排放限值)、2000年起开始实施欧Ⅲ标准(欧Ⅲ型式认证和生产一致性排放限值)、2005年起开始实施欧Ⅳ标准(欧Ⅳ型式认证和生产一致性排放限值)。

我国汽车尾气排放法规起步较晚从20世纪80年代初期开始采取了先易后难阶段实施的具体方案,其具体实施至今主要分为三个阶段。第一阶段:1983年我国颁布了第一批机动车尾气污染控制排放标准,这一批标准的制定和实施,标志着我国汽车尾气法规从无到有,并逐步走向法制治理汽车尾气污染的道路;第二阶段:我国在1989年至1993年又相继颁布了《轻型汽车排气污染物排放标准》、《车用汽油机排气污染物排放标准》两个标准;第三阶段:从1999年起北京实施DB11/105-1998地方法规,2000年起全国实施GB14961-1999《汽车排放污染物限值及测试方法》。与此同时,北京、上海、福建等省市还参照ISO3929中双怠速排放测量方法分别制定了《汽油车双怠速污染物排放标准》地方法规,这一条例标准的制定和出台,使我国汽车尾气排放标准达到国外90年代初的水平。

(资料来源:作者根据网络资料整理)

任务三　　公共物品

【案例导入】搭便车问题

搭便车理论首先由美国经济学家曼柯·奥尔逊于1965年发表的《集体行动的逻辑:公共利益和团队理论》一书中提出的。其基本含义是不付成本而坐享他人之利。

搭便车问题是一种发生在公共财产上的问题,是指经济中某个体消费的资源超出他的公允份额,或承担的生产成本少于他应承担的公允份额;指一些人需要某种公共财产,但事先宣称自己并无需要,在别人付出代价去取得后,他们就可不劳而获地坐享成果;常指宏观经济学中的公共品的消费问题。

搭便车问题往往导致市场失灵,使市场无法达到效率。

一个拥挤的十字路口,由于没有红绿灯的控制,每辆车都急于通过路口,从而导致路口变得更加拥挤,每辆车都无法通过。设置一个红绿灯的成本为5万元,一年该路口通过10万辆汽车,每辆汽车由于能够顺利地通过路口而节约的成本为10元。由于节约的成本100万元大于5万元,设置红绿灯是有效率的。

市场会提供这个有效率的结果吗?可能性比较小。对于红绿灯提供者而言,他必须能够把那些不付钱而享受红绿灯的人排除在消费之外,否则他将无法弥补生产成本。而对于一个消费者而言,公共产品一旦生产出来,每一个消费者都可以不支付就获得消费的权利。每一个消费者都可以搭便车。消费者这种行为意味着生产产品的厂商很有可能得不到弥补生产成本的收益。在长期中,厂商不会提供这种物品,这使得公共物品很难由市场提供。

(资料来源:作者根据网络资料整理)

如果我们留意观察,就会发现商家在经营策略上经常采用搭便车手法。一些不知名的产品跟进强势产品,在进入新市场时极力向强势产品靠拢,最大限度地减少新产品进入市场的阻力,使新产品快速抵达渠道的终端,从而尽快与消费者见面。对没有强大实力的弱势产品而言,搭强势品牌的"广告便车"是一条切实可行的策略。

在日常生活中,我们也会经常遇到搭便车的现象。路边的路灯在夜晚开启,经过的你虽然没有支付任何的资金却可以无偿享有它带来的灯光,哪怕这个路灯是别人家的。从经济学理论角度来进行分析,这就是公共物品的问题导致了资源配置的无效率和市场失灵现象。下面,我们就来了解一下公共物品以及市场失灵的原因。

一、公共物品的内涵

公共物品是指公共使用或消费的物品。公共物品是可以供社会成员共同享用的物品,严格意义上的公共物品具有非竞争性和非排他性。所谓非竞争性,是指某人对公共物品的消费并不会影响别人同时消费该产品及其从中获得效用,即在给定的生产水平下,为另一个消费者提供这一物品所带来的边际成本为零。所谓非排他性,是指某人在消费一种公共物品时,不能排除其他人消费这一物品(不论他们是否付费),或者排除的成本很高。

通常不具备排他性或(和)竞争性,一旦生产出来就不可能把某些人排除在外的商品称为(纯)公共物品。所谓商品的排他性是指商品的生产者或者购买者可以很容易地把他人排斥在获得该商品带来的利益之外;商品的竞争性是指消费商品的数量与生产这一数量的成本有关。

二、公共物品的分类

公共服务产品就其整体而言具有公共物品的性质,按照竞争性、非竞争性、排他性、非排他性的物品属性对公共服务产品进行归类,可以把公共服务产品划分为私有私益、私有公益、公有私益、公有公益产品,即以下四类:

(一)私人物品

私人物品,即私有私益产品。它是纯粹的私益性物品,兼具竞争性和排他性,如市场上的服装、鞋袜等。

(二)纯公共物品

纯公共物品,即公有公益物品。它则是纯粹的公益性物品,这种物品同时具备非竞争性和非排他性的消费特性。如空气、路标、无线广播、环境绿化、普通马路等。

(三)公有资源

公有资源是指社会大众共同拥有的资源，即公有私益物品。这种资源具备竞争性和非排他性的消费特性。如海洋中的渔业资源，当某些人过度捕捞时，其他人能够捕捞的量就会减少，同时，一户渔民没有能力阻止别人也下海捕鱼。公有资源常常在这种特性下导致资源枯竭。

(四)俱乐部物品

俱乐部物品，即私有公益物品，具有排他性和非竞争性的消费特性。如高尔夫球俱乐部，要想打高尔夫就必须取得该俱乐部的会员资格，否则就会被排除在外，而一旦成为该俱乐部会员，一名会员在打高尔夫球的时候，并不会使别人减少使用该高尔夫球场的效用。日常生活中，这种俱乐部物品也很多，如有线电视、收费高速公路、网络宽带等。

私有公益物品和公有私益物品，则是非纯粹的公益物品或不纯粹的私益物品。按照经济学分析的惯例，分别称之为俱乐部物品（可以低成本的排他）和公共池塘资源物品（竞争性和非排他性），总称为准公共物品。

三、公共物品的市场失灵

经济学理论认为，有效率的供给也应采用不同的供给方式。如私人物品和俱乐部物品可以有效利用市场机制的调节作用，满足不同人和不同群体的具有个性化的需求。而纯公共物品由于具有非排他性和非竞争性以及公有资源具有的相应特性，使得市场机制的调节失去效率，因此就需要发挥政府这只看得见的手来进行调节了。所以，公共物品导致市场失灵的原因主要有：

1. 单个消费者不清楚对公共物品的价格，更不清楚对公共物品价格与需求的关系。
2. 为不支付或少支付价格，消费者会低报或瞒报对公共物品的偏好。

【阅读材料】灯塔经济学

英国著名经济学家约翰·斯图亚特·穆勒在他的《政治经济学原理》中写道："……为了确保航行的安全，建造和维修灯塔、设置浮标等属于政府适当的职责。由于不可能向受益于灯塔的海上船只收取使用费，没有人会出于个人利益的动机而建造灯塔，除非由国家的强制征税给予补偿"。

萨缪尔森对灯塔这种公共物品也有独特的研究视角。他认为灯塔管理者不能很容易地以销售价格的形式向受惠者收费这一事实使灯塔成为某种社会或公有物品。萨缪尔森在他的《经济学》一书中写道："政府提供某些无可替代的公共服务，没有这些服务，社会生活是不可想象的。它们的性质决定了由私人企业提供是不合适的。"

17世纪以前，英国几乎没有灯塔。在此期间，虽然有其他形式的各色航标，但航行事故不断。最初,英国领港公会在卡斯特和洛威斯托夫特设置了灯塔,但直到17世纪末,该工会才建造了另一座灯塔。与此同时,也出现了私人也建造灯塔的例子。1820年,所有的灯塔中,其中24座灯塔由领港公会经营,22座由私人或私人组织经营。而这46座灯塔中,只有11座是由领港公会建造的,其余都是由私人建造的。由此可见,在英国早期,私人在经营和建造灯塔方面的地位更加重要。

18世纪末期以后,英国议会强烈建议领港公会收购私人灯塔,改为统一的公共经营。截至1842年,这项收购工作基本结束,除了一些地方的灯塔外,英国所有的灯塔已经不再属于私人所有。直到今天,英国灯塔经营过程中的政府和私人的作用仍在经济学界争论不休。

【思考与练习】

一、单项选择题

1. 被称为外部经济效果的市场失灵发生在(   )。
   A. 当市场价格不能反映一项交易的所有成本和收益时
   B. 当竞争建立在自身利益最大化的前提上时
   C. 当厂商追求利润最大化目标时
   D. 当市场不能完全出清时

2. 某一经济活动存在外部经济效果是指该活动的(   )。
   A. 私人利益大于社会利益　　　　　B. 私人成本大于社会成本
   C. 私人利益小于社会利益　　　　　D. 私人成本小于社会成本

3. 当人们无偿地享有了额外的收益时,称作(   )。
   A. 公共产品　　　B. 外部不经济　　　C. 交易成本　　　D. 外部经济

4. 如果一个市场上,一种商品相对社会最优产量来说,处于供给不足状态,这说明存在(   )。
   A. 外部经济效果　　　　　　　　　B. 信息不完全
   C. 外部不经济效果　　　　　　　　D. 逆向选择

5. 由于垄断会使效益下降,因此任何垄断都是要不得的,这一命题(   )。
   A. 一定是正确的　　　　　　　　　B. 并不正确
   C. 可能是正确的　　　　　　　　　D. 基本上是正确的

6. 下列不是导致市场失灵的原因的是(   )
   A. 垄断与信息不对称　　B. 外部性　　　C. 公共物品　　　D. 供给过剩

7. 某人在公共场所的吸烟行为属于(   )。
   A. 生产的正外部性　　　　　　　　B. 消费的正外部性
   C. 生产的负外部性　　　　　　　　D. 消费的负外部性

8. 工厂随意向周围排放污水废气的行为属于(   )。

A. 生产的正外部性   B. 消费的正外部性
C. 生产的负外部性   D. 消费的负外部性

9. 对一个污染排放企业私人成本的描述，正确的是(　　)。
A. 私人成本大于社会成本   B. 私人成本大于社会收益
C. 私人成本小于社会成本   D. 私人成本小于社会收益

10. 对一个开垦荒山植树造林的农户的私人收益的描述，正确的是(　　)。
A. 私人收益大于社会收益   B. 私人收益小于社会收益
C. 私人收益大于社会成本   D. 私人收益小于社会成本

二、判断题

1. 市场失灵会导致市场配置资源的无效率。(　　)
2. 只有外部性和公共物品会导致市场失灵。(　　)
3. 不遵守交通规则的行为也会产生外部性问题。(　　)
4. 从外部性影响的效果角度来进行分类，外部性可分为生产的外部性和消费的外部性。(　　)
5. 吸烟的行为会产生负的外部性问题。(　　)
6. 具有正的外部性的生产产量往往高于社会最优产量。(　　)
7. 当私人成本小于社会成本时，会导致生产产量高于社会最优产量。(　　)
8. 通过征税的方式解决负外部性，其原理是使企业私人成本与社会成本保持基本平衡。(　　)
9. 界定产权在实际解决外部性方面非常有效。(　　)
10. 根据公共物品的理论，私人不会在公共场所修建、养护路灯。(　　)
11. 共有资源具有非竞争性和排他性。(　　)
12. 我国有线电视一般属于俱乐部物品。(　　)

三、问题与应用

1. 哪些因素可以导致市场失灵？请列举日常生活中的市场失灵现象。
2. 如何理解外部性？外部性可以如何进行分类？
3. 外部性对社会最优产量会产生什么样的影响？应如何治理外部性的影响？
4. 公共物品具有哪些特性？为何公共物品会导致市场失灵？
5. 社会应如何提供公共物品和公共服务？为什么？

项目八

国民收入核算

【知识目标】

1. 掌握国民收入核算的基本概念及其核算方法;熟悉国民收入核算五个总量指标之间的关系;

2. 掌握名义 GDP 与实际 GDP 区别;

3. 理解国内生产总值的三种主要核算方法:支出法、收入法和部门法;

4. 能够理解和分析国民经济两部门、三部门和四部门经济运行循环对现实宏观经济的模拟。

【技能目标】

1. 能够熟练使用 GDP 主要核算方法;

2. 能够对宏观经济运行情况进行简单分析。

【项目导读】

从 1929 年开始,资本主义世界爆发了空前的大危机。3000 多万人失业,三分之一的工厂停产,整个经济倒退回了一战前的水平。经济处于极度混乱之中,传统的经济学无法解释更无法解决这一问题,理论界纷纷进行探讨,这时英国经济学家凯恩斯从一则古老的寓言中得到了启示。这则寓言说:从前有一群蜜蜂,他们在一个蜂王的领导下,都过着挥霍、奢侈的生活,整个蜂群兴旺发达,百业昌盛。后来,他们的老蜂王去世了,换了一个新蜂王,他们改变了原有的生活习惯,开始崇尚节俭朴素,结果社会涣散,经济衰落,终于被敌手打败而逃散。凯恩斯在这则寓言的启示下,建立了他的国民收入决定理论,并由此引发了凯恩斯革命,从而建立了宏观经济学。

问题:1. 分析凯恩斯从这则寓言中得到了什么启示。

2. 说明凯恩斯国民收入决定理论的基本构架。

任务一　国民收入核算的主要指标

【案例导入】

美国经济学家萨缪尔森(经济学诺贝尔奖获得者)和诺德豪斯在他们的著名教科书《经济学》中指出:国内生产总值(GDP)是20世纪最伟大的发明之一。与太空中的卫星能够描述整个地球的天气情况非常相似,国内生产总值能够提供经济状况的完整图像,它能够帮助总统、国会和联邦储备委员会判断经济是在萎缩还是在膨胀,是需要刺激还是需要控制,是处于严重衰退还是处于通胀威胁之中。没有像国内生产总值这样的总量指标,政策制定者就会陷入杂乱无章的数字海洋而不知所措。国内生产总值和有关数据就像灯塔一样,帮助政策制定者引导经济体向着主要的经济目标发展。

国民收入核算指标是对整个国民经济的综合性表述,它反映整个国民经济的基本状况,常用的有六个总量指标:国内生产总值(GDP)、国民生产总值(GNP)、国民生产净值(NDP)、国民收入(NI)、个人收入((PI)和个人可支配收入(DPI)。其中 GDP 和 NDP 为广义的国民收入,NI 为狭义的国民收入,三者的大小具有一定的差异,但它们的变动方向是一致的,因而都可以用来反映宏观经济的运行态势。除了以上三个总收入量,PI 和 DPI 也是比较重要的收入量。

一、国内生产总值的核算

(一)国内生产总值的定义

国内生产总值(简称 GDP)是对一国产量的标准测量指标,指经济社会(一国或一地区)在一定时期内(通常是一年),在本国领土范围内,运用生产要素所生产的全部最终产品和服务的货币价值总和。

(二)核算国内生产总值应注意的问题

对于国内生产总值(GDP)的表述,应着重把握以下几点:

(1) GDP **是一个市场价值概念**,各种最终产品的价值都是用货币来衡量的。产品的市场价值用这些最终产品的单价乘以产量而得到。

(2) GDP **是指最终产品的总值**,在计算时不应包括中间产品产值,以避免重复计算。最终产品是指以消费和投资为目的现期生产和出售的产品。最终产品是和中间产品相对而言的,中间产品是指用于生产其他产品的产品。GDP 不包括中间产品。

一件产品或一项劳务究竟是最终产品还是中间产品,取决于谁购买它以及将它用于何种目的。比如,面包厂采购面粉用于面包的生产,而居民家庭采购面粉用于自用,前者属于中间产品,后者属于最终产品。

在实践上,区分最终产品和中间产品比较困难,可以采用增值法来计算。增值法是指仅计算在生产各个阶段上的价值增量。例如,一件在淘宝网标价280元(2014年5月)的高支纯棉DP衬衫的加工,从原料起步到进入消费者手里需要经过5个阶段:棉花生产、纺纱、织布、制衣、销售。

其中棉花价值30元,纺纱后价值50元,增值20元;纱织成棉布后价值为80元,增值30元;棉布进入服装厂加工成衬衫后价值为200元,增值120元;服装销售商以280元的价格通过网络售卖给消费者,增值80元。这件DP衬衫在五个阶段中累计增值为:30 + 20 + 30 + 120 + 80 = 280元。全部生产过程累计增值恰好等于该衬衫的售价,见表8 – 1。

表8 – 1　　　　　　高支纯棉DP衬衫生产过程增值表　　　　　单位:元/件

生产阶段	阶段产品价值	中间产品成本	增值
棉花	30	—	30
棉纱	50	30	20
棉布	80	50	30
制衣	200	80	120
销售	280	200	80
合计	—	—	280

(3) GDP是指在一定时期内生产而不是销售的最终产品与劳务,因此,在计算时不应包括以前生产的产品价值。

如果当年生产的商品和服务没有售罄,有存货怎么办?存货视为企业自己买下的存货投资。出售往年生产的商品和服务不计入当年的GDP,而本年生产未出售的商品和服务要计入当年GDP,看做是企业自己把它买下,当成企业的存货投资。

例1:假定2014年生产了1 000亿元商品和服务,只卖掉900亿元,则GDP仍是1 000亿元,其中的100亿元为存货投资。相反,虽然2014年生产1 000亿元商品和服务,然而却卖掉了1 100亿元,则计入GDP仍是1 000亿元,只是库存减少了100亿元而已。

例2:2014年某人花300万元买了一幢2008年建成的别墅,这300万元不能计入2014年的GDP,因为它在2008年已计算过了。但买卖这幢别墅的经纪人费用9万元可计入2014年的GDP,因为这笔费用是经纪人在买卖别墅过程中提供的劳务报酬。

(4) GDP是指一国在本国领土内所生产的产品和劳务,既包括本国企业所生产的产品与劳务,也包括外国企业或合资企业在本国所生产的产品与劳务。

(5) GDP所指的最终产品,既包括有形产品,也包括无形产品——劳务活动。

(6) GDP指的是合法的市场活动导致的最终产品市场价值的总和。

许多产品和劳务虽然与人们的经济福利很有关系,但如果不是市场交换活动,就不包括在国内生产总值之中。如自给自足的生产、慈善机构的活动、家务劳动等。还有非法的市场交易,如走私、贩毒、赌博(拉斯维加斯和澳门特区的除外)等黑市活动无法计入 GDP 中。

(三)名义国内生产总值和实际国内生产总值

由于 GDP 是用市场货币价值来计算的,因此,一国 GDP 的变动可能由两个因素造成:一是由于所生产的物品和劳务的数量的变动;二是由于物品和劳务的价格变动。

假设一国国内生产总值增加了,到底是由通货膨胀引起,还是由于商品和服务实际数量增加而带来的?为弄清国民生产总值变动究竟是由产量还是由价格变动引起的,需要区分名义 GDP 和实际 GDP。

1. 名义 GDP 和实际 GDP 的定义

名义 GDP 是指按当年价格计算的全部最终商品及其劳务的市场价值。

实际 GDP 是指用从前某一年作为基期而按一个不变的价格(基年的价格)计算出来的全部最终商品和劳务的市场价值。

2. 名义 GDP 和实际 GDP 的区别

名义 GDP 既包括产量的变动又包括物价水平的变动;而实际 GDP 不受价格变动的影响,只反映生产产量的变动。实际 GDP 比名义 GDP 更能反映真实的经济福利水平,其变动情况被广泛地用来衡量一国产出水平和经济波动,可用来长期关注一国经济的运行轨迹。

实际 GDP = 名义 GDP/价格水平

如果名义 GDP 在过去一年里上升了 5% 而价格水平也上升了 5%,那么实际 GDP 不变;如果名义 GDP 在过去一年里上升了 5%,而价格水平上升了 10%,那么实际 GDP 事实上下降了。

3. GDP 价格调整指数

在通货膨胀条件下我们用以调整 GDP 测量值的价格指数被称为 GDP 价格调整指数,它代表在今天的经济中购买所有商品与服务的费用与基年的费用之比。

二、国民收入核算的其他总量指标及其关系

1. 国民生产总值(GNP)

国民生产总值是指一国国民所拥有的全部生产要素在一定时期内(通常为一年)所生产的全部最终产品和服务的货币价值总和。

2. 国内生产净值(NDP)

国内生产净值是指一个国家一年内新增加的价值,它等于从国内生产总值中减去固定资产折旧的价值。例如,某企业 2014 年购置了 10 台机器,其中 2 台用来更换旧机器,则总投资为 10 台机器,净投资为 8 台机器。

NDP = GDP − 折旧

【阅读材料】什么是固定资产折旧？

固定资产折旧是指一定时期内为弥补固定资产损耗按照规定的固定资产折旧率提取的固定资产折旧，或按国民经济核算统一规定的折旧率虚拟计算的固定资产折旧。《中华人民共和国企业所得税法实施条例》第六十条规定，固定资产计算折旧的最低年限如下：

(1) 房屋、建筑物，为20年。

(2) 飞机、火车、轮船、机器、机械和其他生产设备，为10年。

(3) 与生产经营活动有关的器具、工具、家具等，为5年。

(4) 飞机、火车、轮船以外的运输工具，为4年。

(5) 电子设备，为3年。

3. 国民收入(NI)

国民收入是指一个国家或地区在一年内以货币计算用于生产的各种生产要素的实际报酬，它等于国内生产净值减去间接税。

国内生产净值与国民收入是有差别的，其差别在于国内生产净值包括间接税，而国民收入则不包括间接税。这是因为，国内生产净值是从生产角度来计算的，而国民收入则是从分配的角度来计算的。从分配的角度看，间接税是产品价格的附加，而不是某一生产要素的报酬，所以不应计入国民收入中。用公式表示为：

$$NI = NDP - 间接税$$

4. 个人收入(PI)

个人收入是指一个国家一年内个人所得到的全部收入。生产要素报酬意义上的国民收入并不会全部构成个人收入。例如，公司要缴纳公司所得税，还要把利润收入中一部分留作将来发展之用，其余部分以红利或股息形式分给个人股东；劳动收入中也有一部分要以社会保险费的形式上缴到有关机构。此外，人们也会以不同形式从政府那里得到转移支付。因此，从国民收入中减去公司未分配利润、公司所得税及社会保险税(费)，再加上政府给个人的转移支付，大体上就得到个人收入。用公式表示为：

$$PI = NI - 公司未分配利润 - 企业所得税(费) + 转移支付$$

5. 个人可支配收入(DPI)

个人可支配收入是指个人最终能够自由支配的收入数量，它等于个人收入减去个人所得税。

$$DPI = PI - 个人所得税$$

【阅读材料】为什么政府转移支付不计入GDP？

政府转移支付是指政府在社会福利、保险、贫困救济和补助等方面的支出，它是政府简单地通过税收把收入从一个人或一个组织转移到另一个人或组织手中，并没有相应的货物或劳务交换发生。例如，政府给残疾人发放的困难救济金，并不是因为残疾人创造了收入；相反，倒是因为他丧失了创造收入的能力从而失去生活来源才给予救济。失业救济金发放则是因为一些人失去了就业机会从而丧失了取得收入的机会才给予救济。政府转移支付和政府购买虽然都属于政府支出，但前者不计入 GDP 而后者计入 GDP，因为后者发生了实在的交换活动。例如，政府给警察发工资是因为警察提供了维护社会治安的服务。

三、国民生产总与国内生产总值

国民生产总值（GNP）是指一国国民所拥有的全部生产要素，在一定时期内所生产的全部最终产品的市场价值总和。

国民生产总值按"国民原则"计算，是一个国民概念，包括本国居民在国内和国外的财产和劳务所获得的收入，但不包括支付给外国居民的财产和劳务所获得的收入。

国内生产总值按"国土原则"计算，以地理上的国境为统计标准。也就是说，凡在本国领土范围内所生产的最终产品和劳务，无论所有权属于谁，经营者是谁，服务对象是谁，其价值都计入本国的 GDP。具体来说，它是一国境内所有产出的总价值，而不管其所有者是本国公民还是外国公民。

GNP 与 GNP 之间可以互相换算，其公式为：

GNP = GDP + 本国公民在国外投资所获得的收入 − 外国公民在本国投资所获得的收入

国民生产总值测量一国的总产出，从收入角度看，包括居民从国外取得的收入，但要减去支付给国外的同类报酬。与 GNP 不同，GDP 是一国在国内实际生产的产品和劳务的测量值。GDP 是大多数欧洲国家采用的产出衡量标准。美国以前一直用 GNP 作为总产出的主要测量值，由于国际贸易对美国变得越来越重要，因此，美国从 1991 年起开始采用 GDP 作为衡量总产出的主要测量标准。一般来说，一个国家对外经济往来的开放度越大，用 GDP 作为测量收入的重要性也越大。此外，由于来自国外的要素收入的数据较难获得，而 GDP 的数据较易获得。相对于 GNP，GDP 也是一国经济中就业潜力的一个较好的测量指标。

任务二　　国内生产总值核算的方法

在国民经济核算体系中计算国内生产总值的方法主要有支出法、收入法和部门法三种。

一、支出法核算 GDP

支出法又称最终产品法。这种方法是从产品的使用出发，通过核算在一定时期（通常是一年）整个社会购买最终产品的总支出来计算国内生产总值的方法。

在现实生活中，产品和劳务的最后使用，主要是居民消费、私人投资、政府购买和进出口。因此，按支出法计算国内生产总值，包括以下几项支出：个人消费支出（C）、私人总投资(I)、政府购买商品和服务支出(G)和净出口(X－M)。

个人消费支出包括所有家庭对国内和国外生产的产品和劳务的消费。它又可细分为耐用品、非耐用品和劳务三种支出。劳务支出中包括房租。

私人总投资是指增加或更新资本资产(包括厂房、机器设备、住宅及存货)的支出。投资包括固定资产投资和存货投资两大类。固定资产投资指新造厂房、购买新设备、建筑新住宅的投资。为什么住宅建筑属于投资而不属于消费呢？因为住宅像别的固定资产一样是长期使用、慢慢地被消耗的。存货投资是企业掌控的存货(或称为库存)的增加或减少。如果年初企业存货为6 000亿元而年末为5 500亿元，则存货投资为－500亿元。存货投资可能是正值，也可能是负值，因为年末存货价值可能大于也可能小于年初存货。企业存货之所以被视为投资，是因为它能产生收入。从国民经济统计的角度看，生产出来但没有卖出去的产品只能作为企业的存货投资处理，这样是为了从生产角度统计的GDP和从支出角度统计的GDP相一致。

政府购买商品和服务支出是指各级政府购买物品和劳务的支出，它包括政府购买军火、军队和警察的服务、政府机关办公用品与办公设施、举办诸如道路等公共工程、开办学校等方面的支出。政府支付给政府雇员的工资也属于政府购买。政府购买是一种实质性的支出，表现出商品、劳务与货币的双向互动，直接形成社会需求，成为国内生产总值的组成部分。政府购买只是政府支出的一部分，政府支出的另一部分如政府转移支付、公债利息等都不计入GDP。政府转移支付是政府不以取得本年生产出来的商品与劳务作为报偿的支出，包括政府在社会福利、社会保险、失业救济、贫困补助、老年保障、卫生保健、对农业的补贴等方面的支出。政府转移支付是政府通过其职能将收入在不同的社会成员间进行转移和重新分配，将一部分人的收入转移到另一部分人手中，其实质是一种财富的再分配。有政府转移支付发生时，即政府付出这些支出时，整个社会的总收入并没有发生改变。因此，政府转移支付不计入国内生产总值中。

净出口是出口减进口的净值。进口应从本国总购买中减去，因为进口表示收入流到国外，同时，也不是用于购买本国产品的支出；出口则应加进本国总购买量之中，因为出口表示收入从外国流入，是用于购买本国产品的支出，因此，净出口应计入总支出。净出口可能是正值，也可能是负值。

把上述四个项目加起来，就是用支出法计算GDP的公式：GDP = C + I + G + NX

2011年美国的GDP和支出构成实际情况见表8－2。

表 8-2　　　　　　　　2011 年美国的 GDP 和支出构成

GDP 构成	单位:10 亿美元(现值)	占 GDP 百分比(%)
个人消费支出	10 722.6	71.1
商品消费支出	3 645.2	24.2
服务消费支出	7 077.4	46.9
私人国内总投资	1 913.6	12.7
政府购买商品和服务支出	3 029.7	20.1
联邦政府支出	1 232.7	8.2
州和地方政府支出	1 797.0	11.9
净出口	-578.2	3.8
货物和服务出口	2 087.6	13.8
货物和服务进口	2 665.8	17.7
国内生产总值	15 087.7	100.0

(资料来源:U. S. Department of Commerce)

【小思考】为什么我们通常所说的购买债券和股票从个人来说可算是投资,但在经济学上不算是投资?

参考答案:经济学上所讲的投资是增加或替换资本资产的支出,即建造新厂房、购买新机器设备等行为,而人们购买债券和股票只是一种证券交易活动,并不是实际的生产经营活动。人们购买债券或股票,是一种产权转移活动,因而不属于经济学意义的投资活动,也不能计入 GDP。公司从人们手里取得了出售债券或股票的货币资金再去购买厂房或机器设备,才算投资活动。

二、用收入法核算 GDP

收入法又称生产要素收入法。这种方法是从收入的角度出发,把生产要素在生产中所得到的各种收入相加,即把劳动所得工资、土地所得租金、资本所得利息以及企业家才能所得利润相加而成。在收入法中主要包括这样几项:工资和其他补助项目、租金收入、净利息收入和公司利润,还有一项业主收入。

在没有政府参与的简单经济中,企业的增加值即其创造的国内生产总值,就等于要素收入加上折旧。但当政府介入后,政府往往征收间接税,这时的 GDP 还应包括间接税和企业转移支付。间接税是对产品销售征收的税,它包括货物税、周转税。同样,还有企业转移支付(即企业对非营利组织的社会慈善捐款和消费者呆账),它也不是生产要素创造的收入,但要通过产品价格转嫁给消费者,故也应看作成本。

资本折旧也应计入 GDP,因为它虽不是要素收入,但包括在应回收的投资成本中。

还有,非公司企业主收入也应计入GDP中。非公司企业主收入,是指医生、律师、小店铺主、农民等的收入。他们使用自己的资金,自我雇用,其工资、利息、租金很难像公司的账目那样,细分成其应得的工资、自有资金的利息、自有房子的租金等,他们常混在一起作为非公司企业主收入。

这样,按收入法计算的公式为:

GDP = 工资 + 利息 + 利润 + 租金 + 间接税和企业转移支付 + 折旧

用收入法计算某国2013年的国内生产总值见表8-3。

表8-3　　　　　　　　　2013年某国的GDP构成

GDP构成	单位:10亿美元(现值)	占GDP百分比(%)
雇员报酬	3 667.5	60.3
业主收入	419.7	6.9
租金收入	30.4	0.5
利息净额	437.9	7.2
公司利润	444.0	7.3
折旧费	583.9	9.6
间接税和企业转移支付	498.7	8.2
国内生产总值	6 082.1	100.0

【小思考】为什么企业向政府缴纳的间接税(如营业税)也计入GDP

参考答案:间接税虽由出售产品的厂商来缴纳,但它是加到产品价格上作为产品价格的构成部分最后由购买者负担。间接税虽然不构成要素所有者收入,而是政府的税收收入,但包含在支出法计算GDP的家庭或厂商的支出中,因此,为了使支出法计算的GDP和收入法计算的GDP相一致,必须把间接税加到收入法计算的GDP中。例如,某人花费2 600元购买一台新飞冰箱,这2 600元以支出形式计入GDP。实际上冰箱价格中含有104元的营业税和26元的折旧,则作为要素收入的只有2 470元。因而,按收入法计算GDP时,应把这104元和26元一起加入计算GDP。

三、用部门法核算GDP

部门法是指把提供物质产品和劳务的各个部门产值加总计算国内生产总值的方法。这种计算方法反映了国内生产总值的来源,所以又称生产法。

运用这种方法进行计算时,各生产部门要把使用的中间产品的产值扣除,只计算所增加的价值。商业和服务等部门也按增值法计算。卫生、教育、行政、家政服务等部门无法计算其增值,就按工资收入来计算其服务的价值。

2011年11月,国家有关部门联合制定颁布的《国民经济行业分类》开始正式实施。

《分类》将国民经济行业分为 20 个门类，95 个大类，396 个中类，913 个小类，并对每一个类都按层次编制了代码。其中 20 个门类包括农林牧渔业，采矿业，制造业，电力、燃气及水的生产和供应业，建筑业，交通运输、仓储和邮政业，信息传输、计算机服务和软件业，批发和零售业，住宿和餐饮业，金融业，房地产业，租赁和商务服务业等。把以上各部门生产的国内生产总值加总，就可以得到用部门法计算的 GDP 了。

例如，用部门法计算的我国 2013 年的国内生产总值见表 8-4。

从理论上说，按支出法、收入法与部门法计算的 GDP 在量上应该是一致的，但实际核算中常有误差，因而要加上一个统计误差项来进行调整，以使其达到一致。

表 8-4 2013 年我国的 GDP 构成

GDP 构成	单位:10 亿元	占 GDP 百分比(%)
第一产业合计	5 695.7	10.0
农业		
林、牧、渔业		
第二产业	24 968.4	43.9
采矿业		
制造业		
电力煤气及水的生产和供应业		
建筑业		
第三产业	26 220.4	46.1
交通运输、仓储和邮政业		
信息传输、计算机服务和软件业		
金融业		
租赁和商务服务业		
科学研究、技术服务和地质勘查业		
水利、环境和公共设施管理业		
居民服务和其他服务业		
教育		
卫生、社会保障和社会福利业		
文化、体育和娱乐业		
公共管理和社会组织		
国内生产总值	56 884.5	100.0

任务三　国民经济运行总流程

从前面支出法、收入法和部门法所得出的国内生产总值的一致性，可以发现国民经济中存在一个基本平衡关系：总支出＝总收入。总支出代表了社会对最终产品的总需求，总收入代表了社会对最终产品的总供给。下面通过部门经济流程模型进一步分析国民经济中的恒等关系。

一、两部门国民经济流程模型

两部门经济是指只有厂商和家庭两个经济部门的经济。假设在一个封闭经济社会，没有税收和政府购买，也没有进出口，经济关系比较简单。同时，为使分析简化，暂不考虑折旧。在这种经济中，家庭既是生产要素的提供者，向厂商提供各种生产要素，又是最终产品的消费者，用提供生产要素得到相应的收入购买和消费各种产品与服务；厂商既是生产要素的消费者，购买家庭提供的各种生产要素进行商品生产，也是最终产品的提供者，向家庭提供各种产品和服务，交换过程就在两者之间不断的循环进行。其经济循环模型如图 8-1 所示。

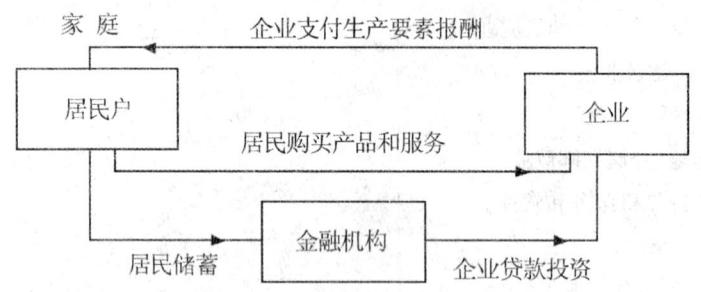

图 8-1　两部门经济循环模式

在现实经济中，家庭得到的收入主要有两种用途，一部分用于消费收入，另一部分存银行。作为企业来讲，也不会仅满足于简单再生产，都想扩大再生产，也就需要投资。家庭将余下的钱存进银行，而银行作为金融机构，借贷给企业用于扩大投资。这样，宏观经济中出现了储蓄和投资，只要企业的投资等于家庭的储蓄，宏观经济就能够正常运转。

在两部门经济中，总需求分为居民的消费需求和企业的投资需求。消费需求与投资需求可以分别用消费支出与投资支出来代表，消费支出即为消费，投资支出即为投资。

所以：总需求＝消费＋投资

以 AD 代表总需求，以 C 代表消费，以 I 代表投资，则可以把上式写为：

$AD = C + I$

在两部门经济中，总供给是全部产品与劳务供给的总和，生产要素供给的总和可以用各种生产要素得到的收入总和来表示,即用工资、利息、地租和利润的总和来表示。工资、利息、地租和利润是消费者提供生产要素所得到的收入。这些收入只能是两种用途:消费与储蓄,所以:

总供给 = 消费 + 储蓄

以 AS 代表总供给,以 C 代表消费,以 S 代表储蓄,则可以把上式写为:

AS = C + S

在两部门经济中,国民收入的均衡条件是总需求等于总供给,即 AD = AS

C + I = C + S

两边同时消去 C,则可以写为:

I = S

在凯恩斯的宏观经济模型中,两个部门经济要想正常运行,均衡的条件是储蓄一定要等于投资。

二、三部门国民经济流程模型

三部门经济是指由厂商、家庭和政府这三种经济单位所组成的经济。在这种经济中,政府的经济职能是通过税收与政府支出来实现的。一方面,政府通过对企业和家庭征税,形成财政收入;另一方面,政府通过向企业和家庭购买产品和服务,以及向家庭转移支付形成财政支出。三部门经济循环模型见图8—2。

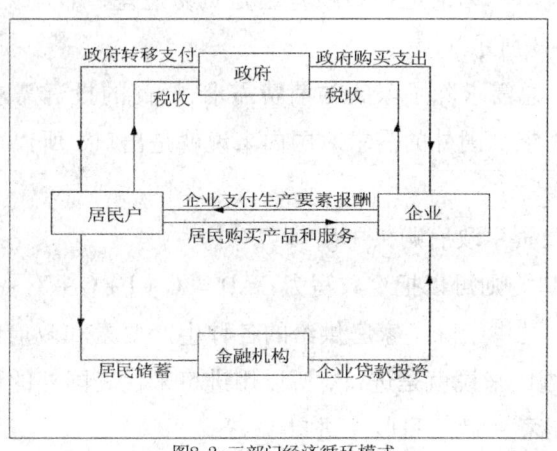

图8-2 三部门经济循环模式

在三部门经济中,总需求不仅包括家庭的消费需求和厂商的投资需求,也包括政府的需求,即:总需求 = 消费 + 投资 + 政府支出

以 G 代表政府支出,则可以把上式写为:AD = C + I + G

三部门经济中的总供给,除了家庭供给的各种生产要素外,还有政府的供给。政府的供给是指政府为整个社会生产提供了国防、立法、基础设施等公共物品。政府由于提供了这些公共物品而得到相应的收入 - 税收,税收用来代表政府的供给。所以:

总供给 = 消费 + 储蓄 + 税收

以 T 代表税收,则可以把上式写为:

AS = C + S + T

在三部门经济中,国民收入的均衡条件是总需求等于总供给,即:

AD = AS

C + I + G = C + S + T

两边同时消去 C,则可以写为:

I + G = S + T

三部门经济正常运行的均衡条件是:

I + G = S + T

三、四部门国民经济流程模型

四部门经济是指整个经济活动的主体由企业、家庭、政府和国外这四种经济单位组成。在这种经济系统中,经济要素配置和供求关系不再是一国范围内的封闭状态,而是要涉及与国外的生产要素和商品的交换。国外部门一方面作为供给者,向国内各部门提供产品和服务,就是进口;另一方面,国外部门作为产品和服务的需求者购买国内产品,就是出口。如果出口大于进口,就会出现贸易顺差,外汇就会流进来;如果进口大于出口,就会表现为贸易逆差,外汇就会流出。无论是贸易顺差还是贸易逆差,都是宏观经济不平衡的表现。经济循环模型如图 8 - 3 所示。

在四部门经济中,总需求除了家庭的消费需求、厂商的投资需求和政府的购买支出需求外,还包括国外的需求。国外的需求对国内来说就是出口,所以可以用出口来代表国外需求。即:

总需求 = 消费 + 投资 + 政府购买 + 出口

如果以 X 代表出口。则可以把上式写为:AD = C + I + G + X

在四部门经济中,总供给除了家庭供给的各种生产要素和政府的供给外,还有国外的供给。国外的供给对国内来说就是进口,所以用进口来代表国外的供给。

总供给 = 消费 + 储蓄 + 政府税收 + 进口

项目八 国民收入核算

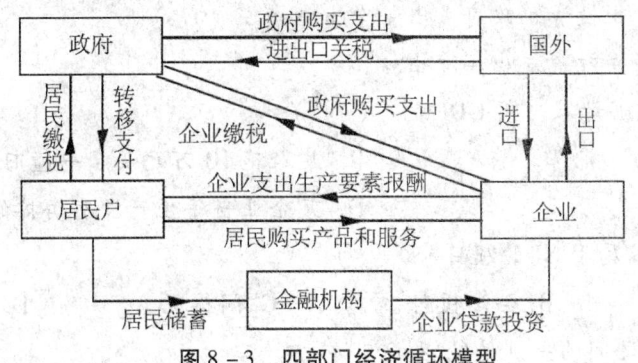

图 8-3 四部门经济循环模型

如果以 M 代表进口,则可以把上式写为:

AS = C + S + T + M

在四部门经济中,国民收入的均衡条件是总需求等于总供给,即:

AD = AS

C + I + G + X = C + S + T + M

两边同时消去 C,则可以写为:

I + G + X = S + T + M

在理想情况下,总需求应该等于总供给,国民经济处于一种均衡状态。但在一定时期内的生产活动过程中,总需求与总供给并不总是相等的。有时总需求大于总供给,有时总供给大于总需求,这样就会出现经济波动,政府的作用就是通过政策调控,减少经济的波动,使国民经济平稳运行。在以后的章节里我们会专门讨论这方面内容。

【思考与练习】

一、单项选择题

1.在国民收入体系中,能够测度一国范围内一定时期所有最终产品和劳务的货币价值量的是( )。

A.国民收入　　　　　　　　B.国内生产总值

C.国民生产净值　　　　　　D.可支配收入总和

2.下列说法中,不是现行 GDP 的特征的是( )。

A.它只适用于给定时期

B.它是指最终产品的总值,在计算时不应包括中间产品产值

C.它是指在一定时期内生产而不是销售的最终产品与劳务

D.它是用实物量测度的

3.四部门经济中,总需求的表达式为( )。

A.总需求 = 消费 + 投资 + 政府支出 + 出口

B.总需求 = 消费 + 储蓄 + 税收

C. 总需求＝消费＋投资＋政府支出＋净出口

D. 总需求＝消费＋政府支出＋净出口

4. 下列产品中能够计入当年GDP的有（　　）

A. 纺纱厂购入的棉花　　　　　　B. 某人花10万元买了一幢旧房

C. 家务劳动　　　　　　　　　　D. 某企业当年生产没有卖掉的20万元机器

5. 属于GDP但不属于NI的项目有（　　）

A. 工人工资　　　B. 企业利润　　　C. 间接税　　　D. 直接税

6. GDP与NDP之间的差别是（　　）。

A. 间接税　　　B. 折旧　　　C. 直接税　　　D. 净出口

7. 所谓净出口，是指（　　）。

A. 出口加进口　　B. 进口减出口　　C. 出口减进口　　D. GNP减出口

8. 用支出法计算的GDP的公式为（　　）

A. GDP＝C＋I＋G＋（X－M）　　　B. GDP＝C＋S＋G＋（X－M）

C. GDP＝C＋I＋T＋（X－M）　　　D. GDP＝C＋S＋T＋（M－X）

9. 以下可以计入GDP的有（　　）

A. 购买一辆用过的卡车　　　　　B. 居民自制的家具

C. 政府转移支付　　　　　　　　D. 政府购买办公用品

10. 当GNP大于GDP时，则本国居民从国外得到的收入（　　）外国居民从本国取得的收入。

A. 大于　　　　　　　　　　　　B. 等于

C. 小于　　　　　　　　　　　　D. 可能大于也可能小于

11. 经济学上的投资是指（　　）

A. 企业增加一笔存货　　　　　　B. 建造一座住宅

C. 企业购买一台计算机　　　　　D. 以上都是

12. 在下列项目中，（　　）不属于政府购买。

A. 地方政府办三所中学　　　　　B. 政府给低收入者提供一笔住房补贴

C. 政府订购一批军火　　　　　　D. 政府给公务人员增加工资

13. 下列各项应计入GDP的是（　　）。

A. 购买一辆旧汽车　　　　　　　B. 银行向某企业收取一笔贷款利息

C. 服装厂买进10000千克布匹　　D. 购买普通股票

二、判断题

1. 一个在德国工作的日本公民的收入是日本GDP的一部分，也是德国GNP的一部分。（　　）

2. 用支出法与收入法所计算出的国民生产总值在理论上是一致的。（　　）

3. GDP 中扣除资本折旧，就可以得到 NDP。（　　）
4. 若某企业年生产 100 万美元的产品，只销售掉 80 万美元的产品，则当年该企业所创造的 GDP 为 80 万美元。（　　）
5. 个人收入即为个人可支配收入，是人们可随意用来消费或储蓄的收入。（　　）
6. GDP 是指在一定时期内生产和销售的最终产品与劳务。（　　）
7. GDP 折算指数是名义 GDP 与实际 GDP 的比率。（　　）
8. 国民收入核算体系将 GDP 作为核算国民经济活动的核心指标。（　　）
9. 政府转移支付应计入国内生产总值 GDP 中。（　　）
10. 三部门经济的投资储蓄恒等式为 $I = S + (T - G)$。（　　）
11. 某人 2014 年购买了一套于 2007 年建造的别墅，该房产交易额 500 万元费应计入 2014 年的 GDP 中。（　　）
12. 如果两个国家的生产总值相同，那么，他们的生活水平也就相同。（　　）
13. 住宅建筑支出是被看做耐用消费品支出而不是投资支出的一部分。（　　）

三、问题与应用

1. 表 8-5 为 2006 年某城市国民收入的统计数据。

表 8-5　　　　　2006 年某城市国民收入的统计表　　　　　单位：亿元

项目	收入	项目	收入
工资	2000	出口额	95
利息	22	进口额	75
租金	45	间接税	30
利润	41	政府转移支付	10
消费支出	150	政府对产品和劳动购买	58
投资支出	110		

要求：(1) 按支出法计算 GDP；(2) 按收入法计算 GDP。

2. 假定 2014 年某一地区发生了以下活动：(a) 一银矿公司支付 7.5 万美元给矿工开采了 50 千克银卖给一银器制造商，售价 10 万美元；(b) 银器制造商支付 5 万美元工资给工人制造了一批项链卖给消费者，售价 40 万美元。

(1) 用最终产品生产法计算该地区 GDP。
(2) 每个生产阶段生产多少价值？用增值法计算该地区 GDP。
(3) 在生产活动中赚得的工资和利润共为多少？用收入法计算该地区 GDP。

3. 什么是国内生产总值？理解时应注意哪几个方面？
4. 国民收入核算中五个总量指标之间存在着怎样的数量关系？
5. 名义 GDP 和实际 GDP 的区别是什么？
6. 为什么政府转移支付不能计入 GDP？

项目九

失业与通货膨胀

【知识目标】

1. 了解失业与通货膨胀的含义及类型;
2. 了解失业与通货膨胀产生的原因;
3. 理解失业和通货膨胀对经济的影响;
4. 掌握失业和通货膨胀治理的对策;
5. 了解费列普斯曲线的含义。

【技能目标】

1. 对现实生活中的通货膨胀能做出判断和分析;
2. 能正确理解非自愿失业与就业之间的关系,树立正确的择业观。

【项目导读】

2014年4月11日,中国国家统计局公布了3月份经济数据,全国居民消费价格总水平同比上涨2.4%。其中,城市上涨2.5%,农村上涨2.1%;1-3月平均全国居民消费价格总水平比去年同期上涨2.3%。

消费价格指数(CPI)是反映一定时期内城乡居民所购买的生活消费品价格和服务项目价格变动趋势和程度的相对数,该指数用来分析消费品的零售价格和服务价格变动对城乡居民实际生活费用支出的影响程度。通货膨胀不但影响到居民的生活,还会影响个人的投资。因此,宏观经济政策部门和经济学家以及普通老百姓都对CPI的波动十分关心,防止通货膨胀成为各国宏观经济政策的重要目标。同时,宏观经济形势的另外一个重要指标-失业率,关系到千家万户,在国民经济中也占有举足轻重的地位。根据人力资源和社会保障部公布,2013年中国城镇登记失业率为4.1%,有关部门认为,该失业率与经济增速、通胀率等指标"处于合理、可控范围",2014年将控制在4.6%以内。

我国采用的城镇登记失业率,指城镇登记失业人数占城镇从业人数与城镇登记失业人数之和的比率,其中没有包括农村剩余劳动力。目前,除了1.3亿的农村剩余劳动力外,每年大学毕业生约有700万,就业压力很大。我国为维持一定的就业率和较低的通货膨胀率,就要保证每年经济增长率不低于7.5%。

通过本章的学习,我们将探讨究竟是什么原因引起失业和通货膨胀、通货膨胀与失业之间有什么关系、它们对经济可能会产生什么样的影响、为控制通货膨胀的影响应采取什么措施等问题。

任务一　失业

【案例导入】

在2016年春节假期后首日的国务院常务会议上,李克强总理首次透露,今年1月份,我国调查失业率统计范围从31个大中城市扩大为全国所有地级市后,调查失业率数据为4.99%。对于一个拥有13亿多人口的国家来说,就业能保持这一水平相当不易。"就业稳,中国经济大的基本面就能稳。"李克强说,"这是中国经济近一个阶段以来最大的亮点。"

为什么国家总理如此高度重视失业问题,失业对整个国民经济又有哪些影响,本节我们将一一展开介绍。

一、失业的概念

(一)失业的含义

1. 失业

失业是指达到就业年龄,具备工作能力,谋求工作但未得到就业机会的状态。对于就业年龄,不同国家往往有不同的规定,美国为16周岁,中国为18周岁。

在过去很长一段时间里,我们把失业看成是资本主义国家的特例。根据社会主义国家无失业论的固定思维模式,我国于1958年宣布已经彻底消灭了失业人口。在农村实行适龄劳动力自然就业,在城镇以待业表示劳动者有劳动能力并愿意就业而未能就业的现象。1998年国家劳动部和统计局重新界定了"失业定义",是指在规定的劳动年龄内,具有劳动能力,在调查期内无业并以某种方式正在寻找工作的人员。具体包括下面5种人:

(1)16岁以上各类学校毕业或肄业的学生中,初次寻找工作但尚未找到工作者;

(2)企业宣告破产后,尚未找到工作的人员;

(3)被企业终止、解除劳动合同或辞退后,尚未找到工作的人员;

(4)辞去原单位工作后尚未找到工作的人员;

(5)符合失业人员定义的其他人员。

国际劳工组织对失业给予的定义是：失业是指有劳动能力并愿意就业的劳动者找不到工作的一种社会现象，其实质是劳动者不能与生产资料相结合进行社会财富的创造，是一种经济资源的浪费。

2. 充分就业

充分就业是英国经济学家 J. M. 凯恩斯在《就业、利息和货币通论》一书中提出的，是指在某一工资水平之下，所有愿意接受工作的人，都获得了就业机会。充分就业并不等于全部就业，而是仍然存在一定的失业。但所有的失业均属于摩擦性的和结构性的，而且失业的间隔期很短。**通常把失业率等于自然失业率时的就业水平称为充分就业。**

失业是指愿意并有能力工作的人没有得到就业岗位，有工作能力而又不愿意工作的人不被视为是真正严格意义上的失业，因而通常叫做自愿失业。那些处在法定劳动年龄段两端（如 18 岁 – 60 岁）之外的人口也不认为是失业人口。

充分就业者在工作岗位上能够做到有效率的工作，人力资源得到了优化配置，也就是通常说的几个人的工作几个人干，如果两个人的工作三个人干，也被认为是有一个人失业，这就是经济学家通常说的"隐形失业人口"或"潜在过剩人口"。

【阅读材料】自然失业率

自然失业率又称"充分就业失业率"，指在正常情况下经济中仍长期自然存在着的失业水平。1967 年，美国经济学家弗里德曼（M. Friedman）在《货币的政策作用》一文中提出了这一概念，它是指没有货币因素干扰的情况下，让劳动市场的自发供求力量发挥作用时应有的处于均衡状态的失业率。自然失业率实际上就是一国经济的最低失业率，其大小受多种因素的影响，如劳动力市场的发育水平和组织状况，劳动力的年龄结构、性别结构、知识与技能结构、产业与职业结构，失业者寻找工作的愿望与难易程度，经济结构的变动等。

在不同国家和不同时期有着不同的自然失业率，各国政府可以依据具体情况来确定本国特定时期是否实现了充分就业，西方国家的自然失业率呈现逐渐抬高的趋势。以美国为例，20 世纪 50、60 年代的自然失业率为 3.5 – 4.5%，即 95.5 – 96.5% 的劳动力人口就业率就是充分就业状态；20 世纪 70 年代的自然失业率为 4.5 – 5.5%，即 94.5 – 95.5% 的劳动力人口就业率就是充分就业状态；20 世纪 80 年代的自然失业率为 5.5 – 6.5%，即 93.5 – 94.5% 的劳动力人口就业率就是充分就业状态。

（二）失业的衡量指标

衡量失业最常用的指标是失业率。失业率指的是失业人数与劳动力人数的比率。即

$$失业率 = \frac{失业者人数}{劳动力总数} \times 100\% = \frac{失业者人数}{失业者人数 + 就业者人数} \times 100\%$$

世界上大多数国家都采用两种失业统计方法：一种是行政登记失业率，另一种是劳动力抽样调查失业率。中国公布的城镇失业率，是登记失业率，它是劳动保障部门就业服务机构对失业人员登记统计汇总的结果，也是政府制定就业政策的主要参考依据。在美国，

失业率会在每月的第一个周五公布;在台湾,则于每月 23 日由行政院主计处公布。以下是我国近些年城镇登记失业率情况:

全国城镇登记失业人口和失业率

指标	2014年	2013年	2012年	2011年	2010年	2009年	2008年
城镇登记失业人数(万人)	952.0	926.0	917.0	922.0	908.0	921.0	886.0
城镇登记失业率(%)	4.1	4.1	4.1	4.1	4.1	4.3	4.2

失业率是资本市场的重要指标,各国都比较关注。一般情况下,失业率下降,代表整体经济健康发展,有利于货币升值;失业率上升,则代表经济发展放缓衰退,不利于货币升值。若将失业率配合同期的通胀指标来分析,则可知当时经济发展是否过热,是否会构成央行加息压力,或者是否需要通过减息来刺激经济的发展。

【阅读材料】2013 年我国城镇登记失业率为 4.1%

人力资源和社会保障部 2014 年 1 月 24 日上午召开新闻发布会,向社会各界和广大媒体介绍 2013 年第四季度人力资源和社会保障工作进展情况。人力资源和社会保障部新闻发言人李忠表示,2013 年城镇新增就业稳定增长,全年实现城镇新增就业 1310 万人,比 2012 年多增 44 万人。全年城镇登记失业率保持在 4.1% 左右的较低水平,四季度末为 4.05%。

李忠指出,重点群体就业扎实推进。高校毕业生就业形势总体平稳,组织实施离校未就业毕业生就业促进计划,做好未就业毕业生信息衔接和服务接续,加大就业见习和职业培训力度,高校毕业生就业水平与 2012 年基本持平。农村劳动力转移就业总体稳定,据对 10 省 500 个行政村的农村劳动力转移就业监测数据,2013 年四季度末在外务工人数为 27.23 万人,同比增加 0.13 万人。2013 年失业人员再就业 566 万人,比 2012 年增加 14 万人;就业困难人员就业 180 万人,与 2012 年基本持平。

李忠说,2013 年人力资源市场供求基本平衡,根据对 100 个城市人力资源市场供求信息分析,2013 年市场求人倍率(市场岗位空缺与求职人数的比率)延续了往年求略大于供、保持基本平衡的态势,一直稳定在 1 以上。

李忠表示,2013 年企业用工总体稳定,据对全国 21736 户企业的失业动态监测显示,2013 年 12 月末共有岗位 1672.08 万个,比 2012 年末减少了 1.33%。从全年情况看,企业用工总体上较为平稳。

二、失业的类型

失业有很多种类,按就业意愿,可以划分为自愿失业与非自愿失业;非自愿失业又可以分为摩擦性失业、结构性失业和周期性失业。

(一)自愿失业与非自愿失业

所谓自愿失业,是指劳动者所要求的实际工资超过其边际生产率,或者说不愿意接受现行的工作条件和收入水平而未被雇用而造成的失业。由于这种失业是由于劳动人口主观不愿意就业而造成的,所以被称为自愿失业。自愿失业无法通过经济手段和政策加以消除,因此不是经济学所研究的范围。

另一种是非自愿失业,指工人愿意接受现行工资水平与工作条件,但仍找不到工作而形成的失业。这种失业是由于客观原因(如信息不对称、社会有效需求不足等)所造成的,因而可以通过经济政策以及宏观经济管理来控制。我们在经济学中所研究的失业是指非自愿失业。

(二)非自愿失业的分类

非自愿失业按照其失业的原因,可以分为:摩擦性失业、结构性失业和周期性失业。

1.摩擦性失业

摩擦性失业是指劳动者正常流动过程中产生的难以避免的、短期的、局部性失业。一般来说,这种摩擦性失业难以避免,从经济和社会发展的角度看,这种失业是很正常的,它通常源于劳动力的供给方。

比如,当人们搬到一个新城市后,他们很自然地需要寻找新的工作机会;或者,一个人由于对原有的工作不满意而想寻找其他工作(俗称"跳槽")所引起的暂时性失业;再如,妇女在生完小孩以后可能需要重新寻找工作等等。这些在劳动力流动过程中造成的失业均属于摩擦性失业。

2.结构性失业

结构性失业是指因为经济结构的变化,劳动力的供给和需求在职业、技能、产业和地区分布等方面的不协调所引起的失业。结构性失业在性质上是长期的,而且通常起源于劳动力的需求方。结构性失业可能由以下原因导致:

(1)技术变化。原有劳动者不能适应新技术的要求,或者是技术进步使得劳动力需求下降。

(2)消费者偏好的变化。消费者对产品和劳务的偏好的改变,使得某些行业扩大而另一些行业缩小,处于规模缩小行业的劳动力因此而失去工作岗位。

(3)劳动力的不流动性。流动成本的存在制约着失业者从一个地方或一个行业流动到另一个地方或另一个行业,从而使得结构性失业长期存在。

结构性失业的特点是失业与工作空位并存,即一方面存在着有工作无人能做的"空位",另一方面又存在着有人无工作的"失业"。美国20世纪90年代,由于IT等高新产业的兴起,钢铁、纺织服装等传统行业进入衰退期,2001年美国拥有8000多雇员和149家工厂的世界最大的纺织品生产商Burlinton产业集团(南卡莱罗纳州)由于生产持续萎缩宣布破产,造成数千人失业。在我国也有类似现象。在20世纪80年代产业结构调整过程中,有的部门衰退甚至消失,原有的产业工人面临重新就业的困境,而他们没有从事其他工作所必需的技能,出现了结构性失业。

3. 周期性失业

周期性失业是指总需求相对不足而减少劳动力派生需求导致的失业,也可以理解为在经济周期中的衰退或萧条阶段因需求下降而造成的失业。

在经济复苏和繁荣阶段,产品市场的需求旺盛,产品库存下降,各厂商争先扩大生产,引起劳动力市场需求增加,导致就业人数普遍增加,失业率下降。相反,在经济衰退和萧条阶段,产品市场的需求锐减,大量产品积压,各厂商纷纷减产,大量裁减雇员导致失业率上升。

三、失业的影响

(一)失业的积极影响

1. 失业对社会的积极影响

(1)失业可以为经济周期发展提供劳动需求的"蓄水池"。当经济处于紧缩阶段时,会存在较多的失业现象;当经济处于扩张时期,"蓄水池"可以为经济发展提供必要的劳动力。

(2)失业的压力会使劳动者不断提高自身素质,从而提高社会就业质量。

(3)有利于提高工作效率。失业的威胁会使劳动者为获得或保持就业岗位而努力工作。

(4)失业在某种程度上使整个社会的劳动力资源实现优化配置。

2. 失业对劳动者的积极影响

(1)劳动者通过暂时的失业,才能最终找到与自我个性相匹配的职业,从而真正实现人尽其才。

(2)劳动者为适应经济技术的发展变化而不断提高自身的综合素质。

(二)失业的消极影响

1. 失业对社会的消极影响

失业的社会影响虽然难以用货币进行估计和衡量,但它很容易被人们所感知。失业威胁着家庭的稳定,没有收入或收入遭受损失,家庭的基本生活需求得不到满足,家庭关系将因此而受到损害。西方有关的心理学研究表明,解雇造成的创伤不亚于亲友的离开或学业上的失败。

此外,家庭之外的人际关系也受到失业的严重影响。一个失业者在就业的人员当中失去了自尊和影响力,面临着被同事拒绝的可能性,并且可能要失去自尊和自信。最终,失业者在情感上受到严重打击。

2. 失业对经济的消极影响

失业意味着劳动力资源的闲置和浪费。劳动力资源是具有时间性的,不能得到利用的劳动力资源会随着时光流逝,造成这部分资源永久性浪费。随着劳动力资源的闲置和浪费，商品生产量和服务量下降，经济中本可由失业工人生产出来的产品和劳务就损失了，造成国民收入水平下降。20世纪60年代，美国经济学家阿瑟·奥肯根据美国的数据，提出了经济周期中失业变动与产出变动的经验关系，被称为奥肯定律。

【阅读材料】"奥肯定律"

美国著名经济学家阿瑟·奥肯，于1962年提出了著名的"奥肯定律"，该定律在国内外得到了普遍的认同。"奥肯定律"论证了失业率与国民生产总值增长率二者呈反方向变化的关系。即高增长率使失业率降低，低增长率则会提高失业率。他还认为，失业率与国民生产总值缺口之间的比率是1:2，即失业率每增加1%，则实际国民生产总值会减少2%左右。

四、失业的治理

失业既是一个经济问题，又是一个可以诱发各种不稳定因素的社会问题。即使是发达国家，其政府也非常重视失业问题的治理。由于失业对市场经济发展的巨大影响，可以说它要比通货膨胀后果还要严重许多，治理不善可能会直接影响国家政局的稳定，影响宏观经济的正常运行，因此各国政府都高度重视失业问题，我国也不例外。

（一）摩擦性失业的治理

摩擦性失业通常被认为是一种自愿失业，它是经济运行中各种因素的变化和劳动力市场的功能缺陷所造成的临时性失业。经济总是在变动，人们寻找最适合自己偏好和技能的工作需要时间，同时用工信息不灵也在一定程度上助长了摩擦性失业的发生。因此对摩擦性失业的治理应该从以下两个方面入手：

一方面对于劳动者来说，劳动者要对自身的情况有很清楚的了解，清楚自己学习劳动技能的能力，自己能够达到的工作目标和胜任就业方向。劳动者只有对自身有客观而清楚的了解，才能减少寻找工作所需要的时间，同时也会相应减少变动工作岗位的频率。

另一方面是对于社会而言，社会应该建立较为规范的职业中介机构，定期发布劳动力需求的信息，尽可能多地传播就业信息以达到减少摩擦性失业的目的。

【阅读材料】中国高校毕业生面临的摩擦式失业

从中国劳动力市场供需情况看，目前所反映出的矛盾主要在于，求职者不能按照自己的意愿找到合适的岗位，而用人单位有时又很难寻找到具有某种特殊技能素质的人才。在我国最突出的表现就是，一方面大学毕业生的就业难问题日益凸显，另一方面我国某些地区却面临着严重的"技工荒"。从近年来的发展趋势分析，随着劳动者自我意识的提高和维权意识的增强，他们对用人单位在用工管理、社会保障、劳动条件、工资报酬等方面提出了更高的要求，但用人单位在这些方面的进展却相对缓慢，不能适应求职者的要求。

2009年8月18日，教育部高校学生司副司长张浩明在接受中国政府网在线访谈时表示，截至2009年7月1日，教育部统计的中国高校毕业生就业率是68%，和2008年同期基本持平。同日，人力资源和社会保障部就业促进司司长于法鸣表示，中国就业主要的矛盾仍然是劳动力供大于求这种长期存在的矛盾，对高校毕业生来说结构性比较突出，高校毕业生在求职过程中更多表现出来的是摩擦性失业。

于法鸣介绍说："学校里学的专业有些是和市场不接轨的，这种情况下多数出现的就是摩擦性失业。现代社会提倡的是高校毕业生的就业最好是专业对口，但是有些专业对不上口也不能死抱着不放。摩擦性失业在市场经济国家是非常正常的。国家于2009年正式推出三年百万见习计划，就是用三年的时间吸纳一百万高校离校以后仍未就业的毕业生，在求职没有社会阅历和工作经验的情况下可以吸纳他们到见习岗位上来。见习时间1般为6个月，最长不超过12个月，见习期间由地方政府和见习单位提供基本生活补贴，并办理人身意外伤害保险。"

(二) 结构性失业的治理

结构性失业是指由于经济结构、体制、增长方式等的变动，使劳动力在包括技能、经验、工种、知识、年龄、性别、主观意愿、地区等方面的供给结构与需求结构不一致而导致的失业，通常是特定类型劳动力的需求相对低于其供给。

由此可见结构性失业必须同时具备的两个条件：

1. 由于经济变动使社会对劳动力的需求结构发生了变化；
2. 由于种种条件的限制使劳动力的供给结构满足不了需求结构的变化。

政府应该制订与其相适应的政策以解决失业问题。主要措施包括：加强基础教育和职业教育，完善高等教育；对青年及成年劳动力进行工作经验培训；对失业者给与培训和再培训等等。同时在某些特殊地区鼓励劳动密集型产业的发展，支持中小企业发展。其目的是按照经济发展对劳动力提出的新要求来调节和改善劳动力供给，进而达到减少结构性失业的目的。

(三) 周期性失业的治理

周期性失业一般出现在经济周期的萧条阶段，它与经济中的周期性波动是一致的。在经济复苏和繁荣阶段，各厂商纷纷扩大生产，就业人数普遍增加；在衰退和萧条阶段，由于社会需求不足，市场前景暗淡，各厂商又纷纷压缩生产，大量裁减雇员，形成不可避免的周期性失业。

周期性失业是由于"有效需求"不足引起的，也就是说它是由劳动力市场以外的原因造成的，因此对周期性失业的治理不能靠劳动力市场来解决，而是应该采取积极的财政政策和货币政策来干预经济。通过增加社会总需求，实现社会总需求与总供给的新平衡，达到经济增长和平衡的目标。

1. 在经济萧条时期，针对存在的周期性失业，政府要通过扩张性的财政政策来刺激总需求，以实现充分就业。扩张性的财政政策包括增加政府支出与减少税收两个方面：政府支出与购买的增加有利于刺激私人投资,转移支付的增加可以增加个人消费;减少个人所得税可以使个人可支配收入增加,进而刺激消费;减少公司税收可以使公司盈利增加,进而增加投资,以上手段都会刺激总需求的增加。

2. 在经济萧条时期,政府还要通过扩张性的货币政策来刺激总需求,以实现充分就业。扩张性的货币政策包括各类货币政策工具的运用:例如降低法定存款准备金率、降低再贴现率、公开市场操作买进政府债券,目的都是促进商业银行增加货币供应量,扩大放款额度,降低利息率,增加总需求。

任务二　　通货膨胀理论

【案例导入】从30多年物价水平的变化看我国经济社会的变迁

20世纪60年代初之前出生的人,对我国改革开放之前的物价水平记忆犹新。在20世纪70年代末,每月工资30元可以养活一家人。一个大学生如果每月得到17.5元的最高助学金,他(她)就可以维持基本生活需要,甚至还可以节省几元钱反哺家人。改革开放后我国对物价水平进行了调整,几乎所有商品(个别除外)的价格普遍都上升了。也许下面的网络上的故事就是我国30多年物价水平变化的一个真实写照。

据报道,1978年四川成都汤阿婆将400元存入了银行,2010年取出来连本带息仅有835元整。话说1977年,当时的汤女士省吃俭用攒下400元钱,这点钱在那个年代算得上是巨款了,要知道在当时400元钱可买下一套房子。1978年的物价情况是:面粉0.18 - 0.22元/斤,猪肉0.85 - 1元/斤,北京地铁票价0.1元,水费0.12元/吨,中华香烟0.55元/盒,茅台酒8元/瓶……换言之,当年这400元钱可以买下400斤猪肉,1818斤面粉,727盒中华香烟或者50瓶茅台酒。而按现在的物价计算,835元仅可买420斤面粉,69斤猪肉,40盒中华香烟或者1瓶茅台酒。

根据中国人民银行的统计数据,1978年的时候,中国城乡居民的总储蓄存款仅210亿元人民币,而到2013年8月末,我国居民储蓄余额已达43万亿元,增长了2048倍。通胀故事告诉我们,历史上产品价格的趋势总是上涨的,只是涨的幅度大小有区别。通胀是永远存在的现象,它不会消失,只会在一定阶段内会有短期的调整。通胀对于不同的人群,其影响完全不同,有些人会因通胀而使财富增值,而有些人却因通胀使财富贬值。

什么是通货膨胀?怎样形成的?又如何治理呢?在遇到通货膨胀时,个人如何选择财富形式?企业如何进行经营决策呢?本项目会让你揭开通货膨胀神秘的面纱。

项目九　失业与通货膨胀

一、通货膨胀的含义与衡量

(一)通货膨胀的含义

经济学界对于通货膨胀的解释并不完全一致,一般经济学家认可的概念是:在信用货币制度下,流通中的货币数量超过经济实际需要的货币数量而引起的货币贬值和物价水平全面而持续的上涨。通俗地讲就是纸币的发行量超过流通中所需要的数量,从而引起纸币贬值,物价上涨,我们把这种现象称之为通货膨胀。

要理解通货膨胀的含义,还需要准确把握以下几个方面的特征:

1. 通货膨胀是指物价水平的普遍上涨

通货膨胀不是指一种或几种商品的价格上涨,而是指物价水平的普遍上涨。如果只是一种或少数几种商品的价格在上涨,我们就不能确定是否发生了通货膨胀。例如空气雾霾现象加重,市场对空气净化器等产品需求增加,导致其价格普遍上涨,这种只是少数几种商品的价格上涨,不算是通货膨胀。

2. 价格总水平的上涨要持续一段时间

如果物价只是一次性、暂时性、季节性上涨,还不能称为通货膨胀。比如,在我国黄金周假期,宾馆、饭店、交通等的收费标准一般都会上升,就不能说是发生了通货膨胀。因为在假日过后,这些收费标准都会由于客流的减少而降低。

3. 通货膨胀是与纸币发行过多联系在一起的

资源短缺、商品质量提高等原因引起的价格上涨,不能算通货膨胀,只有当纸币发行量超过了宏观经济过程的实际需要量,才能成为通货膨胀。由于矿产资源的稀缺性,导致矿产品价格一路走高,这种属于资源短缺引起的价格上涨,也不能算是通货膨胀。

(二)通货膨胀的衡量

在通货膨胀时期,不同商品的价格变动是不同步的,并非所有商品的价格都按同一比例上涨,甚至部分产品价格不涨反跌。比如有的商品价格上涨了20%,有的商品价格只上涨6%,而有的商品价格反而下降3%。那么全社会的物价总水平到底变动了多少呢?我们通常用物价指数来衡量通货膨胀。

物价指数是表明商品价格从一个时期到下一个时期变动程度的指数。根据计算物价指数时所包括的产品和劳务种类不同,可以计算出三种主要的物价指数。

1. 消费价格指数(CPI)

消费价格指数是反映一定时期内城乡居民所购买的生活消费品价格和服务项目价格变动趋势和程度的相对数。它是反映与居民生活有关的消费品及服务价格水平变动情况的重要宏观经济指标,也是宏观经济分析与决策以及国民经济核算的重要指标。世界各国在编制消费物价指数时大都倾向于根据本国居民的消费习惯,选择一些有代表性的生活必需品和服务项目，并以这种方法编制出来的物价指数来判断本国是否发生了通货膨胀。下图是来源于国家统计局的最近 CPI 指标：

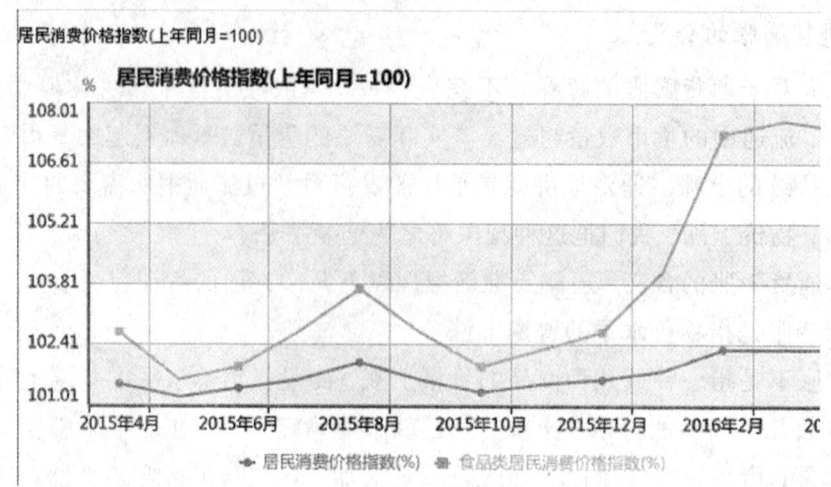

数据来源：国家统计局

【阅读材料】为什么我国政府公布的 CPI 数据与人们对物价实际感受不一样？

中国的通货膨胀率到底有多高？2013 年 11 月，国家统计局公布 2013 年 10 月 CPI 同比上升 3.2%。官方公布的 3%-4% 的 CPI 相当温和，却与老百姓的切身感受差距较大。

数据公布后，引发了一些争议。有人说，我国政府公布的 CPI 数据，怎么与人们对物价的实际感受很不一样，这究竟是怎么回事？

CPI 衡量的是一个国家或地区居民消费价格情况的总体趋势，往往与人们实际感受不一致。首先，CPI 是一个总量指标，它反映的是全国居民消费及服务项目的价格总水平，与各个地区甚至每个居民的感受不可能都一样。

其次，CPI 是度量一组有代表性的消费品和服务项目的价格变化情况，我国居民消费价格的调查内容分为食品、烟酒及用品、衣着、家庭设备用品及服务、医疗保健及个人用品、交通和通信、娱乐教育文化用品及服务、居住等八大类。根据我国城乡居民消费结构、消费习惯，并参照抽样调查原理选中的全国 31 个省（区、市）、500 个市县、6.3 万户城乡居民家庭的消费支出数据，并结合其他相关资料，选取了八大类、262 个基本分类的商品与服务价格，作为经常性调查项目。即使这些住户和调查项目非常具有代表性，也不可能代表每个人消费的全部真实感受，而且，被调查人消费商品和服务的品种和权重不可能与国家统计局统计调查的商品和服务的品种和权重一致，如农村居民食品消费比城市的平均水平占比大一些，因此，综上所述，个人对价格的感受与 CPI 指数肯定有一定差异。

最后，每个人的收入水平不一样，对物价的承受能力也不一样，这也造成了居民对价格的变化感受不一样。一样的东西，有人觉得贵，也有人觉得便宜。因此，CPI 是衡量一个国家或地区居民消费价格情况,是一种总体趋势,统计出来的结果与一些老百姓的感受有一定差距也就不足为奇了。

2. 生产价格指数(PPI)

生产价格指数又称批发价格指数,是衡量某一时期生产资料(即资本品)与消费资料(即消费品)出厂价格变动趋势和变动程度的指数,它是反映某一时期生产领域价格变动情况的重要经济指标,也是制定有关经济政策和国民经济核算的重要依据。

批发价格是在商品进入零售、形成零售价格之前,由中间商或批发企业所定,其水平决定于出厂价格或收购价格,对零售价格有决定性的影响。因此有经济学家认为PPI比CPI具有更广泛的物价变动代表性,而且生产物价指数的变动对预测消费物价指数的变动是有指导作用的。

美国劳工统计局编制生产者价格指数包括2400多种商品批发价格变动状况,其中有机器、金属、木材、皮革、纸张、轮胎、燃料、服装、化学制品和农产品等。目前,我国生产者价格指数的调查产品包含4 000多种商品,覆盖全部39个工业行业大类。

3. GDP折算指数

GDP折算指数又称国内生产总值平减指数,是衡量各个时期所有商品与劳务价格变化的指标。

GDP折算指数是衡量一国在不同时期内所生产的最终产品(包括消费品、资本品)和劳务的价格总水平变化程度的经济指数,是用按报告期价格计算的GDP与按基期不变价格计算的GDP进行对比计算出来的。由于该指数所包括的商品和服务的范围最为广泛,不仅包括全部物质产品和涵盖计入GDP的全部服务产品,也包括进出口商品,理论上是最全面反映价格总水平变化的指标。因此,它比消费物价指数和批发物价指数更能全面反映社会物价总水平的变动趋势,西方国家大多采用国内生产总值折算指数反映通货膨胀。

值得注意的是,上述三种物价指数由于计算时所选取的商品不同,因此最终得出的数值也各不相同。虽然不具有直接的可比性,但是能从不同角度反映出基本相同的通货膨胀变动趋势。

二、通货膨胀的分类

(一)按照通货膨胀的严重程度划分

通货膨胀可以根据不同角度进行分类,根据通货膨胀的严重程度,一般可以把通货膨胀分为三种类型,分别是温和的通货膨胀、急剧的通货膨胀和恶性的通货膨胀。

1. 温和的通货膨胀

温和的通货膨胀也称低通货膨胀,指每年物价上涨的比例在10%以内。在温和的通货膨胀阶段,物价相对比较稳定,人们对货币比较信任,也愿意持有货币。这是因为人们认为货币的价值在一定时期内不会有剧烈的波动，相信自己买卖的商品的相对价格也不会有太大变化。

大多数的工业国家在过去的几十年间都经历过温和的通货膨胀。经济学家通常认为这种温和的通货膨胀不会对经济造成巨大的不良影响，更有甚者认为这种缓慢而持续的价格上升能像润滑油一样对经济和收入的增长有积极的刺激作用，即所谓的"润滑油政策"。

2．急剧的通货膨胀

急剧的通货膨胀也称奔腾式通货膨胀，指年通货膨胀率在10%－100%之间。当这种通货膨胀发生以后，价格上涨幅度大，流通货币快速贬值，公众预测商品价格还会进一步地上涨，于是纷纷采取各种手段来避免自己的财富缩水。比如将货币换成房产、黄金和珠宝等保值商品，或者大量地囤积商品，从而使正常的经济运行秩序被破坏，经济体系受损。许多拉丁美洲国家，如阿根廷和巴西，在20世纪80年代就曾经历过高达50%－700%的通货膨胀。

3．恶性通货膨胀

恶性通货膨胀也称超级通货膨胀，指年通货膨胀率在100%以上。发生这种通货膨胀时，价格持续猛涨，人们都努力尽快地将手中货币换成商品，从而大大加快货币流通速度。其结果是货币完全失去了人们的信任，货币的购买力大幅下降，各种正常的经济联系遭到破坏，以至于货币体系的价格体系最后完全崩溃。在严重的情况下，还会出现社会动乱，甚至政府垮台。

【阅读材料】历史上的恶性通过膨胀

这种通货膨胀在经济发展史上是很少见的，通常发生于战争或社会大动乱之后。目前公认的恶性通货膨胀在世界范围内只出现过3次。第一次发生在1923年的德国，当时第一次世界大战刚结束，德国的物价在一个月内上涨了2500%，一个马克的价值下降到仅及战前价值的一万亿分之一。第二次发生在1946年的匈牙利，第二次世界大战结束后，匈牙利的一个便哥价值只相当于战前的828×1027分之一。第三次发生在中国，从1937年6月到1949年5月，伪法币的发行量增加了1445亿倍，同期物价指数上涨了36807亿倍。

(二)按照人们的预期程度划分

按照对通货膨胀的预期来划分，可以把通货膨胀划分为可预期的通货膨胀和不可预期的通货膨胀。

1．可预期的通货膨胀

可预期的通货膨胀是指物价的上涨在人们的预料之中。假如每年的实际通货膨胀率都与人们预期的通货膨胀率相近，那么这种可预期的通货膨胀无论是对经济效率或是对收入和财富的分配影响都不大。

2．不可预期的通货膨胀

不可预期的通货膨服,是指物价的上涨速度超过了人们的预期。实际上的通货膨胀率往往是难以预期的,人们会在生活中不知不觉地发现自己的钱在慢慢贬值。例如,当 1991 年前苏联解体时,没有人能预测到未来 5 年内物价会上升 1000 倍,当时几年间发生的通货膨胀使以传统方式保存财富的人损失惨重,他们的财富迅速化为乌有。这种不可预期的通货膨胀无论是对经济效率或是对收入和财富的分配影响都非常大。

三、产生通货膨胀的原因

关于通货膨胀产生的原因,学术界有着不同的观点。大多数经济学家比较认可的原因有三种:需求拉动型、成本推动型和结构性通货膨胀。

(一)需求拉动型通货膨胀

需求拉动型通货膨胀是指总需求超过总供给所引起的一般物价水平普遍而持续的上涨。凯恩斯认为,经济中若实现了充分就业,这时如果总需求仍然增加,就会产生过度的总需求从而引发通货膨胀。由于总需求过度增长,造成总供给相对不足,"太多的货币追逐较少的货物",导致物价水平上涨。由于失业率下降,劳动力变得稀缺,工资随之被抬高,所以通货膨胀会加速到来。

20 世纪 20 年代初在德国出现的通货膨胀就是需求拉动型通货膨胀的最好证据。当时的德国中央银行曾印制了数万亿马克的纸币,这些纸币都涌入市场寻求相应的商品。而当时的德国社会并没有能力提供与其巨大的货币发行量相等值的商品,从而导致德国当时的物价十倍地上涨,货币迅速贬值。下面通过图 9-1 说明需求拉动型通货膨胀的原理。

在图 9-1 中,横轴 Y 表示总产出,纵轴 P 表示一般价格水平。AD 为总需求曲线,AS 为总供给曲线。假设 AS 曲线由三部分构成:凯恩斯总供给曲线(水平部分)、短期总供给曲线(右上倾斜部分)、长期总供给曲线(垂直线)。在凯恩斯总供给曲线阶段,经济处于非充分就业状态,存在闲置的生产资源,总需求的增加不会引起价格水平的上涨;在短期总供给曲线阶段,资源已接近充分利用,如果总需求继续增加,由 AD_1 右移到 AD_2,在 AS 不变(或总供给变动幅度小于总需求变动幅度)的情况下,必然导致价格上升,由 P_1 升至 P_2,就发生了需求拉动的通货膨胀,而总产出也同步增加,由 y_1 增加到 y_2;当经济实现了充分就业以后(长期总供给曲线阶段),整个社会的经济资源已得到了充分的利用,如果总需求继续增加,只会引起价格水平的上涨。总需求曲线由 AD_3 提高到 AD_4,产出不再增加,只有价格水平上升。由此可见,当经济实现充分就业后,扩大总需求更容易导致需求拉升的通货膨胀。

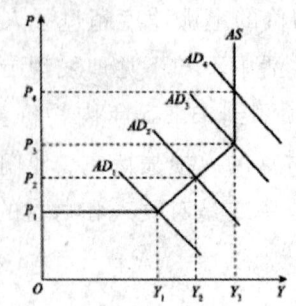

图 9-1 需求拉动型通货膨胀

（二）成本推进型通货膨胀

成本推进型通货膨胀又称供给通货膨胀，是指在没有超额需求的情况下由于供给方面成本的提高所引起的一般价格水平持续和显著的上涨。引起成本增加的原因并不完全相同，根据成本上升时的原因不同，可以分为工资推动、利润推动、进口和出口推动三种类型。

1. 工资推进型通货膨胀

在一些发达国家，工会力量日益强大，工人团体的谈判能力很强，使得工人有可能获得高于均衡水平的工资。这种过高工资的要求推动了总供给曲线上移，会导致物价上涨；物价上涨后，如果工人继续要求提高工资，会再度迫使成本增加，导致物价二次上涨。这种循环被称为工资—物价"螺旋"。许多经济学家将欧洲大多数国家在60年代末70年代初经历的通货膨胀认定为工资推动的通货膨胀。如在联邦德国，工时报酬的年增长率从1968年的7.5%跃居到1970年的17.5%。在同一时期，美国的工时报酬年增长率由7%上升到15.5%。

2. 利润推进型通货膨胀

我们在现实中屡屡发现，许多国家的失业率居高不下时也会出现很高的通货膨胀，尤其是上个世纪70年代，西方发达国家普遍经历高失业和高通胀并存的"滞胀"局面。这种情况下的通货膨胀显然是无法通过需求过度加以解释的，因此许多经济学家转而从供给方面寻找通胀的根源，提出了"成本推进"的通货膨胀理论，即认为通货膨胀的原因在于成本上升导致了总供给曲线的上移。

寡头企业和垄断企业为保持利润水平不变，依靠其垄断市场的力量，运用价格上涨的手段来抵消成本的增加；或者为追求更大利润，以成本增加作为借口提高商品价格，从而导致价格总水平上升。其中最为典型的例子是，在1973—1974年，石油输出国组织（OPEC）历史性地将石油价格提高了4倍，从而引发了"石油危机"。

3. 进口和出口推动型通货膨胀

进口和出口推动通货膨胀分别是指，由于进口商品价格上涨，特别是进口原材料价格上涨，引起的通货膨胀；由于出口猛增，使国内市场产品不足，供求平衡被打破，也能引起物价上涨和通货膨胀。

下面通过图 9-2 说明成本推进型通货膨胀的原理。在图 9-2 中，横轴 Y 表示总产出，纵轴 P 表示一般价格水平。AD 为总需求曲线，AS 为总供给曲线。本图讨论在总需求既定的条件下，总供给变动所产生的影响。最初，总需求曲线 AD 与总供给曲线 AS 相交于 E_1 点，E_1 对应的价格水平为 P_1，总产出为 y_1。当现实经济运行中出现了供给方面的增加（如货币工资率的增长超过了均衡工资水平、企业为追逐更大利润而大幅提高商品价格、进口商品价格大幅上涨时），总供给曲线会从 AS_1 移动到 AS_2 或 AS_3，总成本增加。在总需求曲线不变的条件下，随着总供给曲线向左上方的移动，由于总供给减少，价格水平也就从 P_1 不断上升到 P_2 或 P_3，总产出由 y_1 降 y_2 到或 y_3。此时，就会发生成本推进型通货膨胀。

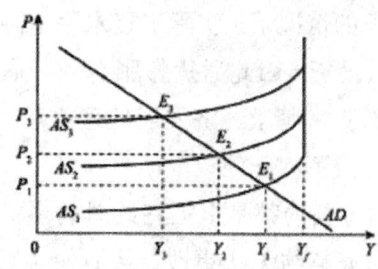

图 9-2　成本推进型通货膨胀

(三) 结构性通货膨胀

结构性通货膨胀是指在没有需求拉动和成本推动的情况下，仅仅是由于经济结构因素的变动导致价格水平持续、显著地上涨，从而引发的通货膨胀。

国民经济的各个部门各具特点，首先，从劳动生产率提高的速度来看，有些部门的劳动生产率提高的速度快，而有些部门则较慢；其次，从各部门在经济发展过程中的发展趋势来看，有些部门正处在发展的上升阶段，生产效率较高，生产扩张，而有些部门则处在发展缓慢的衰退阶段，效率低下，生产萎缩，即所谓"朝阳产业"和"夕阳产业"的不同；最后，从与国际市场联系的密切程度及部门的开放程度看，有些部门属于开放部门，与国际市场联系密切，有些部门属于非开放部门，与国际市场联系很少，在一种较为封闭的状态下发展。

如果资源与劳动力能够自由而迅速地由劳动生产率低的部门转移到劳动生产率高的部门，结构性的通货膨胀就不会发生。但事实上，现代社会经济结构的特点限制了这种资源与劳动力的有效转移，劳动生产率高的部门由于资源与劳动力的短缺，导致资源价格上涨，工资上升。而在工会追求工资均等化和公平原则的压力下，那些劳动生产率较低的部门、发展缓慢处在衰退阶段的部门和非开放的部门，其工资的增长速度会向生产率提高较快、正处于上升期和开放度高的先进部门看齐，使整个社会的货币工资增长速度具有同步增长的趋势。这必然会导致价格水平的普遍上涨，从而引发通货膨胀，这种通货膨胀就是结构性通货膨胀。

四、通货膨胀的影响

通货膨胀作为经济运行过程中不可避免的一种现象，通常会对经济生活产生多方面的影响，它会给人们的生活和社会的秩序带来极大的冲击。

(一)通货膨胀对收入和财富分配的影响

通货膨胀意味着人们手中持有货币的购买力下降，会导致人们实际收入水平降低。但值得注意的是，通货膨胀对不同经济主体收入分配的影响是各不相同的。

1. 通货膨胀有利于雇主而不利于工人

在不可预期的通货膨胀之下，工资增长率不能同步地根据通货膨胀率来调整，从而即使在名义工资不变或略有增长的情况下，实际工资水平下降。实际工资下降会使雇主利润增加，利润的增加有利于刺激投资，因此通货膨胀有利于雇主不利于工人，这也正是一些经济学家主张以温和的通货膨胀来刺激经济发展的理由。

2. 通货膨胀有利于债务人而不利于债权人

在通常情况下，借贷的债务契约都是根据签约时的名义利息率来确定的，所以当发生了未预期的通货膨胀之后，债务契约无法更改，从而使实际利息率下降，债务人受益，而债权人受损。通货膨胀对贷款，特别是长期贷款带来不利的影响，表现为债权人不愿意发放贷款。贷款的减少会影响投资，最后使投资减少。

通货膨胀牺牲了债权人的利益而使债务人受益。对债权人而言，随着物价上涨，货币贬值，到期后得到偿还的财富实际购买力"缩水"。例如，甲向乙借款1万元，约定一年以后归还，假定这一年中发生了通货膨胀，物价上升了100%，那么一年后，乙获到甲偿还的1万元仅能购买到原来一半的产品和劳务，也就是说通货膨胀使得乙损失了一半的实际收入。

3. 相对于富人，通货膨胀对穷人更为不利

富人在通货膨胀时有更多的应对策略，例如投资房地产、贵金属和股市等。因为伴随着通货膨胀，房地产、古玩字画、贵金属等也会随之上涨，这样富人的财富就会同比例增长甚至更多。但是穷人就不一样了，穷人的消费开支占收入的比重比较高，同时规避通货膨胀的渠道比较少。在社会群体中，越是穷人越没有足够的社会保障，就只能自己攒钱养老、供子女上学，因此大多数只能通过储蓄来寻求保障。

当银行利息低于通货膨胀率的时候，实际的利息其实是负的，也就是说钱存在银行里其实是亏本的。同理，保险金、养老金以及其他固定价值的证券财产等，这些本来作为防患未然和养老的资产，在通货膨胀中，其实际价值也会下降。因此，通货膨胀对穷人更为不利。

4. 在政府与公众之间，通货膨胀将有利于政府而不利于公众

由于在不可预期的通货膨胀之下，名义工资总会有所增加（尽管并不一定能保持原有的实际工资水平），随着名义工资的提高，达到纳税起征点的人增加了，有许多人进入了

更高的纳税等级,这样就使得政府的税收增加。虽然公众纳税数额增加,但实际收入却减少了。政府由这种通货膨胀中所得到的税收可称为"通货膨胀税",这种通货膨胀税的存在,既不利于储蓄的增加,也影响了私人与企业投资的积极性。一些经济学家认为,通货膨胀税实际上是政府对公众的掠夺。

【阅读材料】真实的负利率时代!10万元存银行1年净亏537元

《华商报》最近的一则新闻引来评论无数——中国现阶段已进入真实的负利率时代。对此,业内人士算了一笔账,10万元存银行一年净亏537元。

假设存款10万元,而全年CPI在2.3%左右,也就是以2.3%为通胀率,如此计算国有大行和招商银行:一年期存款利率1.75%,10万元存款到期本息合计为101750元,根据现金价值,以2.3%的通胀率对到期本息进行折现,101750÷1.023等于99462.37,即一年后的101750元仅相当于现在的99462.37元,也就是说,在这几家银行存10万元一年期定期,到期实际上是净亏537.63元。

同理,其他9家上市的股份制银行:一年期存款利率2.00%,10万元存款到期本息合计为102000元,用同样的方法计算,折现后仅有99706.74元,到期实际上是净亏293.26元。

也就是说中国的实际利率(名义利率−通胀率)已经是负值。业界人士认为,负利率只是"披着羊皮"的税收,有可能将银行成本传导到企业和个人。

1. 穷人、老人最终会成为负利率困局中最主要的受害者

负利率可被看做是种"退步税",即收入愈低,"税率"愈高。低收入者的财富主要集中在存款,相当多的穷人会选择继续把有限的钱放在银行,横竖是缩水,拿回家塞墙洞大概要比放在银行更不堪。这已经在历次的"储蓄搬家"中不同程度地显现。穷人,是玩不起"储蓄搬家"游戏的。

负利率也是种"老人税",最大的受害群体是老人。老人积累财富的过程已经完毕。以后要依靠积蓄来度过晚年。他们中的大多数人在农村,基本上没有退休金,除靠子女接济外。存款利息是他们重要的生活来源;城里人虽然有退休金,标准也在逐渐上调,但也赶不上通胀的步伐。

2. 富人们当然不会眼睁睁地看着自己的钱放在银行里一点点蒸发

低利率诱发巨大信贷需求和资金需求,廉价货币政策释放出了巨大的流动性,当游资、热钱横行之时,投机一定更疯狂、更猖獗。这时,投机暴利远远超过投资回报,实业资本受到威胁……

3. 储蓄理财化成为一种趋势

对于现在很多80、90后来说,消费能力仍然比较有限,因大部分财富主要集中在少数富人手中。可见,在过去的负利率时代,人们以抢购日用品的方式来保卫自己的财富;现在的负利率时代,这样显然行不通。

一分风险,一分收益。在你参与股票等高风险投资时,仍需要结合你的风险承受能

力，量力而行。

——凤凰财经

(二)通货膨胀对经济效率的影响

1. 通货膨胀会扭曲价格和价格信号，对经济效率产生损害

在一个竞争的经济环境中，无论是消费者，还是生产者，他们都会根据价格信号的变动调整自己的消费行为和生产行为，从而使资源配置发生改变。

在一个不存在通货膨胀或低通货膨胀的经济社会中，如果某种商品的市场价格上升，消费者很可能会减少对该种商品的消费而增加对其他替代品的消费，例如人们用肥皂、洗衣粉来替代洗衣液的消费；如果消费者预期该种商品的价格还会继续上升，则可能会增加对这种商品的当期消费。例如，当人们预期房地产的价格在可预见的将来还会继续上升时，他们可能会被预期逼迫出更果断的决定，现在就购买房产。

反之，如果当某一种商品的价格下降时，消费者很可能会增加对该种商品的消费而减少对其他替代品的消费；如果消费者预期该种商品的价格还会继续下降，就会减少对这种商品的当期消费，而等待价格的下降。

但是，当通货膨胀爆发以后，作为市场信号的价格会发生扭曲，无论是消费者，还是生产者，都无法从频繁变动的价格信号中对市场需求和供给的变动趋势做出准确的判断，也无法区分相对价格的变化和整体价格水平的变化。在此情况下，价格信号的失真意味着市场机制作用的失灵，消费者的消费行为和生产者的生产行为都可能发生紊乱，从而使资源无法得到最优配置，导致经济效率的降低。

2. 较高的通货膨胀率也会引起货币使用的混乱

在通货膨胀率高于名义利率的情况下，货币的实际利率为负值，这时，人们会降低对货币的信任度，消费者和生产者更愿意持有消费品和存货。显然，消费者和厂商不断购进消费品和投资品，不是为了进一步满足自己的消费需要和增加生产投资，而是为了避免货币贬值所造成的损失。中国在1938年出现了经济过热的现象，较高的通货膨胀率(18.8%)以及随之而来的抢购风，导致人们盲目购物消费，以致过了几年甚至十几年后，很多商品已经更新换代了很多次，而有些家庭还在使用着多年前抢购的过时的电冰箱、电视机，穿着多年前抢购的已经落伍的西装和棉毛裤。显然，过高的通货膨胀率如果扭曲了人们对货币的使用，就难以使消费者实现效用最大化，也难以使厂商实现利润最大化，从而导致资源配置效率或经济效率的降低。

3. 恶性通货膨胀会导致严重的政治后果

总的来说，西方学者认为，就通货膨胀在经济上所造成的影响本身而言并不严重，影响的严重性在于财富和收入在分配时所导致的政治后果。在超级通货膨胀下，生产可以停滞，而高度的财富和收入再分配可以引起社会各阶层的冲突，造成不安和动乱，有时甚至会带来灾难性的后果。

五、治理通货膨胀的措施

通过上述分析我们知道,通货膨胀是一种普遍的经济现象,所有实行市场经济的国家几乎都面对过通货膨胀的困扰,也都积极寻求治理通货膨胀的有效政策。一般而言,都是从以下几个方面进行着手:

(一)紧缩性的需求管理的政策

从关于通货膨胀发生的成因分析中可以看出,需求拉动的通货膨胀是由总需求超过总供给产生的,紧缩性的需求管理的政策就是通过紧缩财政和货币政策抑制过热的总需求。紧缩财政政策包括减少支出和增加税收,直接效果就是降低总需求;紧缩货币政策包括减少货币供应量,提高贴现率或法定存款准备金率,其直接效果是利率的提高,间接抑制投资和消费,从而导致总需求的减少,以控制通货膨胀。上述办法在经济发达国家治理通货膨胀中经常使用且十分有效。

例如,美国在20世纪80年代遭遇通货膨胀,其中1982年美国的通货膨胀率达到了10.8%,美国政府也采取了紧缩的货币政策和财政政策,包括每年规定货币供给量的增长指标。并运用贴现率、法定存款准备金率以及公开市场业务三种货币政策工具来保证指标的实现。

1. 紧缩的财政政策

(1)减少政府预算,压缩政府公共支出和政府购买。政府公共支出和政府购买是政府财政支出的重要组成部分,通过削减政府预算,压缩政府公共支出和政府购买,能够抑制政府投资,减少政府对商品和劳务的需求,缓和通货膨胀的压力,同时也能因减少政府财政支出而减少财政赤字。

(2)降低政府转移支付水平,减少社会福利费用。除了失业救济金、养老金等福利费用外,其他福利、津贴等都要随经济的过热而压缩。在许多国家社会福利费用在政府支出中占重要地位,通过减少社会福利费用,能减少居民的可支配收入,从而抑制消费需求的膨胀,缓和通货膨胀的压力。

(3)增加税收。税收在政府收入中占有非常重要的地位,通过增加税收,可以增加政府收入,弥补财政赤字;同时增加税收以后,企业和居民的实际收入减少,从而也减少了企业的投资支出和居民的消费支出,最终可以控制总需求的膨胀。

(4)对部分商品开征特别消费税。通货膨胀时期不同商品的供求矛盾不同,因此可以考虑对部分需求特别旺盛的商品开征特别消费税,通过这些商品的高税率来限制其过度膨胀的需求。

2. 紧缩的货币政策

(1)提高商业银行的法定存款准备金率。因为提高了商业银行的法定存款准备金率,商业银行将减少货币供应量,减少贷款的的发放,提高利息率,最终减少社会总需求。

（2）提高再贴现率。通过提高再贴现率，可以减少商业银行向中央银行的借款，从而减少商业银行的货币供应量，这将导致银行信贷的紧缩和利息率的上升，有利于控制银行信贷的膨胀，最终减少社会总需求。

（3）通过开展公开市场业务卖出政府债券。中央银行在公开市场上卖出各种政府债券，能够从商业银行和公众那里收回货币，从而减少货币供应量，进而促进利息率的上升，最终减少社会总需求。

（4）直接提高利息率。法定存款准备金率、再贴现率、公开市场业务都是通过改变流通中的货币供应量来间接影响利息率，最终影响社会总需求的。为了抑制通货膨胀，中央银行有时还会通过直接提高利息率来收缩信贷。因为利息率的提高会增加信贷资金的使用成本，从而减少信贷的发放；还可以吸收储蓄存款，减少消费和投资，以减轻通货膨胀的压力。

（二）收入政策

通过前面的分析，通过紧缩财政和货币政策抑制过热的总需求，可以应付需求拉动的通货膨胀。但是要抑制成本推进型通货膨胀，采用紧缩的货币政策和财政政策却难有明显的效果，此时应采用收入政策。

收入政策是指通过限制各种生产要素收入（主要是工资收入）增长率从而限制物价上涨率的政策，因此也叫工资和物价管理政策。之所以对收入进行管理，是因为通货膨胀有时是由成本（例如工资）推进所造成的。从发达国家的经验来看，这种限制主要包括以下措施：

1. 工资—价格管制

工资——价格管制是指政府严格控制商品价格和工资的做法。具体是指，在面对严重的通货膨胀问题时，由政府颁布法令，暂时冻结工资和商品价格，硬性规定货币工资和商品价格的增长率或政府提出指导性的工资和价格增长目标，由工会和雇主协会自觉遵守。从理论上说，价格和工资管制对治理通货膨胀是非常有效的，但在市场经济条件下，价格和工资管制又会使得市场机制配置资源的作用受到极大的损害，因此在实践中并不作为常规做法。

2. 收入指数化政策

所谓指数化就是以条文规定的形式把工资和某种物价指数联系起来，当物价上升时，工资也随之上升。指数化可以是百分之百的指数化，即工资按物价上升的比例增长，也可以是部分指数化。这种方法可以消减成本推进的通货膨胀，但其作用也是有限的。

3. 以税收为基础的收入政策

即政府通过税收调节来鼓励人们限制工资增长。其基本思路是，以政府指导的一个工资、价格增长率为标准，如果实际工资或价格的上涨率低于这个标准，工人和厂商将获得税收优惠；反之，如果超过这个标准，他们将受到增税的惩罚，以此鼓励抑制通货膨胀的行为。

4. 规劝

即政府劝告工资和价格制定者们负责任地采取行动，鼓励雇员和雇主在较低的工资增长水平上达成和解,以减轻通货膨胀的压力。

从各国的实践来看,收入政策并不是治理通货膨胀的灵丹妙药,它只能作为紧缩性财政和货币政策的一种补充。原因如下:

首先,温和的收入政策,如规劝和自愿限制工资,利用的是人的自觉意识,从整个社会层面上看,往往收效甚微。

其次,严格的工资——价格管制政策将严重削弱价格机制在资源配置中的作用。相对价格的灵活伸缩是市场资源配置的基本条件,在管制过程中,很难区分哪些价格变动代表着合理的相对价格变动,哪些代表物价水平的整体上升,所以政府只能笼统地加以管制。即使是严格的工资—价格管制,在没有紧缩性的财政和货币政策配合的情况下,也不可能长期有效。因为人们会想出种种办法来变相地规避管制,变相地提高价格和工资。

最后,指数化政策往往也强化了工资和物价交替上升的机制,从而使得物价越发不稳定,而不是有利于通货膨胀率的下降。因此,指数化也只是一种消极的对付通货膨胀的政策。

六、通货膨胀与失业的关系——菲利普斯曲线

1957年,经济学家菲利普斯根据英国近100年的统计资料做出了一条曲线,显示失业与通货膨胀存在一种交替关系:即通货膨胀率高时,失业率低;通货膨胀率低时,失业率高。这条曲线就是著名的菲利普斯曲线,他从一个方面说明了降低通货膨胀率与减少失业率两个目标间存在矛盾。

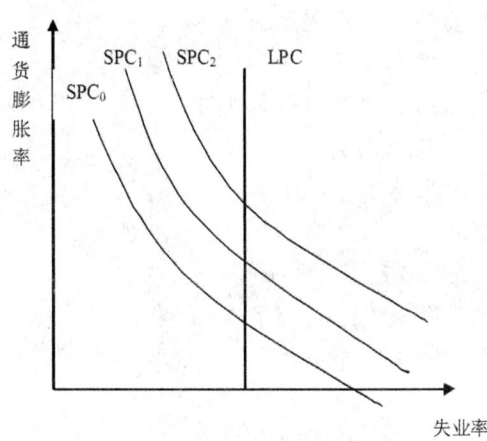

图9-3 长期的菲利普斯和短期的菲利普斯曲线

20世纪70年代,西方国家出现了高通货膨胀率与高失业率并存的滞胀现象,这种滞涨现象违背了菲利普斯曲线的结论。美国经济学家弗里德曼和费尔普斯根据适应性预期理论修改了菲利普斯曲线。他们认为,在短期中,工人来不及调整通货膨胀预期,预期的通货膨胀率可能低于以后实际发生的通货膨胀率。这样,工人得到的实际工资可能小于先前预期的实际工资,从而使实际利润增加,刺激了投资,增加了就业,失业率

下降。在此前提下,通货膨胀率与失业率之间存在交替关系。短期菲利普斯曲线正是表明在预期的通货膨胀率低于实际发生的通货膨胀率的短期中,失业率与通货膨胀率之间存在交替关系的曲线。所以,向右下方倾斜的菲利普斯曲线在短期是可以成立的。

但是,在长期中,工人将根据实际发生的情况不断调整自己的预期。工人预期的通货膨胀率与实际上发生的通货膨胀率相一致,其结果是菲利普斯曲线不断向右移动,把每一条短期菲利普斯曲线上实际通货膨胀率与预期通货膨胀率相等的那一点连接起来,形成一条垂直线,即长期菲利普斯曲线。在长期,由于预期通货膨胀率与实际通货膨胀率一致,所以通货膨胀不会因其就业的增加,因此通货膨胀率与失业率不存在交替关系。

【思考与练习】

一、单项选择

1. 失业率是指( )。
   A. 失业人口与全部人口之比
   B. 失业人口与全部就业人口之比
   C. 失业人口与全部劳动人口之
   D. 失业人口占就业人口与失业人口之和的百分比

2. 某人正在等待着某项工作,这种情况可归类于( )。
   A. 就业　　　B. 失业　　　C. 非劳动力　　　D. 就业不足

3. 周期性失业是指( )。
   A. 经济中由于正常的劳动力流动而引起的失业
   B. 由于总需求不足而引起的短期失业
   C. 由于经济中一些难以克服的原因而引起的失业
   D. 由于经济中一些制度上的原因而引起的失业

4. 由于经济衰退而形成的失业属于( )。
   A. 摩擦性失业　　　B. 结构性失业　　　C. 周期性失业　　　D. 自然失业

5. 下列人员中,不属于失业人员的是( )。
   A. 调动工作的时间歇在家休养者　　　B. 半日工
   C. 对薪水不满意而待业在家的大学毕业生　　　D. 季节工

6. 奥肯定理说明了( )。
   A. 失业率和GDP之间高度负相关的关系
   B. 失业率和GDP之间高度正相关的关系
   C. 失业率和物价水平之间高度负相关的关系
   D. 失业率和物价水平之间高度正相关的关系

7. 通货膨胀是( )。
   A. 一般物价水平普遍、持续的上涨　　　B. 货币发行量超过流通中的黄金量
   C. 货币发行量超过流通中的商品的价值量　　　D. 以上都不是

8. 可以称为温和的通货膨胀的情况是指( )。

A. 通货膨胀率在10%以上
B. 通货膨胀率以每年15%的速度增长
C. 通货膨胀率以每年10%以内的速度增长
D. 通货膨胀率每年50%以上

9. 经济中存在着通货膨胀的压力，由于政府实施了严格的价格管制而使物价并没有上升，此时(　　)。
A. 不存在通货膨胀　　　　　　　　　B. 存在着温和的通货膨胀
C. 存在着恶性通货膨胀　　　　　　　D. 存在着隐蔽的通货膨胀

10. 下列表述中，正确的是(　　)。
A. 在任何情况下，通货膨胀对经济的影响都很小
B. 在通货膨胀可以预期的情况下，通货膨胀对经济的影响也很大
C. 在通货膨胀不能预期的情况下，通货膨胀有利于雇主而不利于工人
D. 在任何情况下，通货膨胀对经济的影响都很大

11. 需求拉动通货膨胀(　　)。
A. 通常用于描述某种由供给因素所引起的价格波动
B. 通常用于描述某种由总需求的增长所引起的价格波动
C. 表示经济制度已调整过的预期通货膨胀率
D. 以上均不是

12. 抑制需求拉动通货膨胀，应该(　　)。
A. 控制货币供应量　　　　　　　　　B. 降低工资
C. 解除托拉斯组织　　　　　　　　　D. 减税

13. 由于工资提高而引起的通货膨胀是(　　)。
A. 需求拉动通货膨胀　　　　　　　　B. 成本推动通货膨胀
C. 需求拉动和成本推动型通货膨胀　　D. 结构性通货膨胀

14. 在下列通货膨胀的原因中，最可能为成本推动通货膨胀的原因是(　　)。
A. 银行贷款的扩张　　　　　　　　　B. 预算赤字
C. 进口商品价格的上涨　　　　　　　D. 投资率下降

15. 成本推动通货膨胀(　　)。
A. 通常用于描述某种由供给因素所引起的价格波动
B. 通常用于描述某种由总需求的增长所引起的价格波动
C. 表示经济制度已调整过的预期通货膨胀率
D. 以上都不是

16. 菲利普斯曲线是一条描述(　　)。
A. 失业与就业之间关系的曲线
B. 工资与就业之间关系的曲线
C. 工资与利润之间关系的曲线
D. 失业与通货膨胀之间交替关系的曲线

17. 一般来说，菲利普斯曲线是一条(　　)。
A. 向右上方倾斜的曲线　　　　　　　B. 向右下方倾斜的曲线

C. 水平线　　　　　　　　　　　　D. 垂线

18. 菲利普斯曲线的基本含义是（　　）。
A. 失业率和通货膨胀率同时上升　　B. 失业率和通货膨胀率同时下降
C. 失业率上升，通货膨胀率下降　　D. 失业率与通货膨胀率无关

19. 根据菲利普斯曲线，降低通货膨胀率的办法是（　　）。
A. 减少货币供给量　　　　　　　　B. 降低失业率
C. 提高失业率　　　　　　　　　　D. 增加工资

20. 根据短期菲利普斯曲线，失业率和通货膨胀率之间的关系是（　　）。
A. 正相关　　　B. 负相关　　　C. 无关　　　D. 不能确定

二、判断题

1. 通货膨胀是日常用品的价格水平的持续上涨。（　　）
2. 投资增加会诱发成本推进的通货膨胀。（　　）
3. 退休人口的增加一定会提高一国的失业率。（　　）
4. 在宏观经济实现充分就业时，失业率仍然是零。（　　）
5. 摩擦性失业对有些劳动力来说具有正面意义。（　　）
6. 只要实际的通货膨胀与预期的通货膨胀率不一致，债权人与工人就会受到损失。（　　）
7. 未预期到的通货膨胀对社会各个阶层的影响是相同的。（　　）
8. 当出现需求推进的通货膨胀时，国家货币当局可以增加货币供给量来抑制它。（　　）
9. 通货膨胀发生时，退休金领取者和领取工资者都会受到损害。（　　）
10. 通货膨胀的预期往往会加剧实际的通货膨胀。（　　）
11. 严重的不利的供给冲击会引起物价水平上升，实际产出减少。（　　）
12. 菲利普斯曲线表明货币工资增长率与失业率之间的负相关关系，它是恒定不变的。（　　）

三、问题与应用

1. 你认为应该如何理解"自然失业率"？
2. 控制或降低失业率有哪些方法可供选择？
3. 通货膨胀对经济增长可能产生哪些影响？
4. 在各种失业种类中，哪些失业是可以消除的？哪些是无法消除的？
5. 有人认为，通货膨胀会使存款贬值，相当于政府收税。请你利用所学的知识对此作出解释。
6. 如何看待通货膨胀与失业的关系，试讨论菲利普斯曲线理论的合理之处和不合理之处。

四、案例分析

案例1. 我国的失业及治理对策

如果当时我们放松银根，如果我们多发赤字，那就像古人讲的"抱薪救火"。薪不尽，火不灭，抱着柴火去救火，柴火不用完，火是灭不了的。所以，我们选择坚持稳住财政和货币政策。——李克强

要求：（1）认真观看李克强总理的经济公开课，讨论我国目前为何要实施积极的财政政策和稳健的货币政策？

（2）小组要给出此案例的分析结果

（3）教师对各小组讨论结果进行归纳和点评

案例2. 负利率政策明显的副作用，不可忽视。

在网络媒体上阅读清华大学五道口金融学院院长吴晓灵的观点：负利率政策明显的副作用，不可忽视。

要求：在深刻理解负利率和负利率政策的基础上，分组讨论负利率政策有哪些弊端和在生活中的表现

案例3. 人社部：2016年高校毕业生765万人 就业压力大

2016年2月29日 国新办今日就就业和社会保障有关情况举行发布会，人力资源社会保障部部长尹蔚民表示，2016年就业形势比较复杂、非常艰巨，今年高校毕业生是765万人，比去年增加16万人，而且中职毕业生和初高中毕业以后不再继续升学的学生大约也是这个数量。青年的就业群体加在一起大约有1500万左右。

谈到2016年的就业形势，尹蔚民表示，有三个方面对今年的就业形势将产生重要的影响：第一个方面，化解过剩产能会造成一部分职工下岗；第二个方面，经济下行压力比较大，有一部分企业生产经营困难，会造成企业用工不足；第三个方面，以高校毕业生为主的青年就业群体的数量还在持续增加，这将对就业产生很大的压力。今年的高校毕业生是765万人，比去年又增加了16万人，而且中职毕业生和初高中毕业以后不再继续升学的学生大约也是这个数量。青年的就业群体加在一起大约有1500万左右，这个压力也是非常大的。

但与此同时，尹蔚民也对保持今年就业的形势稳定还是充满着信心。他表示，最重要的就是中国经济仍然会持续健康的发展，而且在这个过程中我们调结构，一些新的业态、新的动能正在形成，这必将对就业产生一些基础性的、利好的作用。在今年的就业当中，人社部还会采取以下政策：第一，要把就业政策和宏观经济政策、产业政策协调推进，更多的创造就业岗位。第二，多措并举，采取多种形式妥善做好化解产能过剩当中职工的安置工作。第三，继续实施大学生的就业促进计划和创业引领计划，努力做好以大学生为主的青年就业工作。第四，继续加大职业培训力度，提高就业创业的能力和职业转换的能力。第五，继续推动创业带动就业，这方面的潜力将会是巨大的。第六，继续做好公共就业服务，特别是加大网上的服务力度，为广大就业者提供更加便捷高效的服务。

要求：（1）查阅相关资料，充分了解当前宏观形势下高校毕业生的就业情况

（2）针对本学校本专业，阐述自己的就业观点

项目十

宏观经济政策

【知识目标】
1. 了解宏观经济政策的目标。
2. 理解财政政策与货币政策的基本内容。
3. 熟悉财政政策与货币政策工具。

【技能目标】
能分析财政政策和货币政策在实施中的实际效果。

【项目导读】
在现代经济社会中,各国政府通过对宏观经济的调控,使国民经济持续健康地运行,避免经济发生大的波动。而早期的古典自由主义经济理论认为,经济社会中所发生的种种问题可以通过市场机制获得解决,经济中具有强大的自我矫正机制,因此反对政府干预经济。但1929—1933年所发生的席卷整个资本主义世界的经济大危机,使情况发生了极大的转变,此次危机彻底暴露了自由放任市场经济的弊端,它不仅是对古典自由主义经济理论的一次全面否定,而且宣告了自由竞争资本主义时代的结束。于是,一种反映国家垄断资本主义要求的,主张以扩大政府支出创造需求和通过政府干预推动经济增长的凯恩斯主义便应运而生。"罗斯福新政"则以政策实践的形式表明了凯恩斯主义的有效性,并使凯恩斯主义上升为资本主义世界的主流经济学,主导国家垄断资本主义的宏观经济运行长达40年。

本项目将介绍政府调节宏观经济的目标和工具,重点介绍财政政策和货币政策。

任务一　宏观经济政策概述

宏观经济政策是指国家或政府有意识有计划地运用一定的政策工具，调节控制宏观经济的运行，以达到一定的政策目标。

一、宏观经济政策目标

1. 充分就业

充分就业是指包含劳动在内的一切生产要素都以愿意接受的价格参与生产活动的状态。

充分就业包含两种含义：

一是指除了摩擦失业和自愿失业之外，所有愿意接受各种现行工资的人都能找到工作的一种经济状态，即消除了非自愿失业就是充分就业。

二是指包括劳动在内的各种生产要素，都按其愿意接受的价格，全部用于生产的一种经济状态，即所有资源都得到充分利用。失业意味着稀缺资源的浪费或闲置，从而使经济总产出下降，社会总福利受损。

因此，失业的成本是巨大的，降低失业率，实现充分就业就常常成为西方宏观经济政策的首要目标。

2. 物价稳定

物价稳定是指物价总水平的稳定。

一般用价格指数来衡量一般价格水平的变化，物价稳定是指价格指数的相对稳定。

价格指数又分为消费物价指数（CPI），批发物价指数（PPI）和国民生产总值折算指数（GNP deflator）三种。物价稳定并不是通货膨胀率为零，而是允许保持一个低而稳定的通货膨胀率，所谓低，就是通货膨胀率在 1-3% 之间，所谓稳定，就是指在相当时期内能使通货膨胀率维持在大致相等的水平上。

3. 经济增长

经济增长是指在一个特定时期内经济社会所生产的人均产量和人均收入的持续增长。包括：一是维持一个较高经济增长率；二是培育一个经济持续增长的能力。

一般认为，经济增长与就业目标是一致的。经济增长通常用一定时期内实际国民生产总值年均增长率来衡量。经济增长会增加社会福利，但并不是增长率越高越好。这是因为经济增长一方面要受到各种资源条件的限制，不可能无限地增长，尤其是对于经济已相当发达的国家来说更是如此；另一方面，经济增长也要付出代价，如造成环境污染，引起各种社会问题等。因此，经济增长就是实现与本国具体情况相符的适度增长率。

4. 国际收支平衡

国际收支平衡是指一国国际收支净额即净出口与净资本流出的差额为零的状态。从长期看,无论是国际收支盈余还是收支赤字都对一国经济有不利影响,将限制和影响前面三个经济政策目标的实现。长期的国际收支盈余,将是以减少国内消费和投资为代价的,将不利于充分就业和经济增长;长期的国际收支赤字,是要用外汇储备或借款来偿还的,难以为继,会导致本国货币贬值,对经济造成一定冲击,所以维持国际收支平衡是经济政策的一个重要目标。既没有国际收支赤字又没有国际收支盈余状态的国际收支平衡,也是国家宏观经济政策的重要目标。

从长期来看,这四个宏观经济目标之间是相互促进的。经济增长是充分就业、物价稳定和国际收支平衡的物质基础;物价稳定又是经济持续稳定增长的前提;国际收支平衡有利于国内物价的稳定,有利于利用国际资源扩大本国的生产能力,加速本国经济的增长;充分就业本身就意味着资源的充分利用,这当然会促进本国经济的增长。但是,在短期中,从迄今为止的各国宏观经济政策实践来看,这几个目标之间并不总是一致的,而是相互之间存在着矛盾。诸如充分就业与物价稳定是矛盾的:要实现充分就业,就必须运用扩张性财政政策和货币政策,而这些政策又会由于财政赤字的增加和货币供应量的增加而引起通货膨胀。再比如,物价稳定和经济增长之间也存在矛盾,因为在经济增长过程中,通货膨胀是难以避免的。

因此,经济学认为,要实现既定的经济政策目标,首先,要求各种政策手段相互配合,协调一致;其次,政府在制定目标时,不要追求单一目标,而应该综合考虑,否则会带来经济上和政治上的副作用。此外,还要考虑决策者本身的协调水平和对时机的把握程度。因为,从国家宏观调控的实践来看,这四种目标的重要性不是固定不变的,具体到不同时期和不同国家,目标的相对重要性不同,这就要求政府在制定经济目标和经济政策时应该做整体性的宏观战略考虑和安排。

二、宏观经济政策工具

宏观经济政策工具是用来达到政策目标的手段。为实现一项政策目标,可供选择的政策工具是多种多样的。在常用的宏观经济政策工具中,主要有需求管理、供给管理以及对外经济管理政策。

1. 需求管理

需求管理是通过调节总需求来达到一定政策目标的宏观经济政策工具。其调控目标是实现总需求等于总供给,达到充分就业且通货膨胀率较低这样一种理想状态。凯恩斯主义的国民收入决定理论认为,在短期内生产技术条件、资本设备的质量与数量、劳动力的质量与数量都是不变的,因此,国家调节就是在总供给为既定的前提下来调节总需求,即进行需求管理。

需求管理是要通过对总需求的调节,实现充分就业的均衡,在总需求小于总供给时,经济中会由于需求不足产生失业,这时要运用扩张性政策工具来刺激总需求。在总需求大于总供给时，经济中会由于需求过热而通货膨胀严重，这时要运用紧缩性政策工具来抑制总需求。需求管理的主要工具是财政政策和货币政策。

2. 供给管理

供给管理是要通过对总供给的调节，达到一定的政策目标。20世纪70年代初，石油价格大幅度上涨对经济的严重影响，使经济学家们认识到了总供给的重要性。供给即生产，在短期内影响供给的主要因素是生产成本，尤其是工资成本。在长期内影响供给的主要因素是生产能力，即潜在产出。因此，供给管理包括控制工资与物价的收入政策、改善劳动力市场的人力政策、指数化政策以及促进技术和效率改进的经济增长政策。

3. 对外经济管理

在现代社会，绝大多数国家都实行开放经济政策。按照李嘉图(D. Ricardo)的比较优势理论，充分利用全球资源，开展国际贸易，增强经济实力，各国间经济合作与联系日益密切。对外经济管理就是要通过对外贸易政策、汇率政策等，平衡国际收支和协调国际经济关系，实现国际收支平衡目标。因此，在宏观经济政策中，应该包括国际经济政策，或者说政府对经济的宏观调控中也包括了对国际经济关系的调节。

任务二　财政政策

财政政策是国家调控经济的主要政策之一。财政政策是指政府通过自己的收入和支出，调节社会总需求，影响宏观经济活动的措施。增加政府支出，可以刺激总需求，从而增加国民收入，反之则压抑总需求，减少国民收入。税收对国民收入是一种收缩性力量，因此，增加政府税收，可以抑制总需求从而减少国民收入，反之，则刺激总需求增加国民收入。财政政策是国家整个经济政策的组成部分。

一、财政支出

财政支出是指一个国家各级政府支出的总和，它主要分为政府购买和转移支付两大类。

1. 政府购买

政府购买支出是指政府对商品和劳务的支出。例如，购买机关办公用品、军需品、科技和教育支出，政府公务员报酬和举办公共项目所需的支出等。政府购买支出是商品和劳务的实际交易，直接形成社会需求和社会购买力，可以计算在国民收入中，其规模直接关系到社会总需求的增减。购买支出对整个社会总支出水平具有十分重要的作用。

2. 转移支付

政府支出另一部分是转移支付。转移支付是指政府或企业的一种不以购买商品和劳务而作的支付，即政府或企业无偿地支付给个人或下级政府，以增加其收入和购买力的费用。它是一种收入再分配的形式。

转移支付是包括养老金、失业救济金、退伍军人补助金、农产品价格补贴等政府或企业的一项支出。这笔支出在西方国家是不计算在国民生产总值中的,其原因在于这笔支出不是为了购买商品和劳务,它是通过政府将收入在不同社会成员之间进行转移的政府转移支付,有时也称转让性支付。

既然转移支付是政府支出的重要组成部分,因此,政府转移支付也是一项重要的财政政策的工具。如果降低转移支付水平,就会降低人们的可支配收入,导致社会有效需求减少;提高转移支付水平,可以提高人民的可支配收入和消费支出水平,社会有效需求就会增加。

通常情况下,政府把以税收形式筹集上来的一部分财政资金用于社会福利保障和财政补贴等转移支付方面的支出。按用途的不同,转移支付可分为社会保障福利费用支付和政府补贴费用支付两类。

二、财政收入

财政收入是指一个国家各级政府收入的总和,它来源于税收和公债。税收是政府收入中最主要的部分,当政府的税收不足以弥补政府的支出时,可以发行公债。财政收入政策主要是税收政策,通过增税或减税及税种的选择调节投资和消费需求,实现国民经济平稳运行。

1. 税收

税收是国家为满足社会公共需要,凭借公共权力,按照法律所规定的标准和程序,参与国民收入分配,强制地、无偿地取得财政收入的一种方式。税收具有强制性、无偿性、固定性三个基本特征。根据不同的标准,税收可分为不同的类别。在我国,以课税对象为标准,税收可分为流转税、所得税、财产税、行为税和资源税。其中流转税是以商品生产和非生产征收的一类税(包括增值税、消费税、营业税和关税等);所得税是指对个人和公司的收入所征收的税(包括企业所得税、个人所得税等税种);财产税是指对所拥有或支配的财产为课税对象的一类税(包括遗产税、房产税、契税、车辆购置税和车船税等);行为税是指对某些特定行为课税的一类税(如城市维护建设税、印花税、屠宰税和筵席税等);资源税是指对从事资源开发征收的一类税(如资源税、土地增值税、城镇土地使用税等)。根据纳税方式,税收又可分为直接税和间接税。直接税是对财税和收入等直接征收的税,是纳税人承担不能转嫁给别人的税收,包括所得税、财产税等;间接税是指税负可以转嫁的税,如营业税、消费税和关税等。

一般来说,税收作为财政收入的手段,既是国家经济收入的主要来源,也是国家实施财政政策的重要手段。因此,在需求不足时,可采取减税措施来抑制经济衰退;在需求过旺时可采取增税来抑制通货膨胀。

税收通过两种途径影响整体经济活动。首先，通过降低税率或减税都会引起社会总需求的增加和国民产出的增长；提高税率则会引起社会总需求和国民产出的降低。因此税率的高低及其变动的方向对经济生活，如个人消费和收入都会产生较大影响。其次，税收还能通过影响激励机制来影响物品的生产和生产要素的投入，即可以通过减免投资者税款的办法来刺激投资和推动经济增长。

2. 公债

公债是政府运用其信用筹集资金的形式，它是政府对公众的债务或公众对国家的债权，是政府财政收入的又一个组成部分。

公债是各级政府借债的统称，中央政府的债务称为中央债，又称国债；地方政府的债务称为地方债。按发行期，公债可分为短期公债、中期公债和长期公债。短期公债是指发行期限在一年之内的公债，又称为流动公债。短期公债流动性大，因而成为资金市场主要的买卖对象，是执行货币政策、调节市场货币供应量的重要政策工具；中期公债是介于短期公债和长期公债之间的一种公债，其期限大多为 2~5 年。通过发行中期公债，政府可以在较长时间内使用这笔资金，因此在许多国家占有重要地位。我国发行的公债主要是中期公债；长期公债是发行期限在 5 年以上的公债（也有人认为是在 10 年以上），例如，美国长期债券最长的为 40 年。发行长期公债，政府长期使用资金，但由于发行期限过长，持券人的利益会受到币值和物价波动影响，因此长期公债的推销往往比较困难。

政府通过发行公债，一方面可以筹集资金，增加财政收入，弥补财政赤字；另一方面可以影响金融市场的扩张或紧缩，进而影响货币供求和社会总需求水平，所以也是重要的财政政策工具。

三、财政政策工具的运用

一国政府财政收支变动会直接或间接地影响宏观经济的运行。第二次世界大战后，西方国家经济的波动幅度大为减小，经济衰退持续时间也大大缩短，就是政府积极运用了宏观财政政策和财政制度本身自动稳定器两种力量作用的结果。

(一) 财政政策的自动稳定器作用

上述财政收入和支出的政策，由于其本身的特点，具有自动调节和稳定经济的机制，这种机制被称为自动稳定器。通常具有自动稳定器作用的因素主要包括税收、转移支付和农产品价格保护政策。

1. 税收的自动调节作用

通常情况下，个人所得税和公司所得税的征收都有一定的起征点和相应的税率。在经济扩张和繁荣阶段，生产扩大，就业增加，导致公司和个人的收入增加，特别是在累进税情况下，公司和个人由于收入上涨而自动进入了较高的纳税档次，政府税收的增加幅度大于收入增加的幅度，这样税收自动增加有助于抑制过度需求，降低通货膨胀，减轻经济波动；当经济处于萧条阶段，国民生产总值下降，公司或个人收入锐减，在政府累进税的情况下，经济萧条使纳税人的收入自动进入较低纳税档次，这样政府税收就会自动减少，且政府税收下降的幅度将超过国民收入下降的幅度，有助于减缓总需求的下降，抑制衰退进一步加剧。

2. 政府转移支付的自动调节作用

这主要是指政府的失业救济和其他社会福利支出。在经济繁荣阶段，就业增加，失业人数减少，领取失业救济和享受其他社会福利的人员也会自然减少，从而有利于抑制消费的增加；在经济萧条阶段，失业人数增加，需要社会救济的人数增加，社会失业救济和其他社会福利支出也就会相应增加，从而抵消可支配收入和消费需求的下降。

3. 政府维护农产品价格政策的自动调节作用

在经济繁荣阶段，市场对农产品的需求增加，农产品价格上涨，政府抛售库存的农产品，平抑农产品价格，减缓农民和农场主可支配收入的快速上涨，抑制过热经济；在经济萧条阶段，市场对农产品的需求减少，农产品价格下跌，政府按照农产品价格维持制度，用支持价格收购剩余农产品，维持农民和农场主的收入在一定水平上，避免因收入减少引起消费和投资需求的锐减。

以上三项制度对宏观经济活动均能起到自动稳定的作用。它们都是财政制度的内在稳定器，是对经济波动的第一道防线。但在现实经济生活中，这类"稳定器"作用是非常有限的，只能减轻萧条或通货膨胀的程度，并不能改变衰退或通货膨胀的总趋势，更不能代替财政政策。因此，政府仍然需要运用财政政策，以减少经济波动。

（二）相机抉择的财政政策

相机抉择的财政政策是指政府在进行需求管理时，根据经济运行的状况和各项调节措施的特点，运用"逆经济风向行事"的原则对总需求进行宏观调节，以便实现宏观经济政策目标。即当一国处于经济萧条时，失业增加，价格水平下降，政府则应采取**扩张性的财政政策**，扩大政府财政支出，减少税收，刺激总需求，增加就业；当经济过热时，总需求大于总供给，就业增加，通货膨胀加剧，采用**紧缩性财政政策**，抑制通货膨胀。

政府调整财政收支的经济手段主要有改变政府购买水平、改变政府的转移支付和调税率。

改变政府购买水平是政府执行相机抉择财政政策经常使用的手段。在经济萧条、总支出不足时，政府要扩大政府支出，如增加购买机关办公用品、增加军费开支、加大科技和教育投入、增加高铁和高速公路等基础设施的建设投入等，以便创造更多的就业机会，增加社会消费能力；相反，在经济繁荣、总支出过大时，政府则减少政府支出和投入，如压缩或缓建一批公共工程，清理楼堂馆所建设项目等，以便压缩总需求，缓解通货膨胀的压力。

改变政府的转移支付是政府运用的第二个财政政策手段。当经济萧条时，人们的可支配收入下降，总需求不足，政府可以通过提高对退伍军人、失业人员和退休人员的各类补助，或者增加农业补贴，扩大财政支出，刺激消费，从而扩大总需求；相反，在经济繁荣时,总需求旺盛,通货膨胀严重,政府通过压缩用于福利、补贴等方面的支出,以便减少总需求,降低通货膨胀。

政府运用财政政策的第三大手段是调整税率。通过调整征税范围和纳税比例,以影响税后收入。尤其是对个人所得税政策的调整,对个人可支配收入影响很大,而人们可支配收入的变动直接影响消费。此外,税收政策的调整也影响人们对未来收入的预期,从而影响人们的消费和投资。政府对税率的调节也是逆经济风向行事的,在经济萧条时,政府应减少税种或降低税率,以便刺激消费,从而扩大总需求;反之,在经济过热时,则可以暂时提高税率,以便减少总需求,降低通货膨胀。

究竟什么时候采取扩张性财政政策,什么时候采取紧缩性财政政策,取决于所处的经济环境。政府通过对经济发展的形势加以分析判断后斟酌使用。这就是凯恩斯主义相机抉择的"需求管理"政策理论。由于凯恩斯分析的是需求不足型的萧条经济,因此他认为调节经济的重点要放在总需求的管理方面。凯恩斯主义者认为,当经济萧条时,消费不足,总需求水平过低,产生经济衰退和工人失业增加,政府此时应采取刺激需求的扩张性财政措施,使经济尽快走出低谷;当经济过热时,总需求水平过高,产生通货膨胀,政府此时应采取抑制总需求的紧缩性财政措施。总而言之,财政政策就是要"逆经济风向行事"。

思考: 相机抉择的财政政策是如何采用的?

答: 酌情使用的财政政策是政府根据经济形势的分析,主动采用的增减政府收支的决策。例如,当认为总需求非常低,即出现经济衰退时,政府应通过削减税收,降低税率,增加支出或双管齐下以刺激总需求。反之,当认为总需求非常高,即出现通货膨胀时,政府应增加税收或减少支出以抑制总需求。

任务三 货币政策

货币政策是指政府通过中央银行调节货币供给量以影响利息率,再通过利息率的变动来影响消费和投资,以实现既定的宏观经济政策目标。货币政策的主要工具有:公开市场业务、改变贴现率和改变法定准备率等。此外,还有几种次要的工具:道义上的劝告、严格信贷条件、控制利息率上限等。

一、货币与现代银行体系

(一)货币基本知识

1. 货币的本质和职能

货币是商品交换发展到一定阶段的产物,它的本质是一般等价物。货币具有价值尺度、流通手段、贮藏手段、支付手段和世界货币五种职能,其中价值尺度和流通手段是货币的两种基本职能。

2. 货币种类与层次

现代货币按类型有如下几种：

(1)纸币。纸币是由中央银行发行的由法律规定了其单位的法偿货币。

(2)铸币。铸币是币值微小的辅币(也称为硬币)。纸币与铸币统称为通货或现金。

(3)存款货币。存款货币是公众在商业银行的活期存款。银行客户开立活期存款账户，客户可依据存款向银行签发支付命令书——支票，或通过其他方式将存款转到收款人账户上，这些方式代替货币充当流通手段和支付手段，因此被称存款货币或信用货币。

(4)近似货币。近似货币亦称为准货币，主要指公众在商业银行的定期存款。近似货币本身并不是货币，但在商业银行中的定期存款可以转为活期存款，然后通过支票流通。

(5)货币替代物。货币替代物是指在一定条件下可以暂时代替货币起到交换媒介作用的信用卡、银行卡等。

在西方经济学中，经济学家将货币按流动性划分成以下几个层次：

M_1 = 通货 + 商业银行的活期存款

M_2 = M_1 + 商业银行的定期存款

M_3 = M_2 + 其他短期流动资产(如国库券、银行承兑汇票、商业票据等)

一般地，各国都把 M_1 称为狭义的货币，M_2 称为广义的货币。

我国根据国际通用的按货币流动性的强弱进行划分的原则，将我国货币划分成以下几个层次：

M_0 = 流通中的现金

M_1 = M_0 + 企业活期存款 + 机关团体部队存款 + 农村存款 + 个人持有的信用卡类存款

M_2 = M_1 + 城乡居民储蓄存款 + 企业存款中具有定期性质的存款 + 信托类存款 + 其他存款

M_3 = M_2 + 金融债券 + 商业票据 + 大额可转让定期存单等

(二)现代银行体系

现代西方的银行体系主要是由中央银行、商业银行和其他金融机构组成。

1. 中央银行

中央银行是用以监督金融体系并控制一国经济中货币总量的最高金融机构。它统筹管理全国的金融活动，实施货币政策以影响经济。除少数国家和地区外，几乎所有独立的国家都设有中央银行。各国中央银行的名称不同，在美国是联邦储备局，在英国是英格兰银行，在日本是日本银行，在中国是中国人民银行。

中央银行具有三大业务职能：首先是"**发行的银行**"，目前几乎所有西方国家的纸币都由中央银行发行，但也有例外，如美国，硬币和辅币由财政部发行。其次是"**银行的银行**"，为商业银行开户，吸收它们的存款。中央银行最大的存款来源是各商业银行缴存的存款准备金。中央银行通过贷款、贴现、公开市场业务，为各商业银行提供资金支持。第三是"国家的银行"，代理国库，管理国家外汇，代理政府预算收支，执行货币政策。

2. 商业银行

商业银行是一个以营利为目的，面向企业和个人经营存贷款业务的金融机构。商业银行主要是为公众服务的，它的主要业务是接受存款、发放贷款和代客结算等。此外还有证券经销、票据承兑、担保和咨询等业务。

商业银行面向厂商及个人经营存贷款业务，其主要目的是通过存贷款利息差额赚取最大的利润。商业银行除了为厂商提供贷款外，也向消费者发放消费信贷、抵押借款及贷款等。同时商业银行也接受家庭和厂商的活期存款和定期存款。

3. 其他金融机构

在现代金融体系中，除了商业银行外，还有许多非银行金融机构，如保险公司、信托投资公司、邮政储蓄机构等。

商业银行等金融媒介机构在经济中有一种特殊的作用，即可以创造货币，下面我们进一步了解银行是如何创造货币的。

二、货币创造机制

在市场经济中，政府的货币政策要通过银行发挥作用。因为在市场经济中，商业银行体系不能发行货币，但具有创造存款货币的机制，这一机制是与法定存款准备金制度、商业银行的活期存款以及银行的贷款转化为客户的活期存款等制度相关联的。

商业银行的资金主要来源于存款，存款中有一部分是活期存款（活期存款是指不用事先通知银行，存款者可以随时提取）。虽然客户可以随时取出活期存款，但在一般情况下，极少出现所有的储户在同一时间里取走全部存款的"挤兑"现象。这样，银行可以把绝大部分吸收的存款用于从事放贷或购买短期债券等营利活动，只需留下一小部分存款用作提款需要的准备金就可以了。法定准备金率是由中央银行以法律形式规定的商业银行在所吸收的存款中必须保持的准备金的比例，按法定准备率提取的法定金就叫法定准备金。法定准备金一部分是商业银行库存现金，另一部分存在中央银行的账户上。

在银行系统中，商业银行的活期存款就是货币，客户在获得商业银行的贷款后，一般并不取回现金，而是把得到的银行贷款作为活期存款存到与自己有业务往来的商业银行，以便随时开支票使用。由于商业银行都想赚取尽可能多的利润，就会在吸收存款后按照法定比例保留规定数额的准备金，其余的部分贷款出去或者用于短期债券投资。

例如，假设法定准备率为20%，再假定银行A客户会将其得到的银行贷款100万元人民币以活期存款形式存入工商银行。这样，工商银行系统就因此新增加了100万元的存款。工商银行按法定准备率保留20万元作为准备金存入中央银行，其余80万元全部贷给一家房地产公司用来购买建筑材料，建筑材料销售商B得到这笔从工商银行开来的支票又全部存入与自己有往来的建设银行，建设银行就得到了80万元支票存款，建设银行也是按法定准备率保留16万元作为准备金存入中央银行，然后再放贷64万元，得到这笔贷款的C厂商又会将其存入有业务来往的中国银行，中国银行依然按法定准备率保留其中12.8万元作准备金存入中央银行账户，然后再放贷51.2万元……由此不断放贷下去。通过数学方法可以计算出各银行的存款总和为：

$$100 + 80 + 64 + 51.2 + \cdots = 100(1 + 0.8 + 0.8^2 + 0.8^3 + \cdots + 0.8^{n-1} + \cdots)$$

$$= \frac{100}{1 - 0.8}$$

$$= 500(万元)$$

这就是商业银行通过存款和放款"创造"货币的功能。100万的存款创造了500万元的货币。由起始100万元的原始存款通过银行机制可以"创造"出500万元的存款总额，也产生出400万元的贷款总额。表12-1展示了银行"创造"货币的过程。

表12-1　　　　银行"创造"货币过程　　　　单位：万元

银行	银行新增存款	银行新增贷款	提取法定准备金
工商银行	100	80	20
建设银行	80	64	16
中国银行	64	51.2	12.8
……	……	……	……
整个银行系统合计	500	400	100

从上面的例子可以看出，存款总额与这笔原始存款及法定准备率之间存在一定的关系。用D表示活期存款总额，R表示原始存款，r_d表示法定准备率，则三者之间的关系是：

$$D = \frac{R}{r_d} \qquad\qquad (12.1)$$

在上例中，有：$\frac{100}{20\%} = 500$

$\frac{1}{r_d}$被称为货币创造乘数，是指增加一元存款所创造出的货币的倍数。存款创造乘数等于法定准备率的倒数。

尽管在理论上银行创造货币的乘数是比较大的，但在现实经济生活中，货币创造乘数要小于理论值。这是因为我们有两个假设前提：商业银行没有超额储备和银行客户将所有贷款存入银行，完全以支票支付，显然这种假设与现实经济运行的情况有较大差距。在现实经济活动中，每一位银行客户都会保留一部分现金以备日常生活开支；另外，每一个商业银行都会超额提取一部分准备金以应对突发情况，这样必然会使货币乘数下降。

三、货币政策工具及其运用

在现代货币金融体系中，中央银行实施货币政策工具主要包括公开市场业务、调整中央银行对商业银行的再贴现政策和改变法定准备率政策。货币政策与财政政策一样，实施的基本原则也是"逆经济风向行事"。面对不同的经济形势，中央银行要运用不同的货币政策来调控经济。在经济萧条时，消费和投资需求不足，为了刺激总需求，就要运用扩张性的货币政策，其中包括在公开市场上买进有价证券、降低贴现率和存款准备率等。反之，在经济过热时，采用相反的紧缩性的货币政策。

1. 公开市场业务

所谓公开市场业务，就是中央银行通过在金融市场上买进或卖出有价证券（通常为政府债券），以改变商业银行等存款机构的准备金，从而影响商业银行的货币创造能力，以达到控制货币供给和市场利率目的。例如，在经济萧条时，总需求小于总供给，金融市场上资金缺乏，商业银行或其他金融机构将持有的部分有价证券卖给中央银行而获得资金，导致金融系统货币供应量增加，货币流通量增加，引起市场利率回落，融资成本下降，则会刺激投资和消费扩张，使总需求增加，从而带动生产扩大和就业增加，促进经济的回升。

在发生通货膨胀时，经济过热，过量货币充斥市场，中央银行在金融市场上卖出有价证券，收回货币，商业银行或其他金融机构买进有价证券，导致金融系统货币供应量下降，引起市场利率上升，融资成本提高，导致投资需求下降，总需求下降，从而抑制通货膨胀，过热的经济就降温了。

中央银行进行的公开市场业务是最常用的货币政策工具，可以相对频繁地进行。它对经济的调控远不如法定准备率和贴现率那样强烈。

公开市场业务优点：

第一，灵活性。公开市场业务可以按任何规模进行，中央银行既可以大量也可以小量买卖政府债券，使货币供给量发生较大的或迅速的变化。

第二，主动性。在公开市场业务中，中央银行可根据经济情况的需要可自由决定有价证券的数量、时间和方向，即使中央银行有时会出现某些政策失误，也可以及时纠正。

第三，前瞻性。一旦买进或卖出一定数量金额的证券，就可以根据货币乘数估计出货币供给量增加或减少了多少。

2. 再贴现政策

再贴现政策是指中央银行通过提高或降低再贴现率的办法来干预和影响市场利率及货币供求，是中央银行执行货币政策的重要手段。

贴现是商业银行向企业提供资金的一种方式，再贴现是中央银行向商业银行提供资金的一种方式，两者都以转让或抵押有价证券（早期是银行承兑汇票）为前提。

中央银行向商业银行发放贷款的利率称为再贴现率，中央银行根据市场的资金供求状况，随时调低或调高再贴现率，以影响商业银行借入资金的成本，影响商业银行的信贷规模，刺激或抑制资金需求，从而间接影响消费和投资需求。

中央银行实施调整再贴现率手段也是遵循"逆经济风向行事"的原则，在经济萧条时，总需求小于总供给，金融市场上资金缺乏，中央银行降低再贴现率，以吸引商业银行将手中持有的债券向中央银行贴现，从而增加向外贷款资金，刺激消费和投资需求，促进经济的回升；在经济过热时，发生通货膨胀，中央银行提高再贴现率，增加商业银行的贴现成本，控制商业银行的贷款规模。当商业银行的再贷款成本上升后，会提高社会借贷成本，投资者融资成本上升，导致投资需求下降，总需求下降，从而抑制通货膨胀。

需要说明的是，中央银行提高或降低再贴现率作用比较强烈，所以不宜经常使用这种政策来调节经济。

3. 法定准备金率

准备金是商业银行的存款准备，它包括库存现金和在中央银行的存款。存款准备金是指金融机构为保证客户提取存款和资金清算需要而准备的资金。在现代银行制度中，一般由中央银行规定存款准备金占其存款总额的比例，这一比例称为法定存款准备金率。

中央银行通过变动存款准备金率来调节货币供给量。在经济萧条时，中央银行降低法定存款准备金率就会使商业银行产生超额准备金，使银行能够"创造"出更多的货币，商业银行信贷扩张，货币供给量增加，利息率下降，从而达到刺激消费和投资需求、消除经济衰退的目的；相反在经济高涨时，中央银行则提高法定准备金率，减少商业银行超额准备金，货币供给量减少，利息率提高，借贷成本上升，促使消费和投资需求下降，经济降温。也就是说，中央银行通过调整存款准备金率来影响金融机构的信贷扩张能力，从而间接调整货币供应量，影响消费和投资需求。

在现实经济中，中央银行较少使用改变存款准备金率这种比较强烈的手段，更多地用公开市场业务与再贴现率政策的配合来调节货币供给量和利息率。

除了上述三种调节货币供给量的主要工具外，中央银行还有其他一些次要的货币政策工具。例如道义上的劝告、控制利息率的上限以及严格或放宽信贷条件等。

4. 货币政策的运用

(1) 在经济萧条时，生产过剩需求不足，为了刺激总需求，就要采用扩张性的货币政策。即在公开市场买进有价证券，降低贴现率并放松贴现条件，降低准备率等。扩张性的货币政策可以提高货币供给量，降低利息率，刺激总需求增长。

(2) 在经济繁荣时，需求过旺物价上涨，为了抑制总需求，就要采用紧缩性的货币政策。即在公开市场卖出有价证券，提高贴现率并严格贴现条件，提高准备率等。紧缩性的货币政策可以减少货币供给量，提高利息率，抑制总需求增长。

四、财政政策和货币政策的协调

在市场经济条件下,要摆正财政政策和货币政策在宏观调控中的地位,并协调配合使用两大政策,使之形成最佳合力,从而充分有效地发挥其对国民经济的调控作用。比较常见的有以下三种情况。

1. 紧缩性的财政政策与紧缩性的货币政策

紧缩性的财政政策与紧缩性的货币政策简称"双紧"的财政与货币政策。如果经济中发生了严重的通货膨胀,物价迅速上涨,经济秩序混乱,经济出现过热现象,则抑制通货膨胀成为政府的首要目标。此时政府通常会采用将财政政策和货币政策同时紧缩的做法,在减少政府支出与增税的同时,银行收紧银根,缩小信贷规模以减少货币供应量,以便有效地减少总需求,达到尽快消除通货膨胀的目的。

2. 扩张性的财政政策与扩张性的货币政策

扩张性的财政政策与扩张性的货币政策简称"双松"的财政与货币政策。如果经济处于严重萧条时,大部分企业开工不足、劳动力就业不足、市场疲软、经济增长乏力,则增加总需求、减少失业、促进经济增长是政府的当务之急。此时可以采用扩张性的财政政策与扩张性的货币政策,一方面增加政府支出、减少税收,另一方面增加货币供给量,这样有助于促进消费和投资,减少失业,增加国民收入。例如,从 2008 年以来,发生了以美次贷危机引发的国际金融危机。面对严峻的不利局面,我国中央政府及时调整了宏观经济政策,实施"积极"的财政政策(不同于西方的"宽松"或"紧缩"的财政政策)和"适度宽松"的货币政策,提出了扩内需促增长的十项具体措施,包括减税、增加转移支付、扩大政府支出以及增加货币供给量等,并公布了 4 万亿元的庞大投资计划。减税政策大幅减轻了企业和个人的负担,仅 2009 年企业和个人的负担就减轻了 500 亿元,拉动了投资和消费;为消除衰退,增加政府对商品和劳动的购买支出,兴办大量公共工程(如修建铁路、公路、水利工程等),以扩大有效需求。这些政策和措施保证了我国经济未发生大的波动,保持了国民经济的稳定增长。

3. 松紧搭配的财政政策与货币政策

上述两种政策的配合在短期内可以取得一定的效果,但长期实行会对经济长期的平稳发展产生不利的影响。而政策搭配模式能够更好地发挥财政政策和货币政策各自的特点,作用互补,更好地实现宏观经济调节的政策目标。例如,若在社会需求结构中投资需求过旺而消费需求不足、消费品供给过剩的情况下,选择松财政、紧货币的配合模式,即通过财政减税让利等措施来增加企业和个人的需求,增加其对消费品的购买力,通过扩大政府财政用于社会消费方面的支出来扩大政府的消费需求;在社会需求结构中投资需求不足、消费需求过旺并引起消费品供给不足的情况下,选择紧财政、松货币的配合模式,即通过扩大信贷规模等措施来刺激投资需求,同时通过压缩财政支出来抑制消费需求。

思考：财政政策与货币政策如何混合使用？

答：当经济萧条时可以用扩张性财政政策与扩张性货币政策混合使用；当经济出现严重通货膨胀时，可采用紧缩性财政政策与紧缩性货币政策组合；当经济萧条但又不太严重时，可采用扩张性财政政策与紧缩性货币政策相混合；当经济中出现通货膨胀又不太严重时，可采用紧缩财政政策与扩张性货币政策相配合。

【思考与练习】

一、单项选择题

1．宏观经济政策的目标是（　　）

　A．充分就业和物价稳定

　B．物价稳定和经济增长

　C．同时实现充分就业、物价稳定、经济增长和国际收支平衡

　D．国际收支平衡和充分就业

2．在经济过热时，政府应该采取（　　）的财政政策。

　A．减少政府财政支出　　　　　B．增加财政支出

　C．扩大财政赤字　　　　　　　D．减少税收

3．经济中存在失业时，应采取的财政政策工具是（　　）

　A．增加政府支出　　　　　　　B．提高个人所得税

　C．提高公司所得税　　　　　　D．增加货币发行量

4．紧缩性货币政策的运用会导致（　　）

　A．减少货币供给量，降低利率　　B．增加货币供给量，提高利率

　C．减少货币供给量，提高利率　　D．增加货币供给量，提高利率

5．对利率变动反应最敏感的是（　　）

　A．货币的交易需求　　　　　　B．货币的谨慎需求

　C．货币的投机需求　　　　　　D．三种货币需求的敏感程度相同

6．以下各项不能增加政府财政收入的是（　　）

　A．税收　　　B．公债　　　C．罚款　　　D．转移支付

7．当法定准备率为20%，商业银行最初所吸收的存款为10000元时，银行所能创造的货币总量为（　　）

　A．2000元　　　B．8000元　　　C．50000元　　　D．10000元

8．中央银行在公开市场上买进和卖出各种有价证券的目的之一是（　　）

　A．调节债券价格　　　　　　　B．调节利息率

　C．调节货币供应量　　　　　　D．调节货币需求量

9．公开市场业务是指（　　）

A. 商业银行的信贷活动

B. 中央银行增加或减少对商业银行的贷款

C. 中央银行在金融市场上买进或卖出有价证券

D. 商业银行卖出有价证券

10. 中央银行提高贴现率会导致( )

A. 货币供给量的增加和利息率提高　　B. 货币供给量的减少和利息率提高

C. 货币供给量的增加和利息率降低　　D. 货币供给量的减少和利息率降低

11. 当经济中存在失业时，所采取的货币政策工具是( )

A. 在公开市场上买进有价证券　　B. 提高贴现率

C. 提高准备率　　D. 在公开市场上卖出有价证券

12. 在下述( )情况下会发生挤出效应。

A. 货币供给的下降是利率提高，从而挤出了对利率敏感的私人支出

B. 私人部门税收的增加引起私人部门可支配收入和支出的下降

C. 政府支出增加是利率提高，从而挤出了私人部门的支出

D. 政府支出的下降导致消费支出的下降

二、判断题

1. 充分就业和物价稳定是一致的，只要其中一项达到目标，另一项也就实现了。( )

2. 可采取减少政府购买的措施来实施扩张型的财政政策。( )

3. 中央银行可采取买入国债的措施来实施扩张型的货币政策。( )

4. 凯恩斯主义的货币政策是通过货币供给量来调节利率，通过利率来影响总需求。( )

5. 在经济过热时，可以通过暂时提高税率减少总需求，降低通货膨胀。( )

6. 提高贴现率和存款准备金率都可以减少货币供应量。( )

7. 中央银行与商业银行都可以与一般客户有借贷关系。( )

8. 商业银行体系所能创造出来的货币量与法定准备金率成反比，与最初存款成正比。( )

9. 中央银行购买有价证券将引起货币供给量的减少。( )

10. 中央银行进行的公开市场业务是最常用的货币政策工具。( )

11. 提高贴现率和存款准备金率都可以减少货币供给量。( )

12. 在经济萧条时期，政府要运用扩张性的财政政策，而在经济过热时期，则要运用紧缩性的财政政策。( )

三、问题与应用

1. 宏观经济政策的主要目标是什么？

2. 财政政策有几种具体的表现形式？分别在什么情况运用？

5. 常用的货币工具有哪些？它们是如何调节货币量的？

参考文献

【1】曼昆.经济学原理.5版.梁小民,译.北京:北京大学出版社,2009.

【2】萨缪尔森,诺德豪斯.经济学.18版.萧琛,译.北京:人民邮电出版社,2008.

【3】斯蒂格利茨,沃尔什.经济学.4版.黄险峰,等译.北京:中国人民大学出版社,2010.

【4】高鸿业.西方经济学.4版.北京:中国人民大学出版社,2007.

【5】梁小民.经济学原理.5版.北京:北京大学出版社,2009.

【6】缪代文.微观经济学与宏观经济学.4版.北京:高等教育出版社,2012.

【7】尹伯成.现代经济学简明教程.6版.上海:上海人民出版社,2008.

【8】吴冰.经济学基础教程.北京:北京大学出版社,2009.

【9】李素萍.西方经济学.北京:北京理工大学出版社,2006.

【10】贾辉艳.微观经济学原理.北京:北京大学出版社,2007.

【11】茅于轼.生活中的经济学.3版.广州:暨南大学出版社,2008.

【12】亚当·斯密.国民财富的性质和原因的研究.北京:商务印书馆,2002.